I0148251

Signé au 1.er par 8, 8, par 10, par 20 feuillets, dont le premier manque 90 feuillets, ... et le 1.er 2
30 lignes à la page = 30 lignes f. les petits caractères. S.l.n.d.

[n.° XIX des Dit.s sans date h. Brunet]

Gering, entre 1483 et 1495
Hejman c. 1485-86
        R 100 = Gering R 1002
        R 80¹ .

Rés. g Vc 188

Vblius Terentius Afer carthagine natus:feruiuit rome TerētijoLu
cano Senatori:a quo ob ingeniū et formā nō inſtitutus modo libera-
liter:ſed et mature manumiſſus:Quidā captū eſſe exiſtimāt:qd fie
ri nullo modo potuiſſe Feneſtella docet:cū in fine ſecūdi belli pumci
et ante initiū tertij natus eſt et mortu?.Nec ſi a numidis aut getulis capt⁹fit ad
ducē Romanū puenire potuiſſe:nullo cōmertio inter italicos et Afros:niſi poſt
deletā cartagine cepto.Hic cū multis nobilibus familiariter vixit:ſed maxime
cū Scipione aphricano et cū Lelio:qbus etiā corpis gratia pciliatus exiſtimat.
qd et ipſū Feneſtella arguit:ptendēs⁹vtroq maiorem natu fuiſſe q̄uis Cornelius
nepos equales oēs fuiſſe tradit:et portius ſuſpitiōe de pſuetudine per hec faci
at:dum laſciuiā nobiliū et fuſcoſas laudes petit.dum Africani voce diuina in-
hiat auidis auribus:dū ad Furiū ſe cenitare:et leliū putat pulchrū:dū ſe amari
ab his credit:crebro in albanū rapi:ad florem etatis ſue/ipſis ſublatis rebus ad
ſummā inopiam redactus eſt.Itaq̄ e conſpectu omniū abijt in greciā in terram
vltimā:mortuus eſt in ſtimphalo arcadie oppido.Nihil.P.Scipio pfuit:nihil ei
Lelius:mil Furius tres per idem tempus qui agitabāt nobiles.Faciliime eorū il
le opa:ne domū quidē habuit pductiā ſaltē:vt eſſet quo referret obitū dūi ſer
uulus.Scripſit comedias ſex:ex qbus pmā andriā cum edilibus daret iuſſus āte
Cerio recitare:ad cenantē cū veniſſet dictus eſt initiū quidē fabule:qd erat con
temptiore veſtitu ſubſellio iuxta lectulū reſidēs legiſſe.poſt paucos vero verſus
inuitatus vt accumberet cenaſſevna:deinde cetera pcurriſſe non ſine magna Ce
rij admiratione:et hanc autē et quinq̄ reliquas equaliter populo pbauit.Quā
uis volcatius de enumeratiōe ita ſcribit:ſumeret ecyra ſexta ex his fabula.Eu-
nuchus quidē bis acta eſt:meruitq̄ preciū q̄tū nulla alia:cuiuſq̄ comedia/vide-
licet octomilia nummū:propterea ſummo quoq̄ titulo aſcribit.Nam Adelpho
rū pncipiū varro etiā prefert pncipio Menādri.Non obſcura fama eſt adiutū
Terētiū in ſcptis a Lelio et Scipione:qbus cū familiariter vixit.Eandē ipſe auxit
nūq̄ eni niſi leuit ſe tutari conat?:vt in plogo Adelphorū.Nā qd iſti dicūt mali
uoli hoīes nobiles hūc adiutare:aſſiduēq̄vna ſcribere:quod illi maledictū vehe
mens exiſtimat.eā laudē hic ducit maximā quod illis placeat qui vobis vniuer
ſis et pplo placēt:quorū opa in bello.in ocio.in negocio ſuo quiſq̄ tpeuſus e ſine
ſupbia.Videt aut ſe lenius defendiſſe:qa ſciebat Lelio et Scipiom̄ nō ingratā
eſſe hāc opinionē:que tū magis etuſq̄ ad poſteriora tpaualuit.Q.mēm̄ in ora
tiōe pro ſe ait.P.African⁹qui a Terētio pſonā mutuatus que domi luſerat ipſe
noīe illius in ſcenā detulit.Nepos auctore certo cōperiſſe ſe ait C.Leliū quo
dam in puteolano kal̄.martij admonitū abvxore tēperius vt diſcūberet:petuſſe
ab ea ne interpellaretur:ſerius tandē ingreſſus tricliniū dixiſſe non ſepe in ſcri
bēdo magis ſucceſſiſſe ſibi:deinde rogatū vt ſcpta illa pferret pnūciaſſe verſus
qui ſūt in Heautontimorumeno.Satis pol pterue me ſyri pmiſſa huc induxerūt
Satra:Terentiū exiſtimat ſi modo in ſcribēdo adiutoribus indiguerit nō tā Sci
pione et lelio vt potuiſſe:qui tunc adoleſcentuli fuere q̄ Sulpitio Gallo homine
docto et qui aſularibus ludis initium fecerit fabularū dandarū:vel.Q.fabio la
beone et.M.Pompilio conſulari vtroque ac poeta.Ideo ipſum non iuuenes de
ſignaſſe qui ſe adiuuaſſe dicerentur:Sed viros quorum operam et in bello et in
ocio et in negocio pplus ſit expertus.Poſt editas Comedias quintum atque tri
geſimū egreſſus annū:cauſa euitande opinionis:quia videbatur aliena pro ſuis
edere:ſeu pcipiēdi grecorū iſtituta moreſq̄:quos pinde expmeret in ſcptis egreſ
ſus e⁹neq̄ ppli⁹rediit:De morte eius Volcati⁹tradit.S₃vt Afer:ſex pplo edidit

R.F.

Comedias:iter hinc in afiã fecit:Nauim quã femel pſcenditviſus nunq̃ eſt:ſicvi-
tavacat.Q.pſetius redeũtẽ e grecia piiſſe in mari dicit cũ centũ et octo fabulis
puerſis a Menãdro.Ceti mortuũ eẽ in arcadia ſtiphali ſinu leucadie tradũt Cin.
Cor:Dolobella:Marco fuluio nobiliore cõſulibus:morbo iplicitũ acri dolore ac
tedio amiſſarũ fabula: quas in naui pmiſerat: ac fiſ fabulaȝ quas nouas fece-
rat.Fuiſſe dicit mediocri ſtatura:gracili corpe colore fuſco.Reliquit filiã q̃ equi
ti, Ro.nupſit.Itẽ hortulos.xx.iugerȝ via Appia adMartisvillã:quo magis miror
Portiũ ſcribere.Scipio nil pſuit:nihil ei Lelius:nihil Furius.Tres p idẽ tp̃us qui
agitabãt nobiles: facillime eorũ ille opera.ne domũ quidẽ habuit cõductitiã ſal
temvt eſſet quo referret obitũ dñi ſeruulus.HuncAfranius quidẽ omĩbus comi
cis prefert: ſcribens in cõpitalibus.Terentio nõ ſimilẽ dicẽs quẽpiam.Volcati⁹
aũt nõ ſolũ Neuio et plauto et Cecilio:ſed liuio quoque poſtponit.Cicero in Li-
mone hactenus laudat.Tu quoque qui ſolus/lecto ſermone terenti: Conuerſum
expreſſumq̃ latinavoce menãdrũ:In medio ppſi ſedatis vocibus effers: Quid
quod come loquens ac omĩa dulcia dicens:C.Ceſar: Tu quoque tã ſubmiſſo di-
midiate menãder Poneris:et merito puri ſermõis amator:Lenibus atque vtinã
ſcriptis adiũcta foretvis:Comicavt eq̃tovirtus polleret honore.Cũ grecis: neque
in hac deſpectus pte iaceres.Vnũ hoc maceror et doleo tibi deeſſe Tereti. Hec
Suetoius trãgllus:Nam duos Terentios poetas fuiſſe ſcribit Metius:quorum
alt̃ fregellan⁹fuerit Teretius libertus.Alter libertinus terentius afer patria de
quo nũc loqmur.Scipionis fabulã ediditſſe Teretius.Valegius natione ait: hec
q̃vocãt fabule cuie ſũt?nõ has qui iura ppſi recenſcẽtib⁹dabat ſũmo honore af-
fectus fecit fabulas:Due ab Appollodoro trãſlate eſſe dicunt comico:phormio:
et acyra.Quattuor reliq a Menãdro.ex qbus magno ſucceſſu:et pcio ſtetit Eunuchus fabula.ecyra ſepe excluſavix acta eſt:INITIVM Tragedie ȝ comedie
a rebus diuinis eſt inc̃coatũ:qbus pro fructib⁹vota ſoluẽtes opabãt atiq̃.Nam
ineẽſis iam altarib⁹et admoto hirco id genus carminis qõ ſacer chorus reddebat
libero pr̃i tragedia dicebat:vel   .hoc eſt ab hirco hoſtevinearũ
et a cãtilena eius ipſ̃rei apudVirgiliũ plena fit mẽtiovel qd̃ hirco donabat ei⁹
carminis poetaVel qd̃vter eius muſti plenus ſolẽne pmiũ cantorib⁹fuerat:Vel
q̃ ora ſua fecibus plȝhebãt:ſcenici antevſũ pſonarũ ab Heſchilo reptũ.Feces eni
dicunt grece   :et his quidẽ cauſis tragedie nomẽ eſt inuentũ.Atvero nũ
dũ coactis invrbe athenienſib⁹cũ Apollini nomio id eſt paſtorũvicinosȝ ve pre
ſidi deo pſtructis aris in honorẽ diuine rei:circũ atticevicos:villas pagos:et cõpi
ta feſtũ carmẽ ſolennit̃ cantarẽt orta eſt.Comedia   :qd̃ eſt cõmeſ
ſatũ ire cãtantes:qd̃ appoſitis ſolenni die:vel amatorie laſciuientib⁹ choris comi
cis nõ abſurdũ eſt.Itaque vt rerũ ita etiã tẽporũ ipſorum cepto ordine tragedia
primo prolata eſſe cognoſciſ.Namvt ab inculto et feris moribus paulatim puẽ
tum eſt ad manſuetudinẽvrbeſq̃ ſunt conditevita:mitior atque ocioſa proceſſit.
Ita res tragice longe ante comicas inuente.quãuis retro priſcavoluẽtibus repe
riatur Theſpis tragedie prim⁹ inuentor:et comedieveteris pater Eupolis cũ Cra
tino:Ariſtopha neq̃ eſſe credatur.Homerus tamẽ qui fere omnis poetice largiſ
ſimus fons eſt.etiam his carminibus exempla prebuit:et velut quadam ſuorum
operum lege preſcripſit:qui iliadem inſtar tragedie.odyſſeam ad imaginem co
medie feciſſe monſtratur.Nam poſt illius tale tantumq̃ documentũ ab ingenio
ſiſſimis imitatorib⁹et digeſta ſunt in ordinem:et diuiſa ſunt ea que etiã tũ teme
re ſcribebantur adhuc impolita:atq̃ in ipſis rudimentis:haud quãq̃vt poſtea fa
cta ſunt decora atque lenia:adeovt ea propria de tragedia dicẽda ſunt De titu
lo propoſiti operis ſiue inſtantis in alia tempora differamus:et de hiſ fabulis iã
loquamur quas Terentius imitatus eſt. Poſtquã demonſtrande originis cauſa

deuitiaſq̃ generis initio diximus:quod neceſſe eſt iam dicamus.Comedia fere
vetusvt ipſa quoq̃ olim tragedia ſimplex carme:queadmodũ iam diximus fuit
quod chorus circa aras fumātes nũc ſpaciatus nunc reuolues gyros cum tibici-
ne ꝑcinebāt.S3 primo vna pſona ſubducta eſt cātoribus:que reſpondes alterius
choro locupletauit.Variauitq̃ rem muſicã:tũ altera:tum tertia
et ad poſtremũ creſcente numero per actores diuerſos:pſone:palle:cothurni:ſoc
ci:et ceteri ornatus atque inſignia ſcenicorũ repta:et ad hocvnicuique ſuus habi
tus:et advltimũ qui ꝑmarũ partiũ:qui ſecũdarũ et tertiarũ quartque loci atque
quintarũ actores eſſent diſtributa et diuiſa quinque partita acta eſt tota fabula
que tamē in ipſis ortus ſui velut quibuſdã incunabulis etvix dum·incipiens
dicta eſt archea.Idcirco quia nobis parũper cognitis
vitiis   aut quia ineſt in eavelut hiſtorica fidesvere narratiõis:et deno
minatio oīm de q̃bus libere deſcribebat.Eteni per priſcos poetas nõ vt penitus
ficta argumēta:ſed res geſte a ciuibus palam tum eorũ ſepe qui geſſerāt nomi-
ne decantabant:Ideo ipſa ſuo tempore moribus multũ ꝑfuit ciuitatis:cum vnuſ
quiſque caueret culpa ne ſpectaculo ceteris extitiſſet:et domeſtico probro. S3 cũ
poete abuti licentius ſtilo et paſſim ſedere ex libidine cepiſſent plures bonos :
ne quiſquã in alterũ carmē infamie poneret:lata lege ſanxerunt.Et hinc deinde
aliud genus fabule ſatyra ſumpſit exordiũ:que a ſatyris quos illotos ſemp ac pe
tulantes deos ſcimus eēvocitata eſt.Et ſi aliũde nomē praue putant alii:hec que
ſatyra diciť eiuſmodi fuit:vt in ea quãuis duro etveluti agreſti modo devitiis ci
uiũ:tũ ſinevllo.ꝓprii nois titulo carmē eſſet.Quod itē genus comedie multis ob
fuit poetis quũ in ſuſpitiõe potentibus ciuibus veniſſent illorũ facta reſcripſiſ-
ſe in peius ac deformaſſe genus ſtilo carminis:quod ꝑmo Lucilius nouo cõſcrip-
ſit modo:vt poeſim inde feciſſet.i.vnius carminis plures libros:hoc igiť quod
ſupradiximus malo coactı omittere ſatyrã aliud genus carminis
hoc eſt nouã comediã repperire poete que argumēto cõmuni magis:et generať
ad oés hoīes qui mediocribus fortunis agūt ꝑtineret:et minus amaritudinis ſpe
ctatoribus:et eadē opa multũ delectationis afferret.Concinna argumento:ꝑſue
tudine cõgrua:vtilis ſententiis:grata ſalibus : apta metro.Vt dicit ſupiores ille
ſuis queque celebrabant autoribus:ita hec   ¶Quũ multorũ āte
hac poſtea tum ꝑcipue Menãdri Terentiq̃ eſt: de qua cũ multa dicenda ſint ſat
erit:tamēvelut admonēdi lectoris cauſa qd de arte comicaveterũ chartis ꝑtinet
exponere.Comediavetusvt ab initio chorus fuit:paulatimq̃ pſonarũ numero in
quinq̃ actus pceſſit:ita paulatimvelut attrito atq̃ extenuato choro ad nouam co
mediã ſic puenit:vt in ea non modo nõ inducať chorus:ſed ne locus quidēvllus
iam relinquať choro·Nam poſtq̃ ocioſo tpe faſtidioſior ſpectator effectus eſt tũc
cum ad actores ab auctoribus fabula trãſibat:cum ſurgere et adire cepiſſet ad-
monuit poetas primo quidē choros locũ eius relinquētes vt menãder fecit hac
de cauſa:nõvt alii exiſtimãt.Alii in pſcenio ne locũ quidē reliquerunt:quod latini fecerũt Comici:vnde apud illos dirimere actus quinq̃ partitos difficile eſt.
Cũm etiã greci ꝓlogos nõ habēt more noſtrorũ quos latini habēt.Deinde
et deos argumētis narrandis machinatos. Ceteri latiniꝗ̃ inſtar
grecorũ habēt Terētius nõ habēt ad hoc.pſtatica pſopa: et perſonas extra argu
mētũ accerſitas nõ facile ceteri habēt:q̃bus Terētius ſepevtiť:vt per harũ indu
ctiões facile pateat argumētũ.Veteres et ſi ipſi quoq̃ in metris negligentiꝰ vſi
ſunt iābiciverſus dũtaxat in ſecũdo et quarto loco:tamē a Terētio vincuř reſo-
lutiõe huius metri q̃tũ cõminuti poteſt ad imaginē proſe orationis: tum pſonarũ
leges circa habitũ:etatē:officiũ: partes agendı nemo diligētius terētio cuſtodi-
uit:quin etiã ſolus auſus eſt in fictis argumētis cũ fide veritatis aſſequeref etiã

𝄞

contra pſcripta comica meretrices interdū non malas introducere: qbus tamen
cur bone ſint:et voluptas per ipſū et cauſa non defit: hec cū artificioſiſſima Te
rentius fecerit:tum illud eſt admirādū quod et more retinuit vt comediā ſcribe
ret:et tēperauit affectū ne in tragediā trāſiliret. quod cū aliis rebus minime op
tentū et a Plauto et ab afranio et accio/et multis fere magnis comicis iuuemi-
mus:illud quoqᷓ in terētianas v́tutes mirabile: cᷓ eius fabule eo ſūt tempameto
vt neqᷓ extumeſcāt ad tragicā celſitudinē:neqᷓ abūciaᷓ ad hiſtrionicā. Adde qᵈ
nihil abſtruſū ab eo ponis/aut quod ab hiſtoricis reqrendū ſit:qᵒ ſepius Plautꝰ
facit:et eo eſt obſcurior in pluribꝰlocis. Adde cᷓ argumēti ac ſtili ita attēte me
mor eſt:vt nuſᵹ claudicarit aut errauerit: que obeſſe potuerūt. tū qᵈ media pri
mis atqᷓ poſtremis ita nexuit:vt nihil additū alteri:ſʒ aptū et ex ſe totum et vno
corpe videaᷓ eſſe cōpoſitū. Illud quoqᷓ mirabile in eo p̄mo quod nō ita miſcet p
ſonas qᷓttuor:vt obſcura ſit earū diſtinctio.Et itē quod nihil ad populū facit acto
rem velut ex tragedia loqui:quod vitiū Plauti frequētiſſimū eſt.Illud etiā inᷓ ce
tera eius laude dignū videᷓ: cᷓ locupletiora argumēta et duplicibus negociis de
legerit ad ſcribendū: nā excepta ecyra in qua ſcribit Paphili amore cetere qnqᷓ
binos adoleſcetulos habēt:illud vero tenēdū eſt ne -
latinos multa fabularū genera ptuliſſe:et vt togatas a ſcenicis atqᷓ argumentis
latinis ptextatas ad dignitatē pſonarū tragicarū ᷓ latina hiſtoria. Attellanas a
ciuitate Cāpaniᷓ vbi actitate ſunt plurime.Rhyntonicas ab actoris noie.Taber
narias ab humilitate argumēti et ſtili.Mimmos ab diuturna imitatiōe viliū re
rum et leuiū pſonarū. Inter tragediā aūt et comediā tū multa tū in primis hoc
diſtat:cᷓ in comedia mediocres fortune hoim:parui impetꝰ:piculaqᷓ letiqᷓ ſūt exi
tus actionū.At in tragedia oīa ᷓtraria:ingentes pſone:magni timores:exitus fu
neſti habēt:et illic turbulēta p̄ma:trāquilla vltima. In tragedia ᷓtrario ordine
res agunᷓ:tum quod in tragedia fugiēda vita:in comedia capeſſēda expmiᷓ.Po
ſtremo quod ois comedia de fictis eſt argumētis. Tragedia ſepe de hiſtorica fide petiᷓ.Latine fabule p̄mo a Liuio Andronico ſcripte ſunt ad cūctas res: etiā
cum recentius idem poeta et actor fabularū ſuarum fuiſſet.Comedie aūt moto
rie ſunt:aut ſtatarie aut mixte:motorie turbulēte:ſtatarie quietiores : mixte ex
vtroqᷓ actu pſiſtentes.Comedia per qᷓttuor ptes diuidiᷓ.Prologum:Protheſim:
Epitaſim:Cataſtrophem.Prologus eſt velut p̄fatio quedā fabule:in quo ſolo licet
p̄ter argumentū aliqd ad populū:vel ex poete:vel ex ipſius fabule:vel ex actoris cōmodo loqui.Protheſis primus eſt actus initiumqᷓ drāmatis: Epitaſis incre
mentū pceſſuſqᷓ turbarū:ac totius vt ita dixerim modus erroris.Cataſtrophe cō
uerſio rerū eſt ad iocūdos exitus patefacta cunctis cognitione geſtorū.Comedia
eſt fabula diuerſa pſtituta continens affectū ciuiliū ac priuatorū:qua diſciᷓ quid
ſit in vita vtile:quid contra euitandū:hanc greci ſic diffiniere
                                                    ⸿ Comediā
effe Cicero ait imitationem vite:ſpeculū pſuetudinis:imaginem veritatis:Come
die autem more antiquo dicte:quia in vicis huiuſmodi carmina initio agebātur
apud grecos:vt in Italia cōpitalicis ludicris admixto prᷓunciationis modulo
quo dum actus commutanᷓ populus detinebaᷓ:Aut
hoc eſt ab actu vite hoim qui in vicis habitābāt ob mediocritatē fortunarū non
in aulis regiis:vt ſunt pſone tragice.Comedia vero quia poema ſub imitatiōe vi
te atqᷓ ſimilitudine cōpoſitū in geſtu et pnūciatiōe cōſiſtit.Comedia apud grecos
dubiū eſt quis inuenerit p̄mus:apud Latinos certū eſt:et comediā et Tragediā
et Togatam primo Liuiū Andronicū repperiſſe:qui ait Comediā eſſe quotidia
ne vite ſpeculū:nec iniuria.Nā vt intēti ſpeculo veritatᷓ liniamēta facile p imagi
nes colligimus:ita lectiōe comedie imitatione vite pſuetudiniſqᷓ nō egerrime ani

maduertimus. Huius autē originis ratio ab exteris ciuitatibus moribusq̃ pᵗēit
A thenienſes nanq̃ attica cuſtodiētes elegantiā cumvellēt maleuiuentes nota
re inuicos et compita ex oībus locis leti alacresq̃veniebāt: ibiq̃ cū hoībus ſin
gulorumvicia publicabant: vnde nomē compoſitū vt comediavocareꝑ. hec autē
carmina primitus in pratis mollibus agebanꝱ:nec deerãt premia qbus ad ſcri
bendū doctorū puocarenꝱ ingenia:ſed et actoribus:munerā offerebāt: quo li
bentius iocundovocis flexu ad dulcedinē comendatiōisvterenꝱ.Caper nãꝗ pro
dono is dabaꝱ:quiavitibus noxiū animal habebaꝱ:a quo etiā tragedie nomē ex
ortum eſt.Nōnulli autē ex amurca olei fece : que eſt humor aquatilis tragediā
diciuocariq̃ maluerūt: qui ludi quū per artifices in honorē liberi patris agereꝱ
etiā ipſi Comediarū tragediarūq̃ ſcriptores huius deivelut preſens numē cole
revenerariq̃ ceperūt : cuius rei ꝑbabilis ratio extitit Ita eni carmina inchoata
ꝑferebanꝱvt per ea laudes eius:et facta glorioſa celebrari ꝑferriq̃ cōſtaret:tum
paulatim fama huius artis increbuit.Theſpis autē primus hec ſcripta in oium
notitiā ꝑtulit.Poſtea eſchylus ſecutus prioris exēplū publicauit de qbus ita Ho
ratius in arte poetica loquiꝱ.Ignotū tragice genus inueniſſe camene.Dicitur:et
plauſtrisvixiſſe poemate theſpis.Que canerent agerentq̃ peruncti fecibus ora.
Poſt hunc pſone palleq̃ repertor honeſte eſchylus:et modicis intrauit pulpita ti
gnis.Et docuit magnūq̃ loqui nitiq̃ cothruno.Succeſſit vetus his comedia nō ſi
ne multa Laude:ſed inuitiū libertas excidit:et vin.Dignā lege regi:lex eſt acce
pta:chorusq̃Turpiter obticuit ſulato iure nocēdi.Nil intentatum noſtri liquere
poete.Nec minimū meruere decus:veſtigia greca.Auſi deſerere ꞏ et celebrare
domeſtica facta.Vel qui ꝑtextas:vel qui docuere togatas. Fabula generale no
men eſt:eius due prime ptes ſunt tragedia et comedia. Si latina argumentatio
ſit ꝑtextata diciꝱ.Comedia aūt multas ſpecies habet. aut eñ palliata eſt aut to
gata:aut tabernaria:aut attellana aut mimmus: aut rh̃ynthonica.aut planipe
dia.Planipedia aūt dicta ob humilitatē argumēti eius ac vilitatē actoru:q̃ nō
cothurno:aut ſoccovtunꝱ in ſcena:aut pulpito:ſed plano pede :vel ideo q̃d nō ea
nagotia ꝑtinet:que pſonarū in turribus aut in cenaculis habitantiū ſunt : ſed in
plano et humili loco: Perſonati primi egiſſe dicunꝱ comediā Cincius et Faliſᵒ
Tragediā.Minutius et Prothonius.Oim autē comediarū ſcripta ex q̃ttuor re
bus oīno ſumunꝱ:noīe loco:facto:euentu:noīevt phormio:ecyra:gurgulio: epi
dicus.Locovt andria:leucadia:brundu ſina:Factovt eunuchus:aſinaria:captiui
Euentu:cōmoriētes:crimē.heautontimorumenon. Comediarū forme ſunt tres
palliate grecū habitū referētes: quas nōnulli tabernariasvocant.Togate iuxta
formā pſonarū habitū togarū deſiderantes.Attellane ſalibus et iocis cōpoſite:
que in ſe nō habet niſivetuſtā elegātiā.Comedia,aūt diuidiꝱ in q̃ttuor ptes:Pro
logū.Proteſin:Epitaſin:Cataſtrophen:Prologᵒeſt ꝑma dictio a grecis dicta
꞉꞉꞉꞉꞉꞉꞉꞉꞉꞉꞉꞉꞉antecedēsvera fabule cōpoſitionē elocutio eiuſ
ꝶes q̃ttuor ſunt ⸿Cōmēdatitiᵒquo fabulavel poeta cōmēdaꝱ
⸿Relatiuus quo aut aduerſario maledicta aut grecie populo referuꝱ:
⸿Argumētatiuᵒfabule argumētā exponēs
Mixtus oīa hec in ſe ꝑtinēs.Inter plogū et plogiū quidā hoc intereſſevoluerūt:
qa plogᵒeſt vbi poeta excuſaꝱ:aut fabula cōmēdaꝱPrologiū aūt eſt quñ tātū de
argumēto deduciꝱProtheſis eſt ꝑmus actus fabule:quo pars argumēti explica
tur:pars reticeꝱ.ad populi expectationē tenēdā.Epitaſis inuolutio argumēti cu
ius elegātiā ꝑnectiꝱ:Cataſtrophe explicatio fabule: per quā euētus eius appro
baꝱ.In pleriſq̃ fabulis ipſarū noīa ꝓ ora ponebaꝱ quā poetarū:in nōnullis poe
tarū:quā fabularū:cuꞌmoris diuerſitāte antiqtas ꝓbat. Nā cū ꝑmū aliq̃ fabu
las ederēt ipſarū noīa pꝛūciabaꝱ antequā Poete pꝛūciareꝱ:ne aliq̃ inuidia a ſcri

bendo deterreri poſſet. Cum autē per editionē multarū poete iam eſſet auctori
tas acquiſita: rurſus priora poetarū noia pferebant: ut p ipſorū vocabula fabu
lis attentio acquireref. Actas diuerſis ludis manifeſtū eſt inſcribi. Nam ludorꝫ
ꝗttuor ſūt ſpecies. quos currules ediles munere publico curāt. Megaleſes mag
nis diis pſecrati quos greci   appellant: Funebres ad retinēdū po
pulū inſtituti. dū pōpa fūneri decreta in honorē patriciiviri plene inſtruuī. Ple
bei qui pro ſalute plebis ludunt: apollinares Apollini pſecrati. In ſcena due are
poni ſolebāt dextera liberi: ſiniſtra eius dei cui ludi fiebāt. Vnde terētius in An
dria ait. Ex ara ſumeverbenas. Hincvlyſſē palliatū ſemp inducūt: ſiue ꝙ aliqua
do inſaniā ſimulauit: quo tpe tectū ſe eſſevoluit ne agnitus cogeref in bella pdi
re: ſeu ob ſingularē ſapientiā ꝗ tectus munituſꝗ plurimū ſotiis pfuit. Huius eni
virtutis erat aīmi ſemp decipiētis ingeniū. Nōnulli ithace incolas ſicut locros
palliatos fuiſſe cōmemorāt. Achillis ſiue neoptholemi pſone diademata habēt
ꝗuis regalia ſceptra nūꝗ tenuerint cuius argumēti pbatio talis inducif ꝙ nunꝗ
cū reliꝗ grecie iuuētute ad gerēda cum troianis bella ſacramēta piuratiōis inie
rūt necvnꝗ ſub agamēnonis imperio fuerūt. Comicis ſenibus cādidus veſtitus
inducif: quod is antiꝗſſimus fuiſſe memoraf. Adoleſcētulis diſcolor attribuif.
Serui comici amictu exiguo ptegunf: pauptaꝗ antique gīa: vel quo expeditiores
agant. Paraſiti cū in tortis palliisveniūt: letoveſtitus cādidus: erūoſo abſolet⁹
purpureus diuiti. pauperi pheniceus datur. Militi chlamys purpurea: puelle ha
bitus peregrinus inducif: leno palliovarii colorisvtif: Meretrici ob auaritiā lu
teū datur. Syrmata dicta ſūt ab eo ꝙ trahunf ꝗ res ob ſcenicā luxuriā inſtituta
eſt. Eadē in luctuoſis pſonis in curiā ſui per negligentiā ſignificāt. Aulea quoꝗ
in ſcena ī terra ſternūf: ꝙ pictus ornatus erat ex attalica regia romāvſꝗ plat⁹
eſt pro ꝗbus ſuppara etas poſterior accepit. Eſt aūt minutū velū quod pplo obſī
ſūt: dum fabularū actꝰs cōmutanf devmbra hiſtriones pnūciabāt. Cāticavo tē
perabaf modis nō a poeta ſed a perito artis muſice factis. Neꝗ eni oīa iiſdē mo
dis invno cātico agebanf: ſed ſepe mutatis vt ſignificāt qui tres numeros in co
medis ponūt: que tres ꝓtinēt mutatos modos cātici illⁱⁱⁱⁱⁱ: qui huiuſmodi modos
faciebāt. Nomē in pncipio fabule: et ſcriptoris: et actoris ſupponebāt: huiuſmo
di adeo carmina ad tibias fiebāt: ut his auditis multi ex pplo ante diſcerēt quā
fabulā actiſcenici eſſent oīno ſpectatoribus ipſis antecedētes titulus pnūciaref.
Agebanf aūt tibiis paribus: et imparibus: et dextris aut ſiniſtris. Dextre aūt ti
bie ſua grauitate ſeriē dictionēque comedie pnūciabāt Siniſtre. et ſerrane acu
minis leuitate: et iocū in comedia oſtendebāt. Vbi aūt dextra. et ſiniſtra acta fa
bula inſcribebaf: mixtim ioci et grauitates denūciabanf. Poeta cū pmū aīmū
ad ſcribēdū appulit. Comedie andria cū palliata ſit fabula de loco nomen acce
pit: et a menādro pus et nūc ab ipſo terētio: qui cū de criſide loqueref ſic ait. Hei
vereor nequid andria apportet mali: et hoc cōevocabulū eſt: et in greca: et in la
tina lingua: hec maiori ex pte motoria eſt. Cōtinetque actus amatorū adoleſcē
tiū ex partibus patrū priorū callidi ſerui: aſtute ancille: ſerue ſenes adoleſcen
tule liberāles. In hac pme ptes ſenis ſimōis ſunt: ſcꝺe Dauī: ttie Chremeꝗ: ꞇ dein
ceps reliquorū: plog⁹ in hac acer inducif: et in aduerſarios nō mediocrif aſperaf:
ſꝫ tū id ſubtilꝛ fit vt oīa laceſſit⁹facerevideaf ac dicere: hic ptefis ſꝫtilis: epitaſis
tumultuoſa: cataſtrophe pene tragica: et tū repēte ex his turbis in trāꝗllū puenit
Hec pma acta ē ludis megaleſib⁹. Marco fuluio. edilib⁹et. M. glabrione. Q. mi
nutio. Valerio currulib⁹: egerūt. L. Attilius latin⁹pneſtinus: et. L. ābiuius tur
pio: modos fecit. Flaccus claudii filiⁱtibiis parib⁹dextris et ſiniſtris: et eſt tota
greca: edita. M. marcello et ſulpitio pſulibus: pnūciataque eſt. Andria. Terētii
ob incognitū adhuc nomē poete: et minoris apud pplm auctoritaꝭ ac meriti. De

verbis aucteticis lepide distinctā est:et successu aspecta pspero hortamēto poete
fuit ad alias pscribēdas. Initiū aūt   .i. aduētitiā psonā recepit.
Sofie ppter euolueñdā argumēti obscuritatē:psona aūt ptatica ea intelligiť que se
mel inducta in pncipio fabule in nullis deinceps fabule ptibus adhibeť. A dno-
tandum sane puellarum liberalium nullam orationē in pscenio induci inCome
dia palliata pter inuocationē iumonis lucine:q̃ et ipsa quoǫ post scenā fieri solet
Hremes Atticus paṫ Pasibule et philomene:cū ex his duabus se Pasibulā pdidisse falso crederet relictā athenis:necvisā postea multo tē
pore:tāǭ vnicā sibi putabat. Philomenā quā Charin⁹ adolescēs athe-
niēsis adamabatvnice:et eam sibi petebatvxore. Sed paṫ eam. Pam
philo cuidā Simōis filiovltro despōderat: q̃ paphil⁹ecōtra sorore Crisidis ac pe
grinā tū creditā Pasibulā supdictā:alterā Chremeṫ filiā sub noīe Glicerii latēt
sic amauit:ut ex ea filiū suscepisset inscio pre:q̃ re intellecta cōmot⁹Simo pr̄ Pā
phili:dū p falsas nuptias tētat aim Pāphili mult̄ dolis a Dauo ipso deludiť ser
uio:piculoǫ Charini et Pāphili moť⁹error in fabulis.qv̄ǫ ad eū finē ducť ē:dū
athenasveniēs de andro qdā Crito rē aperiat:et nodū fabule soluat:p quē agni
ta pasibula recipiť a parētib⁹:et tradiť Pāphilo amāti:Philomenavero Charino despōdeť:et tradiť exoptāti. Perspecto argumēto scire debem⁹hāc esse v̄tutē
poeticā v̄t a nouissimis argumētū rebus incipiēs initiū fabule et originē narra-
tiue reddat spectatoribus:auctorēǫ psētē sibi exhibeat:vbi finis ē fabule:hūc ei
ordinē et circulū poetice artisvel v̄tuť nō modo secuti sūt tragici comiciǫ aucto
res:s3 Homer⁹etiā et v̄gili⁹tenuerūt:diuisionē actuū in latinis fabulis iťnoscere
difficile est:causā iādudū demōstrauim⁹: Vñ aūt aut quō ǭuis egre.tū itelligi di
stinguiǫ possint est opepciū dicere Principio dicēdū ē nullā psonam egressā qn
quiesvltra exire posse. S3 illa re plerǫ decipimur ǫ psonā cū tacuerit egressā
falso putam⁹q̃ nihilomin⁹in pscenio tacēs loquēdi tēpus expectat. Est igiť attēte
aiaduertēdū vbi et qñ scena vacua sit ab oibus personis:vt in ea chorusvel tibicē
audiri possit:qd quom viderim⁹:ibi actū esse finitū debem⁹ agnoscere. Cōfūdit
sepe lectorē id qð persona in supiori scena desinēs:et in pxima incipiēs loq̃ nō in
telligiť ingressa qd experientes ipsā sictā diiudicāt de re.p.ac tēporū ǭtitate: po
test eni fierivt et ingressa sit ac egressa quā praue credimus de.pscenio nō reces-
sisse:posse aūt qnto egredi psonā nō et necesse esse dicim⁹:ut appareat vltra exi
re nō posse. In tragedia et partius exire et solere pariť et licere. Prim⁹ actus in
andria narrationē Simonis apud Sosiā ptinet argumēti: qd ppłs hac occasione
pdiscit:mox q̃relā apud se.Daui de dño:et eiusdē cū dñovba:et rursus ei⁹dē ser
ui deliberatiōe3 qd rerū gerat.Secūdi actus sūt Charinivba. p̄mo cū Byrria ser
uo:et post cū ipso Pāphilo de nuptiis: Pāphili sermo cū pre dolo psentiēt in nu
ptiis:Byrrievba:Daui callida oratio aduersū senē. Tertio actui hec attribuunť
Misidis cū obstetrice colloqū Dauo ac Simone audiētib⁹:part⁹ Glicerii suspe-
ctus seni:et Daui apud eū frauduleta ṡmocinatio: Simōis v̄ba cū Chremete de
nuptiis:Daui pturbatio ac Pāphili.Quartū actū p hec intelligim⁹. p̄ma Chari
ni v̄ba sunt indignāt̄velut fidē sibi non seruatā a Pāphilo:tū Misidisv̄ba apud
Pāphilū eiusdēǫ questus Daui administratio doli aduersus Chremetē. In qnto
actu Simonis et Chremeṫppe iurgiū:disputatio tū detectio fallaciarū Daui.tū
indignatio prīs aduersus filiā:tū Critonis incuetus:et p eū cogniṫ rebus in trā-
quillā rē acta:ducētibusvxores q̃s p̄cupiuerūt Pāphilo et Charinp.Illud nō cō
mouere nos debet qurod in horū actuū distinctiōe videnť de.pscenio nō disĉssis
se psone quedā:sed tenere debemus ideo Terētiū vicinitatis mentionē fecisse in
principio vt modico receptu et adesse et abesse personā intelligamus nihil ergo
secus factū est ab antiqs:qui ad hūc modū terētianas fabulas diuiserūt.

PVBLII TERENTII AFRI POETAE CO
MICI ANDRIAE ARGVMENTVM.

Otorē falſo creditā meretricule genere. Andriæ glice
riū vitiat paphilus. Grauidaꝗ facta: dat fidē, vxorē ſi
bi fore hác. Nā ei aliā pat̄ deſpōderat gnatā chreme
tis. Atꝗ vt amorē cōpēt: ſimulat futuras nuptias:
cupiēs ſuꝰ quid haberet animi fil̄ꝰ cognoſcere. Daui ſuaſu nō re
pugnat pāphil̄ꝰ. Sꝫ ex glycerio natū vt vidit puerulū chremes: recu
ſat nuptias. generū abdicat. Mox filiā glyceriū inſperato agnitam
hanc pamphilo dat: aliam charino coniugem.

¶ Prologus.

Oeta cū p̄mū animū ad ſcribēdum appulit: id ſibi negotii
credidit ſolum dari: populo vt placerēt ꝗs feciſſet fabulas.
Verū aliter euenire multo intelligit. Nā in plogis ſcribundis opera
abutit̄. nō qui argumētū narret ſꝫ qui maliuoli veteris poetæ male
dictis rīdeat. Nūc quiá revitio dent: ꝗo aīaduertite Menander fe
cit. Andriā et perinthiā. qui vtrāuiꝗ recte norit ábas nouerit. nō ita
diſſimili ſūt argumēto: ſed tñ diſſimili orōe ſūt factæ aꝗ ſtilo. Q ue
ꝗuenere in andriā ex perinthia: fatet̄ trāſtuliſſe ſe. átꝗ vſū pro ſuis
Id iſti vituperāt factū: atꝗ in eo diſputāt: cōtaminari nō decere fa
bulas. Faciūt ne intelligēdo: vt nihil intelligāt. qui cū huic accuſant
neuiū, plautū, enniū accuſāt: quos hic noſter auctores habet, quorū
emulari exōptat negligētiā potiꝰ ꝗ iſtorū obſcurā diligētiā. De hinc
vt quieſcat porro moneo, et deſignat maledicere. malefacta ne nō
ſcāt ſua. Fauete. adeſte equo aīo. et rem cognoſcite. vt pnoſcatis:
et quid ſpei ſit reliquū. poſt hac ꝗs faciet de integro comœdias ſpe
ctande an exigende ſint vobis prius.

¶ Simo ſenex.   ¶ Soſia libertus.

Os iſtec intro auferte. abite. ſoſia ades dū: paucis te volo.
So. Dictum puta. nempe vt curentur recte hec. Si. Immo

aliud. So. Quid est quod tibi mea ars efficere hoc possit amplius?
Si. Nihil istac opus est arte ad hāc rem quā paro. Sz iis qs semp in
te intellexi sitas: fide et taciturnitate. So. Expecto qd velis. Si. Ego
postqā te emi a puulo: vt semp tibi apud me iusta et clemens fuerit
seruitus scis. feci ex seruo vt esses libertus. mihi propterea qp seruie
bas liberaliter. quod habui summū preciū psolui tibi. So. In memo
ria habeo. Si. haud muto factū. So. Gaudeo si tibi quid feci aut fa
cio quod placeat simo. et id gratū fuisse aduersū te, habeo gratiam
sed id mihi molestū est. nam istec cōmemoratio quasi exprobratio
est immemoris beneficii. quin tu vno verbo. dic: quid est qd me velis. Si. Ita faciā. hoc primū in hac re pdico tibi: quas credis esse has
nō sūt vere nuptie. So. Cur simulas igitur? Si. rē oēm a pncipio au
dies. eo pacto et gnati vitā: et psiliū meū cognosces: et qd facere in
hac re te velim. Nā is postq excessit ex ephebis sosia: liberius viuēdi
fuit potestas. Nā antea qui scire posses: aut igeniū noscere: dū etas
metus, magister phibebat. So. ita est. Si. qd plerijq oēs faciūt adole
scētuli vt animū ad aliquod studiū adiūgāt. aut equos alere: aut ca
nes ad venādū: aut ad philosophos. horū ille nihil egregie pter cete
ra studebat. et tamen omnia hec mediocriter. gaudeba. So. Nō in
iuria. nam id arbitror apprime in vita esse vtile: vt ne qd nimis. Si.
Sic vita erat: facile omnes perferre ac pati cum quibus erat: cunqp
vna iis sese dedere: eorū obsequi studiis. aduersus nemini. nūq pre
ponens se illis. ita vt facillime sine inuidia laudē inuenias: et amicos
pares. So. Sapienter vitā instituit. nanqp hoc tpe obsequiū amicos:
veritas odiū parit. Si. Interea mulier quedā ab hinc triēnium ex an
dro commigrauit huic vicinie inopia atqp cognatorū negligentia co
acta. egregia forma atqp etate integra. So. hei vereor: ne quid an
dria apportet mali. Si. Primum hec pudice vitam parce ac duriter
agebat lana et tela victum queritans. sed postquam amans accessit
precium pollicens vnus et item alter(ita vt ingenium est omnium

hominū ab labore procliue ad libidinē)accepit ōditionē. dehinc que
ſtum occipit. qui tum illam amabāt:forte(ita vt ſit)filiū pducere il
luc ſecū(ut vna eſſet)meū.Egomet ōtinuo mecum certe captus eſt.
habet.obſeruabā mane illorū ſeruulos venientes aut abeūtes.rogi
tabā.heus puer dic ſodes:qs heri chriſidē habuit?nam andrie illi id
erat nomē.So. Teneo.Si.Phedriā aut cliniā dicebāt; aut niceratū.
nam hi tres tum ſimul amabāt.Eho:qd paphilus?qd?Symbolū de
dit.cenauit.gaudebā.Itē alio die quaerebā:cōperiebā nihil ad paphi
lum quicꝗ attinere.enimuero ſpectatū ſatis putabā.et magnū exē
plum ōtinentie.nam qui cum ingeniis conflictatur eiuſmodi; neꝗ
cōmouet animus in ea re:tamē ſcias poſſe habere iam ipſū ſue vite
modū.tum id mihi placebat.tū vno ore oēs oīa bona dicere et lau
dare fortunas meas:qui gnatū haberē tali ingenio pōditū.quid ver
bis opus eſt?hac fama impulſus chremes:vltro ad me venit:vnicā
gnatam ſuā cum dote ſumma filio vxorē vt daret.placuit.deſpōdi.
hic nuptiis dictus eſt dies.So.quid igiſ obſtat:cur nō vere fiant?Si.
Audies.Fere in diebus paucis quib?hec acta ſūt:chryſis vicina hec
morit.So. o factū bene.beaſti.metui a chryſide. Si.ibi tū filius cū
illis qui amabāt chryſide,vna aderat;frequēs:curabat vna ſumus.tū
ſtis interim nōnūꝗ collachrymabat.Placuit tum id mihi.ſic cogita
bam.Hic paruae pſuetudinis cauſa huius morte tam fert familiarit.
quid ſi ipſe amaſſet?quid hic mihi faciet patri? hec ego putabā eſſe
oīa humāi ingenii māſuetiꝗ animi officia.quid multis moror?Ego
met quoꝗ ei?cauſa in funus pdeo nihil ſuſpicās etiā mali.So.hem
quid id eſt?Si.ſcies effert imus.interea int mulieres ꝗ ibi aderant:
forte vnā aſpicio adoleſcētulā forma.So, (bona fortaſſe).Si.Et vul
tu ſoſia adeo modeſto,adeo venuſto,ut nihil ſupra:ꝗ tū mihi lamē
tari pter ceteras viſa eſt. et quia erat forma pter ceteras honeſta ac
liberali::accedo ad pediſſeꝗs.ꝗ ſit rogo.ſororē eſſe aiunt chryſidis.
percuſſit illico animū.atat.hec illud eſt ; hinc ille lachryme hec illa

est mia. So. q̄ timeo quorſum euadas. Si funus interim p̄cedit. ſe-
quimur. ad ſepulchru vehimus. in igne impoſita eſt. fletur. Interea
hæc ſoror (qua dixi) ad flammã acceſſit impr̄udentius ſatis cu piculo. ibi tum exanimatus pamphilus bene diſſimulatũ amore et cela-
tũ indicat. accurrit. media muliere ãplectit̄. mea glycerium inquit: q̄d
agis̄ cur te is p̄ditũ̄ tũ illa (vt conſuetũ facile amore cerneres) reiecit
ſe in eũ flens q̃familiarit̄. So. q̄d ais̄ So. redeo inde irat̄: atꝗ ægre-
ferēs. Nec ſatis ad obiurgãdũ cauſę. diceret. quid fecī quid cõme-
rui aut peccaui pater̄ que ſeſe in igne iniicere voluit: p̄ohibui. ſer-
uaui. honeſta ratio eſt. So. recte putãs. nam ſi illũ obiurges vite qui
auxiliũ tulit: q̄d facias illi qui dederit dãnũ aut malũ̄ Si venit chremes poſtridie ad me clamitãs indignũ facin̄. cõpiſſe pãphilũ p̄vxo-
re habere hãc pegrinã. ego illud ſedulo negare factũ ille inſtat factũ. deniꝗ ita dũ diſcedo ab illo: vt qui ſe filiã neget daturũ. So. no
tu ibi gnatũ̄ Si. ne hęc q̄dē ſatis vehemēs cauſa ad obiurgandũ. So
quī cedo. Si. tu teipſe his rebus finē p̄ſcripſiſti pater: p̄pe adeſt̄ cũ
alieno more viuendũ eſt mihi. ſine nũc me meo viuere interea modo. So. qui igitur relict̄ eſt obiurgandi locus̄ Si. ſi p̄pter amore vxorem nolit ducere: ea primũ ab illo aiaduertenda iniuria eſt. et nũnc
id operã do: vt per falſas nuptias vera obiurgãdi cauſa ſit: ſi dene-
get. ſimul ſceleratus dauus ſi quid cõſilii habet: vt cõſumat: nũc cũ
nihil obſint doli. quē ego credo manibus pedibuſꝗ obnixe oĩa fac-
turũ: magis id adeo mihi vt incomodet q̄ vt obſequatur gnato. So.
quap̄pter̄ Si. rogas̄ mala mēs. malus anim̄. quē quidē ego ſi ſen
ſero: ſed quid opus eſt verbis̄ ſine eueniat quod volo in pãphilo: vt
nihil ſit more. reſtat chremes qui mihi exorandus eſt et ſpe᷑o con-
ſore. Nunc tuum eſt officium: has benevt aſſimules nuptias. p̄ter-
refacies daunũ. obſerues filium quid agat. quid cum illo conſilii cap-
tet. So. Sat eſt. curabo. Eamus nunc iam intro. Si. I prę. ſeqūar.

¶ Simo   ¶ Dauus ſeruus.

On dubiũ eſt: quin vxorẽ nolit filius. ita dauũ modo time
re ſenſi: vbi nuptias futuras eſſe audiuit. ſʒ ipſe exit foras
Da. Mirabar: hoc ſi ſic abiret et heri ſemp lenitas verebar,
quorſũ euaderet. qui poſtʠ audierat nõ datũ iri filio vxorẽ ſuo: nũʠ
cuiʠ noſtrũ verbũ fecit. neʠ id egre tulit ɋ chremes filiam denega
bat filio ſuo. Si. At nunc faciet. neque(vt oppinor)ſine tuo magno
malo. Da. id voluit nos ſic nec oppinantes, duci falſo gaudio. ſperã
tis iam amoto metu inter oſcitantes opprimi: ne eſſet ſpatiũ cogitã
di ad diſturbãdas nuptias. aſtute. Si. carnifex que loquiʔ Da. Erus
eſt. neʠ prouiderẽ. Si. daue. Da. Hem. quid eſtʔSi. Ehodũ, ad me.
Da. quid hic vultʔSi. Quid aisʔDa. Qua de reʔSi. rogasʔ meũ gna
tum rumor eſt amare. Da. Id populʼ curat ſcilicet. Si. hoccine agis,
an nõʔDa. Ego vero iſtuc. Si. Sed nũc ea me exquirere, iniqui patris eſt. Nã quod ante hac fecit: nihil ad me attinet. Dum tẽpus ad
eam rem tulit: ſiui animũ vt expleret ſuũ. Nũc hic dies aliã vitã affert. alios mores poſtulat. Dehinc poſtulo. ſiue equũ eſt te oro daue: vt redeat iam inuiã. Da. Hoc quid ſit miror. Si. Oẽs qui amãt:
grauiʼ ſibi dari vxorẽ ferunt. Da. Ita aiũt. Si. Tu ſiquis mgra cepit
ad eã rem iprobũ ipſũ animũ egrotũ ad deteriorẽ ptẽ plerũʠ ap
plicat. Da. Nõ hercle itelligo. Si. NõʔDa. Nõ. dauus ſum: nõ edid
pus. Si. Nẽpe ergo aperte vis: me ɋ reſtãt loqui. Da. Sane quidem
Si. Si ſenſero hodie quicʠ in his te nuptiis fallacie coñari ꞇ quo fiãt
minus: aut velle in ea re oſtẽdi ɋ ſis callidʼ: verberibʼ ceſum te in pi-
ſtrinum daue dedã vſʠ ad necẽ: ea lege, atʠ omine vt ſi te inde ex
emerim: ego pro te molã. Quid hocʔIntellextinʔan nondũ etiã ne
hoc quidemʔ Da. Immo callide. ita aperte ipſã rem modo locutus
nihil circuitione vſus es. Si. Vbivis facilius paſſus ſim : quã in hac
re me deludierʔDa. bona verba queſo. Si. irridesʔnihil me fallis. Sʒ
hoc dico tibi : ne temere facias : neʠ tu hoc dices tibi non predic-
tum. caue. Da. enimuero daue nihil loci eſt ſegnitie, neʠ ſocordie

quantum intellexi modo fenis fententiam de nuptiis . que fi non
aftu prouident˜: me aut herũ peffũdabũt.Nec quid agam certũ eft
pãphilũ ne adiutẽ,an aufcultẽ feni.Si illũ relinquo: eius vitæ timeo
fin opitulor:huius minas: cui verba dare difficile eft Primũ iam de
amore hoc compit.me infenfus eruat:ne quã faciã nuptiis fallaci-
am.Si fenferit:perii.aut fi libitũ fuent:caufã ceperit:quo iure,ꝗꝗ
iniuria pcipitẽ me in piftrinũ dabit. Ad hec mala hoc mihi accedit
etiã:hec andria,fiue ifta vxor,fiue amica eft:grauida e pãphilo eft.
audireꝗ eorũ eft opepreciũ audaciã. Nã inceptio eft amẽtiũ haud
a mantiũ.quicqd peperiffet decreuerũt tollere.et fingũt quandã in
ter fe nunc fallaciam:ciuem atticam effe hanc. Fuit olim quidã fe
nex mercator.nauem is fregit apud andrũ infulam.Is obiit mortẽ
ibi tamen hanc eiectã chryfidis patrẽ recepiffe orbã paruã . Fabule
mihi quidẽ hercle non fit verifimile:atꝗ ipfis commentum placet.
Sed mifis ab ea egreditur.At ego hinc me ad forum: vt conueniã
pamphilum:ne de hac re pater imprudentem opprimat.

        ¶Mifis ancilla.

Vdiui archillis iamdudum lefbiã adduci iubes. Sane pol
temulenta eft mulier,et temeraria: nec fatis digna,cui cõ-
mittas primo partu mulierẽ.tamen eam adducam.importunitatẽ
fpectate anicule:quia compotrix eius eft:Dii date facultatem obfe
cro huic pariundi atꝗ illi in aliis potius peccandi locũ:Sed quidnã
pamphilum exanimatũ video? vereor quid fiet.Opperiar: vt fciam
nunc,quidnam hec turba triftitie afferat.

        ¶Pamphilus adolefcens   ¶Mifis.

Occine eft humanũ factũ aut inceptũ ? hoccine eft officiũ
prĩs?Mi.Quid illd ẽ?Pã.Proh deũ fidẽ:qd eft: fi hec nõ
ꝑtumelia eft? vxorẽ decreuerat dare fefe mihi.nõne oportuit pfcif
fe me ãtẽ?nõne prus cõmunicatũ oportuit?Mi.Miferã me:qd ver
bũ audio? Pã.qd chremes:qui denegarat fe cõmifurũ mihi gnatã

ſuā vxorē?id mutauit:quoniā me immutatū videt? Ita ne obſtinate
operam dat: vt mea glicerio miſerum abſtrahat?quod ſi ſit : pereo
funditus. Adeoꝗ hoiem eſſe inuenuſtū/aut infœlicē quēꝗ vt ego
ſū?proh deū/atꝗ hoim fidē: Nullon ego chremetis pacto affinitatē
effugere potero?quot modis contēptus/ſpretus.facta trāſacta oīa:
hem.repudiatus repetor?ꝗobrē:niſi ſi id eſt/quod ſuſpicor? aliquid
monſtri alunt.ea qm̄ nemini obtrudi poteſt:itur ad me. Mi.Oratio
hæc me miſerā exanimauit metu.Pam.nam quid ego dicam de pa
tre?ha.tantā ne rem tam negligenter agere? preteriens modo mihi
apud forū: vxor tibi ducēda eſt pamphile hodie inquit.para.abi do
mum id mihi viſus eſt dicere:abi cito ac ſuſpende te. Obſtupui.cen
ſen me verbū potuiſſe vllū proloqui : aut vllam cauſam ineptā ſaltē
falſam/iniquā?obmutui.quod ſi ego reſciſſem id prius: quid facerē
ſi quis nunc me roget:aliquid facerē:ut hoc ne facerem. Sed nunc
quid primū exequar?tot me impediūt cure:que meū animū diuer
ſe trahunt.amoꝛ.mia huius.nuptiarū ſollicitatio tum patris pudor
qui me tam leni paſſus eſt animo vſꝗ adhuc.que(meo)cūꝗ aīo libi
tum eſt facere.Ei ne:ego vt aduerſer?ei mihi incertū eſt:quid agā.
Mi.Miſera timeo:incertum hoc quorſū accidat.Sed nūc perꝓꝑ
eſt:aut hunc cum ipſa:aut aliquid de illa me aduerſum hunc loqui
Dum in dubio eſt animus: paulo momento huc/vel illuc impellit.
Pam.quis hic loquit?Miſis ſalue.Mi.o ſalue pāphile.Pam. Quid
agit?Mi.Rogas?laborat e dolore.atꝗ ex hoc miſera ſollicita eſt die
quia olim in hūc ſunt cōſtitutæ nuptiæ.Tum aūt hoc timet ne deſe
ras ſeſe.Pam.hem ego ne iſtuc conari queam?Egon propter me il
lam decipi miſerā ſinā? ꝗ mihi ſuū animū/atꝗ oēm vitam credidit?
quā ego animo egregie charam provxore habuerim? bene et pudi
ce eius doctū/atꝗ eductū ſinā/coactū egeſtatę ingerſtū immutarier?
non faciam.Mi.haud vereor:ſi in te ſolo ſit ſitū.Sed vim vt ꝗas ferre.
re.Pam.Adeo me ignauū putas?adeon porro ingratū/aut inhuma

num/aut ferũ : vt neqʒ me conſuetudo/neqʒ amor/neqʒ pudor cõ
mouet neqʒ cõmonet: vt ſeruê fidê?Mi.Vnũ hoc ſcio/hanc me
ritã eſſe:vt memor eſſes ſui. Pam. Memor eſſem?o myſis miſis:
etiã nunc mihi ſcripta illa dicta ſunt in animo chryſidis de glycerio
Iam ferme moriens me vocat.acceſſi. vos ſemote. nos ſoli incipit.
Mi.Pamphile/huius formã/atqʒ etatẽ vides.nec clam te eſt : q̃ illi
nunc vtræqʒ res inutiles et ad pudicitiã et ad rem tutãdã ſient.Q d
ego te per hanc dexterã oro:et ingeniũ tuũ per tuam fidem:perqʒ
huius ſolitudinẽ te obteſtor:ne abſte hanc ſegreges: neu deſeras.
ſi te in germani fratris dilexi loco:ſiue te hæc ſolum ſemp fecit ma
ximi:ſeu tibi morigera fuit in rebus oĩbus:te iſti virũ do.amicum.
tutorẽ.patrẽ bona noſtra hæc tibi/pmitto:et tue mãdo fidei.Hanc
mihi in manũ dat.mors ptinuo ipſam occupat.accepi.acceptã ſer
uabo.Mi.ita ſpero quidem.Pam.ſed cur tu abis ab illa.Mi.obſte
tricem accerſo.Pam. propera:atqʒ audin?verbũ vnum caue de nu
ptiis:ne ad morbum hoc etiam.Mi.teneo.

❦Charinus ❦Adoleſcens ❦Byrria ſeruus ❦Pamphilus.

Q̈uid ais byrria?datur ne illa pamphilo hodie nuptũ?Byr.
Sic eſt. Chã.Qui ſcis?Byr.apud forũ modo e dãuo au
diui.Cha.Ve miſero mihi.ut animus in ſpe/atqʒ in timo
reviſ◆ ◆◆ hac attentus fuit:ita poſtq̃ adempta ſpes eſt laſſus/cu
ra confec◆◆ ◆ ◆pet.Byr ◆ Queſo edepol charine:quoniam non
poteſt id ◆◆quodvis.id velis qd poſſis.Cha.Nihil volo aliud/niſi
philomenã.Byr.Ah/q̃to ſatius eſt:te id dare opera:qui iſtũ amo
rẽ ex animo amo◆ tuo: quã id loqui : quo magis libido fruſtra
incendat tua.Cha.Facile oẽs(cum valemus)recta cõſilia egrotis da
mus.Tu ſi hic ſis.aliter ſenties.Byr.Age age/ut lubet.Cha.ſed pã
philũ video.◆ia experiri certum eſt priuſquã pereo. Byr.Quid hic
agit?Cha.ipſum hunc orabo.huic ſupplicabo ◆amorẽ huic narrabo
meũ Credo impetrabo:vt aliquot ſaltem nuptiis/ptrahat dies.Inte
                                                              b.i.

rea fiet aliquid fpero. Byr. Id aliquid nihil eft. Cha. Byrria/quid tibi videtur?deon ad eum?Byr. Quid:nifi nihil impetres:vt te arbi
tretur fibi paratu mechu:fi illam duxerit?Cha.Abi hinc in malam
rem cum fufp̄tiōe iftac fcelus.Pam.Charinu video.falue.Cha. O
falue pāphile.ad te venio:fpem/falutē/auxiliū/p̄filiū expetēs. Pam
Neq̣ pol p̄filii locum habeo:neq̣ auxilii copia. Sed iftud q̄d nā eft
Cha.hodie vxorē ducis.Pā.Aiūt.Cha.Pāphile fi id facis:hodie po
ftremū me vides.Pā.Quid ita?Cha. Ei mihi.vereor dicere q̄d.dic
q̄fo byrria.Byr.Ego dicā.Pā.Quid eft?Byr.Sponfā hic tuā amat
Pam.Ne ifte haud mecū fentit.ehodū dic mihi : nūquidnā āplius
tibi cum illa fuit charine?Cha.Aha.pāphile:nihil.Pā.Quā vellē.
Cha.Nūc te per amicitiā/et p̄ amorē obfecro p̄ncipio:vt ne ducas
Pam.Dabo equidem operā.Cha.fed fi id nō potes:aut tibi nuptie
hę fūt cordi.Pam.(cordi):Cha.faltē aliquot dies profer:dum p̄fici
fcar aliquo:ne videā.Pam.Audi nūc iam.Ego charine neutiq̄ o̊fi
ciū liberi effe hois puto: cū is nihil ̄pmereat poftulare id gr̄e appo
ni fibi nuptias egō iftas effugere malo:quā tu adipifcier.Cha.Red
didifti animū.Pam.Nunc fi quid potes/aut tu: aut hic byrria faci-
te.fingite.iuenite.efficite.qui detur tibi:ego id agam. mihi qui ne
detur.Cha.Sat habeo.Pam.Dauū optime video:cuius cōfilio fretus fum.Cha.At tu hercle haud quicq̄ mihi: nifi ea quę nihil op̄
funt fcire.Fugin hinc?Byr.Ego vero ac lubens:
　　（Dauus　（Charinus　（Pamphilus.
I boni/boni quid p̄orto?fed vbi inueniā pāphilū:vt metū
in quo nunc eft:adimā:atq̣ expleā animū gaudio?Cha.
Letus eft.nefcio quid. Pam. Nihil eft.nūdū hec refciuit
mala.Da. Quē ego nunc credo/fi iam audierit fibi paras nuptias:
Cha.(Audin tu illū?)Tp̄to me oppido exanimatū quęrere. Sed vbi
querā quo nūc p̄mū intendā.Cha.Ceffas alloqui.Da.Abeo.Pam
Daue ades.refifte.Da.Quis homo eft:qui me̊o pāphile teipfum

quero. Euge charine. ambo opportune. vos volo. Pam. Daue perii
Da. Quin tu potius hoc audi. Pam. Interii. Da. Q̃uid times, scio.
Pam. Mea quidē hercle certe in dubio vitą est. Da. et quid tu: scio.
Pam. nuptie mihi. Da. et id scio. Pā. Hodie. Da. Obtūdis: tametsi
intelligo. id p̃caues ne ducas tu illā: tu autē ut ducas. Cha. Rem te
nes. Pam. istuc ipsū. Da. Atq̃ istuc ipsum nihil pericli est. me vide
Pam. Obsecro te: q̃primū hoc me libera miserū metu. Da. Hem li
bero. vxorē tibi nō dat iā chremes. Pā. Q̃ ui scis. Da. scio. tuus pat̃
modo me ápprehēdit. ait tibi vxorē dare sese hodie. itē alia multa:
que nunc nō est narrādi locus p̃tinuo ad te, pperās p̃curro ad forū:
ut dicā tibi hec. Vbi te nō inuenio ibi: ascendo m quēdā excelsū lo
cum. circūspicio nusquā. forte ibi huius video byrriā. Rogo. negat
vidisse se. Mihi molestū. Q̃uid agā, cogito. Redeūti interea ex ip̃a
re mihi incidit suspitio. hem. paululū obsoniivideo ipsus tristis . de
ip̃rouiso nuptie nō coherēt. Pā. quorsūnā istuc? Da. ego me continuo ad chremetē. cū illuc aduenio: solitudo āte ostiū. iā id gaudeo
Ch. Recte dicis. Pā. Perge. Da. Maneo. in t̃ea it̃foire neminē video
exire neminē. matronā nullā in edibus. nihil ornati. nihil tumulti.
accessi. intro aspexi. Pā. Scio māgnū signū. Da. Nū vident̃ p̃uenire
hec nuptiis? Pā. Nō: opinor. Da. Opinor narras? non recte accipis.
certa res est. Etiā puerū inde abiēs p̃ueni chremis. holera et piscicu
los minutos ferre obolo in cenā seni. Pā. liberatus sum hodie daue
tua opa. Da. At nullus q̃dē. Cha. qd ita? nēpe huic prorsus illā non
dat. Da. Ridiculū caput. q̃si necesse sit, si huic nō dat: te illā vxorem
ducere. nisi vides: nisi senis amicos oras: ambis. Cha. bene mones.
ibo: et si hercle sepe me iam spes. hæc frustrata est. vale. Pā. Q̃ uid
igit̃ sibi vult pater? cur simulat? Da. ego dicā tibi. si id succēseat, nūc
ga nō det tibi vxorē chremes, ipsus sibi videat̃ esse iniurius. neq̃ id
iniuria priusq̃ tuū animū vt sese habeat ad inuptias: p̃spexerit. Sed
si tu negaris ducere: ibi culpā omnē in te transferret. tum ille turbe

fient. Pam. Quiduis patiar. Da. pater est pamphile difficile est. tũ
hec sola est mulier. dictũ aut factũ inuenerit: aliquã causam: q̃obrẽ
eiciat oppido. Pam. Eiciat. Da. Cito. Pam. Cedo igitur quid faciam
daue? Da. dic te ducturũ. Pã. hem. Da. Quid est? Pam. Ego ne dicam? Da. Cur non? Pam. Nũq̃ faciam. Da. Ne nega. Pam. Suade-
re noli. Da. ex ea re quid fiat: vide. Pam. Vt ab illa excludar: hac
ꝑcludar. Da. nõ ita est. nempe hoc sic esse opinor dicturũ patrẽ: du
cas volo hodie vxorẽ. tu (ducã) inquies. Cedo: quid iurgabit tecum
hic reddes oĩa (que nũc sunt certa ei ꝑsilia) incerta: ut sient sine om
ni periculo. Nã hoc haud dubiũ est, quin chremes tibi nõ det gnatam. nec tu ea causa minueris hec: que facis: ne is suã mutet sentẽ
tiã. Patri dic velle: ut cũ velit tibi iure irasci/ nõ queat. Nã qd tu spe
ras: ꝓpulsabo facile: vxorẽ his moribᵍ dabit nemo. Inueniet inopẽ
potius: quã te corrũpi sinat. Sed si te equo aĩo ferre accipiet: negli
gentẽ feceris. alia ociosus queret. Intea aliqd acciderit boni. Pam.
Itan credis? Da. haud dubiũ id quidẽ est. Pam. Vide quo me indu
cis. Da. Quin taces. Pam. dicã. puerũ autẽ ne resciscat mihi eẽ ex
illa: cautio est. nam pollicitus sum suscepturum. Da. O facinus au
dax? Pam. hanc fidem sibi me obsecrauit (qui se siret nõ deserturũ)
ut darem. Da. curabiſ. Sed pater adest. caue: te tristẽ esse sentiat

Simo Dauus Pamphilus

Euiso quid agant: aut qd captẽt ꝑsiliũ. Da. hic nũc nõ du-
bitat: qn te ducturũ neges. Venit meditatᵍ aliaũde ex so
lo loco: ꝼone sperat inuenisse se: q̃ differat te. Proin. tu fac: apud te
ut sies. Pã. Modo vt possim daue. Da. Crede inquã hoc mihi pam
phile: nũquã hodie te cum cõmutaturũ patrẽ vnũ eẽ verbũ: si te di
ces ducere. Byrria Simo Dauus Pamphilus

Erus me relictis rebus: iussit pamphilũ hodie obseruare.
ut quid ageret de nuptiis, scirẽ. Id propterea nunc huic ve
nientem sequor. ipsum adeo presto video cum dauo. hoc

agam. Si. Vtruncͫ adeſſe video. Da. hem obſerua. Si. Pamphile. Da

Q uaſi de improuiſo reſpice ad eum. Pam. Ehem pater. Da. Pro-

be. Si. hodie vxorē ducas(vt dixi)volo. Byr. nunc noſtre tuneo par

ti: quid hic reſpōdeat. Pam. Neqͣ iſtic: neqͣ aliℓͭ tibi erit vℓqͤ in me

mora. Byr. hem. Da. obmutuit. Byrri. Q uid dixit? Simo. facis vt

te decet: cum iſtuc quod poſtulo: impetro cū grͣ. Da. Sum verus.

Byr. herús(qͭtū audio) vxore excidit. Si. I nūc iam intro: ne in mo-

ra cum opus ſit ſies. Pam. Eo. Byr. Nullͣ ne in re eſſe homini cuiqͣ

fidem? verū illud verbū eſt: vulgo qͣ dici ſolet. Oͤs ſibi malle meli

eē: quā alteri. Ego illā vidi virginē forma bona. nemini videre. quo

equior ſum pamphilo: ſi ſe illam in ſomnis: quā illū amplecti ma-

luit. Renunciabo: vt pro hoc malo mihi det malum.

⁌Dauus ⁌Simo⁌

Ic nunc me credit aliquā ſibi fallaciā portare: et ea me hic

reſtitiſſe grͣ. Si. Q uid dauus narrat? Da. Eque quicquā

nunc quidē. Si. Nihil ne? hem. Da. Nihil prorſus. Si. At qui expec-

tabā quidē. Da. Prͤ ſpem euenit huic ſentio. hoc male habet virū

Si. potin mihi verū dicere? Da. Nihil facilius. Si. Num illi moleſte

quippiā hee ſunt nuptie ppter huiuſce hoſpite ͤſuetudinē? Da. Ni-

hil hercle. Aut ſi adeo. bidui aut tridui eſt hec ſollicitudo. noſti: de

inde deſinet. Eteni ipſe ſecū eam rem recta reputauit via. Si. Lau-

do. Da. Dum licitū eſt ei: dūqͣ etas tulit: amauit. tū id clā cauit: ne

vnquā infamie ea res ſibi eſſet: vt virū forte decet. nūc vxore opus

eſt animū ad vxorē appulit. Si. Subtriſtis viſus eſt eſſe aliquātū mi-

hi. Da. nihil ppter hāc rem. ſed eſt, quod ſuccēſet tibi. Si. qdnā eſt?

Da. Puerile eſt. Si. Q uid eſt? Da. nibil. Si. Q uin dic quid eſt? Da.

Ait nimiū poe facere ſūptū. Si. Me ne? Da. Te. Vix(inqͭ)dragmis

eſt obſonatus decē. non filio videtur vxorē dare. quē(inquit) voca-

bo ad cenā meorū eͣqliū potiſſimū nūc? et quod dicendū hic ſiet: tu

qͣ pparce nimiū. nō laudo. Si. Tace. Da. Commoui. Si. Ego iſtꜩc

b.iii.

rectevt fiant/videro. Quidnā hoc est rei?qd hicvult veterator sibi?
nam si hic mali est quicquā(hem)illic est huic rei caput.

Ta pol gdē res est/ut dixisti lesbia. fidelē haud ferme mu
lieri iuenias virū. Si. Ab andria est ancilla hæc qd narras?
Da. Ita est. Mi. Sed hic pāphil? . Si. (Quid dicit?)Mi. Firmauit fidē. Si. hem?Da. Vtinā aut hic surdus aut hæc muta facta sit. Mi.
Nā qcqd pepisset: iussit tolli. Si. O iupit̄ qd ego audio? actū est. siq
dē hæcvera p̄dicat. Les. Bonū ingeniū narras adolescētis. Mi. op
timū. sz seqre me itro: ne in mora illi sis. Les. Sequor. Da. Quod
remediū nunc huic malo inueniā?Si. Quid hoc? adeon est demēs
ex pegrina?iam scio. ha. vix tandē sensi stolid?. Da. Quid hic sēsū
se se ait? Si. Hec p̄mū affert̄ iam mihi ab hoc fallacia: hanc simu-
lant parere: quo chremetē absterreāt. Glyceriū. intus. iuno. lucina
fer opē. serua me obsecro. Si. Ho tā cito. ridiculū. Post̄q ante ostiū
me audiuit stare: adproperat. Nō sat cōmode diuisa sunt tpib? tibi
daue hęc. Da. Mihin?Si. Nū imemor es discipuli. Da. Ego qd nar
res,nescio. Si. Hiccine. me si ipatū in veris nuptiis adort? eēt: quos
mihi ludos redderet?nunc huius periculo fit. ego in portu nauigo

Dhuc archillis q̄ assolēt quęq; oportēt signa esse ad salutē
oia: huic esse video. nunc p̄mū fac: iste̦cut lauet. post deinde qd iussi ei dari bibere: et quātū impaui: date. mox ego huc re
uertar. Per. ecastor scitus puer est nat?a pamphilo. Deos q̄so: ut sit
supstes. q̄ñqdē ipse est ingenio bono. Cunq; huic veritus ē optime
adolescētule facere iniuriā. Si. Vel hoc q̄s non credat qui te norit:
abs te esse ortū?Da. Quidnā id est?Si. Nō impabat corā qd op?fa-
cto esset puerpere. sed postquām egressa est: illis que s̄unt int?: cla
mat de via. o daue itan contemnor abs te?aut ita ne tandem idone
us tibi videor esse: quem tam aperte fallere incipias dolis?saltem ac

curatè: vt metui videar. Certe si resciueri. Da. Certe hercle nūc ipſ
se fallit: haud ego. Si. Edixin tibi? intᵐiat? ſū/ne faceres? Nō veri-
tᵒ. qd retulit? Credon tibi hoc: nunc pepiſſe hanc e paphilo? Da. Te
neo quid erret: et quid agā habeo. Si. Q uid taces. Da. Q uid credas: quaſi non tibi renunciata ſint hęc ſic fore? Si. Mihin quiᵉ quā
Da. Eho? an tu te intellexſti hoc aſſimularier? Si. Irrideor. Da. Renū
ciatum eſt. nam qui iſtęc tibi incidit ſuſpitio? Si. Q ui? quia te norā.
Da. Q uaſi tu dicas fáctū id conſilio meo. Si. Certe enim ſcio. Da.
Non ſatis me pernoſti etiam/qualis ſim ſimo. Si. Ego ne te? Da.
Sed ſiquid tibi narrare cœpi: continuo dari tibi verba cenſes. Si. Fal
ſo. Da. Itaq̃ hercle nihil iam mutire audeo. Si. hoc ego ſcio vnum:
neminem peperiſſe hic. Da. Intellexſti? ſed nihilo ſetius puerū de-
ferent huc ante oſtium. id ego iam nunc tibi here nuntio futurum
vt ſis ſciens. ne tu hoc mihi poſterius dicas : daui factum conſilio/
aut dolis. prorſus a me opinionem tuam eſſe ego amotā volo. Si.
Vnde id ſcis? Da. Audiui: et credo. Si. Multa cōcurrunt ſimul qui
coniecturam hanc nunc facio. Iam prius hęc ſe·e pamphilo grauidam dixit eſſe. Inuentum eſt falſum. Nunc poſtquam videt nupti
as domi apparari: miſſa eſt ancilla ilico obſtetricem accerſitū ad eā:
et puerum vt afferret ſimul. Da. hoc niſi ſit/puerum vt tu videas: ni
hil mouentur nuptię. Si. Q uid ais? cum intellexeras id conſiliū ca
pe: cur non dixſti extemplo pamphilo? Da. Quis igitur eum ab illa abſtraxit: niſi ego? nam omnes nos quidem ſcimus: quāmiſerę
hanc amarit. Nunc ſibi vxorem expetit. Poſtremo id mihi da nego
tii. tu tamen has nuptias perge facere itaᵫt facis: et id ſpero adiutu
ros deos. Si. Immo abi intrò. ibi me operire: et quod parato opus
eſt/para. non impulit me hæc nūc: omnino vt crederem. atq̃ haud
ſcio: an quę dixit ſint vera omnia. ſed peruipendo. Illud mihi multo maximum eſt: quod mihi pollicitus eſt ipſe gnatus. Nunc chre
metē conueniam. orabo gnato vxorem. Si impetro: quid alias mal

lim,q̃ hodie fieri hàs nuptias? nã gnatus quod pollicitus eſt, haud
dubium eſt: id mihi ſi nolit, quin eum merito poſſim cogere. Atq́
adeo ipſo tempore eccũ ipſum obuiam

¶Simo.   ¶Chremes ſenex ·

Vbeo chremetẽ. Chre. O te ipſũ q̃rebã. Si. Et ego te. Ch .
optato aduenis.aliquot me adierũt: ex te auditũ qui aie-
bãt hodie filiã meã nubere tuo gnato.id viſo tun an illi inſaniãt . Si
Auſculta paucis: et q̃d ego te velim: et tu q̃d queris, ſcies. Chre. au
ſculto.loq̃re q̃d velis. Si. Per ego te deos oro et nr̃am amicitiã chre
mes: quæ incepta a paruis cũ ętate accreuit ſimul: per quæ vnicã
gnatã tuam et gnatũ meũ: cuius tibi poteſtas ſũma ſeruãdi dat̃: ut
me adiuues in hac re.atq́ itavt nuptiæ fuerãt future, fiãt. Chre. ha
ne me obſecra. quaſi hoc te orando impetrare a me oporteat. Aliũ
eſſe cenſes nũc me: atq́ olim cum dabã?ſi in rem eſtvtiq́, vt fiant .
ãccerſi iube. ſed ſi ex ea re plus mali eſt, q̃comodi vtriq́ : id te oro:
in cõmune vt cõſulas: quaſi illa tua ſit: pamphiliq́ ego ſim pat̃. Si.
Immo ita volo : itaq́ poſtulo : vt fiat chreme. Neq́ poſtulẽ abs te:
niſi ipſa res moneat. Chre. quid eſt? Si. Ire ſũt inter glyceriũ, et gna
tum. Chre. (Audio). Si .ita magne: ut ſperẽ poſſe auelli. Chre. Fabule. Si. Profecto ſic eſt. Chre. Sic hercle: vt dicã tibi: amãtium ire
amoris integratio eſt. Si. hem id te oro: vt ante eamus, dum tẽpus
datur: dumq́ eius libido õcluſa eſt p̃tumeliis. priuſquã harũ ſcelera et lachrymę conficte dolis reducãt animũ egrotũ ad miſericordi
am. vxorẽ demus. ſpero cõſuetudine, et coniugio liberali deuinctũ
chremes. dein facile ex illis ſeſe emerſurũ malis. Chre. Tibi ita hoc
videt̃:at ego non poſſe arbitror neq́ illũ hanc p̃petuo habere: neq́
me p̃peti. Si. O ui ſcis ergo iſtuc, niſi piculũ feceris? Chre. At iſtuc
piculũ in filia fieri graue eſt. Si. nẽpe incomoditas deniq́ huc ois redit: ſi eueniat(q̃d di p̃hibeãt)diſceſſio.atq̃ corrigit̃: quot comodita-
tes vide. Principio amico filiũ reſtitueris tibi generũ firmũ: et filiæ

inuenies virū. Chre. Quid iftic?si ita iftuc aim induxti effe vtile: no
lo tibi vllū comodū in me claudier. Si. Merito te femp maxime fe
ci chreme. Sed quid ais? Si. quid? Chre. Qui fcis eõs nunc difcorda
re inter fe? Si. ipfus mihi dauus (qui intimus eft eorum confiliis) di
xit: et is mihi fuadet nuptias: quatū queam vt maturē. Num (cen
fes) faceret: filium nifi fciret eadem hec velle? Tute adeo iam ei? au
dies verba, heus: euocate huc daui: atq; eccū video foras exire :

┌Dauus   ┌Simo   ┌Chremes
a HD te ibā. Si. Quidnã eft? Da. Curvxor nõ accerfit? iam ad
  uefperafcit. Si. Audin tu illũ? Ego dudū nonnihil veritus
fum daue abs te: ne faceres idē: qd vulgus feruorum folet: dolis vt
me deluderes, ppterea quod amat filius. Da. Egon iftuc facere? Si.
Credidi. Idq; adeo metuē? vos celaui: quod nunc dicā. Da. Quid?
Si. Scies. nam ppemodū habeo iam fidē. Da. Tandē cõgnofti: qui
fiem. Si. Non fuerant nuptiæ future. Da. Quid non? Si. Sz ea gra
tia fimulaui: vos vt pertentarem. Da. Quid ais? Si. Sic res eft. Da
Vide, nūquā iftuc quiui ego intelligere. Vah p̄ffiiũ callidū? Si. hoc
audi. vt hinc te introire iuffi: opportune hic fit mihi obuiam. Da.
hem nũ iam perimus? Si. narra huic, quæ tu dudum narrafti mihi
Da. Quidnam audio? Si. Gnatam vt det, oro. vixq; id exoro. Da.
Occidi. Si. hem. quid dixfti? Da. Optime inquam factum. Si. Nūc
per hũc nulla eft mora. Chre. Domũ mõ ibo. ut apparēt, dicā atq;
huic renūciabo. Si. Nūc te oro daue (qm folus mihi effecifti has nu
ptias.) Da. (Ego vero folus.) Si. corrigere mihi gnatū porro enitere
Da. Faciā hercle fedulo. Si. Potes nūc : dũ aim? irritat? ē. Da. Q uii
efcas. Si. Age igit? vbi nūc eft ipfus? Da. Mirū, ni domi ē. Si. Ibo
ad eū: atq; eadē hæc (que tibi dixi) dicã itidē illi. Da. null? fũ, Quid
caufe ē: qn hinc in piftrinū recta pficifcar via. Nihil eft p̄ci loci reli
ctum. iam pturbaui oĩa herū fefelli. in nuptias conieci herile filiũ.
Feci hodie, vt fierēt infpirãte hoc, atq; inuito pãphilo. Hē. aftutiãq;

si quiessem: nihil euenisset mali. Sed eccum ipsū video. occidi. V ti
nam mihi esset aliquid hic: quo nunc me precipitem darem.

ℂ Pamphilus   ℂ Dauus

Bi illic est scelus, qui me pdidit. Da. Perii. Pam. atqȝ hoc
ōfiteor iure mihi obtigisse q̄q̄dē tam iners. tā nulli cōsilii
sum. seruon fortunas meas me cōmisisse futili?ergo p̄ciū ōb stulti-
tiā fero. sȝ multū id nūq̄ auferet. Da. Post hac incolumē sat scio fo
re me: nunc si deuito hoc malū. Pam. Nā q̄d ego nūc dicā p̄ri? ne-
gabon velle me modo: qui sum pollicitus ducere? qua fiducia facerē id audeam? Nec qui me nunc faciā scio. Da. Nec q̄d de me atqȝ
id ago sedulo. Dicā aliq̄d me iā inuēturū: ut huic malo aliquā pro-
ducam morā. Pam. Ohe. Da. Visus sum. Pā. Ehodū bone vir. q̄d
ais? viden me tuis p̄siliis miserū impeditū esse? Da. At iam expediā
Pam. Expedies? Da. Certe pāphile. Pam. Nempe: vt modo. Da.
Immo melius spero. Pam. Oh tibi vis egoȝt credam furcifer? tu rē
impeditā, et perditā restituas? hem. quo fretus siem: qui me hodie
ex tranquillissimā re p̄iecisti in nuptias? an non dixi esse hoc futurū
Da. Dixti. Pam. Q uid meritus? Da. Crucem. Sed sine, paululū ad
me redeam. iam aliquid despiciam. Pam. Ei mihi. cum nō habeo
spacium vt de te sumam supplicium: vt volo. nanqȝ hoc temp⁹ pre
cauere mihi. me haud te vlcisci sinit.

ℂ Charinus   ℂ Pamphilus   ℂ Dauus

Occine est credibile, aut memorabile: tanta vecordia innā
ta cuiquā vt siet: vt malis gaudeat, atqȝ ex incomodis alte
rius: sua vt cōparet comoda? ha id ne est verū: immo id est genus
hominū pessimū: in denegado modo quis pudor adest. post ybi tē
pus et promissa iam p̄fici tunc coacti necessario se aperiūt: et timēt
et tñ res p̄mit denegare. Ibi tu eorū ipudētissima oro est. Q uis tu
es? quis mihi es? cur mea tibi? heus pxim? sū egomet mihi. Attu ybi
fides? si roges: nihil pudet. Hic ybi opus est: nō verēt. illic ybi nihil

opus est: ibi verent. Sed quid agam? adeam ne ad eum et cū eo iniuriā hanc expostulē: ingerē mala multa? atᵠ aliquis dicat: nihil p
moueris. multū molestus certe ei fuero: atᵠ animo morē gessero.
Pam. Charine et me et te iprudēs(nisi quid dij respiciūt)pdidi. Cha.
Ita ne iprudēs? Tandē inuēta est causa. soluisti fidē. Pam. Quid tā
dem? Cha. Etiā nūc me ducere istis dictis postulas? Pā. Quid istuc
est? Cha. Postᵠ me amare dixi: cōplacita est tibi. heu me miserū: q
tuū animū ex aio spectaui meo. Pam. falsus es. Cha. Nōne tibi sa
tis esse hoc visū sollidū est gaudiū: nisi me lactasses amantē: et falsa
spe pduceres? habeas. Pam. habeā. ha, nescis quātis in malis verser
miser. quātasᵠ his suis psilii mihi pfecit sollicitudines meus carni
fex. Cha. Quid istuc tam mirū est: de te si exēplū capit? Pā. Haud
istuc dicas: si et cognoris vel me, vel amorē meū. Cha. Scio cū pa
tre altercasti dudū: et is nunc ppterea tibi succēset. nec te quiuit ho
die cogere: illam vt duceres. Pā. Immo etiā: quō tu minus scis erū
nas meas: hæ nuptie nō apparabāt mihi. nec postulabat nunc qsᵠ
vxorē dare. Cha. Scio. tu coactus tua volūtate es? Pā. Mane. nōdū
scis. Cha. Scio equidē illā ducturū esse te Pam. Cur me enecas? hoc
audi. nunquā destitit instare, vt dicerē me esse ducturū pri: suade
re orarevsᵠ adeo donec ppulit. Cha. Quis hō istuc? Pam. Dauus
Cha. Dauus? Pam. Dauᵘ inturbat. Cha. Quāobrē? Pā. Nescio: ni
si mihi deos satis scio fuisse iratos: qui auscultauerit. Cha. factū est
hoc daue? Da. Factū. Cha. hem. qd ais scel? At tibi di dignū factis
exiciū diunt: Eho. Dic mihi si oēs hunc piectū in nuptias iimici vel
lent: quod nisi hoc psiliū darent? Da. Deceptus sum: at non defati
gatus. Cha. Scio. Da. hac nō successit: alia agrediemur via. Nisi id
putas, qa pmo processit parū: nō posse iā ad salutē puerti hoc ma
lum. Pam. Immo etiā. nā satis credo(si aduigilaueris)ex vnis gemi
nas mihi pficies nuptias. Da. Ego pāphile hoc tibi p fuitio debeo co
nari māibᵘ pedibᵘ noctesᵠ et dies capitis piculū adire: dū psim tibi.

Expostulē.
Expostulatio est aduersus eū quem accusamus: Nam expostulare est querelam apud eum ipm deponere de eo pro quo fertᵘ iniuriā / postulare autem querela dicere de altero apud alterum

falsuses: modo pncipit idest falleris: si pāphilᵘ dicit si vero cōrumpitᵘ p fallax accipitur

lactare est inducere in aliquā volūtatē a lacte? Vnᵈ et oblectare dicitur

¶ Apparari cum datiuo casu sēper cladem et pniē significat vt virgilius Alnch sacra parari

Eho Interiectio est ircū audientis expgens:

dic michi: Sēp dic imnosū est Vt virgilius Dic michi damoeta cuiᵘ pecus

Adorir proprie dicit repente ex insidiis aliqué imvadere

Sermitū pseruante possū Vt sermone eimxē sulimus:

Tui eſt ſi ꝗd p̄ter ſpē euenit: mihi ignoſcere. Parū ſuccedit ꝗd ꝫgo
ꝫt facio ſedulo. Vel melius tute aliud reperi, mē miſſuface. P̄. Cu
pio. Reſtitue quē a me accepiſti locum. Da. Faciā. Pam. Atꝗ hoc
opus eſt. Da. Hem. ſed mane. cōcrepuit a glycerio oſtiū. P̄. Nihil
ad te. Da. Quero. P̄. Hem nūccine demū? Da. Atiā hoc tibi inuē
ñ dabo.   (Miſis   (Pāphilus   (Charinus   Dauus

Am (vbiubi erit) inuentum tibi curabo: et mecum adduc
ꝫum tuum pamphilum. tu modo anime mi noli te mace
rare. Pam. O miſis. Mi. Quid eſt? hem pāphile optime
mihi te offers. P̄. Quid eſt? Mi. Orare iuſſit: ſi ſe ames hera: iā vt
ad ſeſe venias. dedere ait te cupere. P̄. Vah perii hoc malū itegre
ſcit. Siccine me atꝗ illā opa tua nūc miſeros ſollicitarier? nam idcir
co accerſor: nuptias ꝙ mihi apparari ſenſit. Cha. Quibuſꝗdē ꝗfa-
cile potuerat quieſci: ſi hic quieſſet. Da. Age ſi hic nō inſanit ſatis
ſua ſponte: inſtiga. Mi. atꝗ edepol ea res eſt: proptereaꝗ nūc mi
ſera in mœrore eſt. Pam. Mi: ꝑ oēs tibi adiuro deos: nūꝗuā eā me
deſerturū. nō: ſi eapiundos mihi ſciā eſſe inimicos oēs hoies. hanc
mihi expetiui. ꝓtigit. ꝓueniunt mores. Valeāt: qui inꞇ nos diſcidiū
volunt. hāc niſi mors, mihi adimet nemo. Cha. Reſipiſco. P̄. non
apollinis magis verum, atꝗ hoc reſpōſū eſt. Si. Poterit fieri: ut ne
pꞇ per me ſtetiſſe credat: quominʼhæ fierēt nuptæ: volo. ſed ſi id
nō poterit. id faciā improcliue ꝗd eſt ꝑ me ſtetiſſe, ut credat. Quis
videor? Cha. Miſer eque: atꝗ ego. Da. Cōſilium ꝗro. Cha. Fortis
P̄. Scio, quid conere. Da. Hoc ego tibi profecto effectum reddam
P̄. Iam hoc opus eſt. Da. Quin iam habeo. Cha. Quid eſt? Da.
Huic, nō tibi habeo ne erres. Cha. Sat habeo. Pam. Quid facies ce
do? Da. Dies hic mihi vt ſatis ſit vereor ad agendum. ne vacuū eē
nūc me ad narrādū credas. Proide hincvos amolimi, nā mihi ipe
dimēto eſtis. P̄. Ego hāc viſā. Da. Quid tu? quo hic te agis? Cha.
Verū vis dicā? Da. Immo etiā narratiōis incipit mihi inꝫm. Cha.

quid me fiet?Da. Eho tu impudês nõ satis habes ǫ tibi dieculã ad
do:ãtũ huic,pmoueo nuptias?Cha.Daue attamê.Da. Q uid ergo
Cha. Vt ducam.Da.Ridiculũ.Cha.huc face ad me venias,fi quid
poteris.Da.Q uid veniã?nihil habeo.Cha.At tñ fi qd.Da.age ve
niã.Cha.fi quid : domi ero.Da.tu mifis(dũ exeo) pariũp opire me
hic.Mi.ãpropter?Da.ita facto opus eft.Mi.Matura.Da.iam in
quã,hic adero.   (Mifis   (Dauus.

Ihil ne effe ppriũ cuiquã?diveftrã fidê : fummũ bonũ eê
here putaui hũc pãphilũ,amicũ,amatorê,virũ in quouis
loco patũ. Verũ ex eo nũc mifera quê capit dolorê?faci
le hic plus mali eft:quã illic boni.Sz dauus exit.Mi.hõ qd iftuc ob
fecro eft?quo portas puerũ?Da.Mifis nũc op² eft tua mihi ad hãc
rê ex prõpta mêoria,atqz aftutia.Mi.Q uidnã inceptur²?Da.Acci
pe a me hũc otyus:atqz ante noftrã ianuã appõe.Mi.Obfecro hu
mi ne?Da.ex ara hinc fume verbenas tibi:atqz eas fubfternere.Mi
Q uãobrê id tute nõ facis?Da.Q uia fi forte opus fit ad herũ: iuf
iurãdũ mihi nõ appofuiffe vt liqdo poffim. Mi.ñelligo.noua nũc
religio in te iftec inceffit.cedo.Da.Moue otyus te:ut qd agã por
ro intelligas.Proh iupiter?Mi.Q uid eft?Da.Spõfe pat intuenit.
repudio,quod pfiliũ ðmũ intenderã.Mi.Nefcio quid narres. Da.
Ego quoqz hinc ab dextera venire me affimulabo.tu vt fubferuias
orationi,ut cũqz opus fit verbis:vide.Mi.Ego quid agas nihil ñ
telligo.Sed fi quid eft quod mea opera opus fit vobis:aut plus vi
des:manebo:ne quod veftrum remorer comodum.

(Chremes   (Mifis   (Dauus

Euertor:poftquã ãtiæ opus fuere ad nuptias gnatæ:pa-
raui:vt iubeam accerfi.fed quid hoc?puer hercle eft. mu
lier tũ pofuifti hunc?Mi.Vbi illic eft?Chre.nõ mihi re-
fpondes?Mi. Hem nufquã eft.vz mifere mihi.reliquit
me homo:atqz abiit.Da.Di noftrã fidem:quid turbæ eft apud fo-

rum?quid illic hoim litigant?tū ānona cara eſt. Quid dicā aliud ne
ſcio.Mi.Cur tu obſecro hic me ſolā?Da.Hem quę hęc eſt fabula.
Eho miſis puer hicvnde eſt?quisve huc attulit?Mi.Satin ſanus es
qui me id rogites?Da.Quē ergo igiť rogē:qui hic neminē aliū vi
deam?Ch.Miror vnde ſit.Da.dictura ne es,quod rogo?Mi.Au.
Da.Cōcede ad dexteram.Mi.Deliras nū tuteipſe?Da.verbū ſi mi
hi vnū ṗterea q̄ quod te rogo faxis:caue.Mi.Maledicis.Da.Vn
de eſt?dic clare.Mi.Anobis.Da.hahahe.minū vero impudenť mu
lier ſi facit meretrix.Chre.Ab andria eſt ancilla hęc:quantū intelli
go.Da.Adeon videmur vobis eſſe idonei,in qbus ſic illudatis?Ch.
Veni in ṭſe.Da.Propera adeo puerū tollere hinc ab ianua.Mane
caue,quoquā ex iſtoc exceſſeris loco.Mi.Di te eradicēt ita me mi
ſeram tritas?Da.Tibi ego dico an nō?Mi.qd vis?Da.At etiam ro
gas?cedo : cuiū puerū hic appoſuiſti?dic mihi.Mi.Tu neſcis? Da.
mitte id qd ſcio.dic qd rogo.Mi.Veſtri.Da.Cuiusveſtri?Mi.Pā
phili.Da.Hem qd?pamphili?Mi.Eho an non eſt?Chre.Recte ego
ſemp fugi has nūptias.Da.O facinus aiaduertēdū: Mi.Quid cla
mitas?Da.Quē ne ego vidi heri ad vos afferri veſperi?Mi.O homi
nē audacē.Da.Verū vidi cantaram ſuffarcinatam.Mi.Dis pol ha
beo gratias:cum in pariendo aliquod affuerūt liberę Da.ne illa ilhi
haud nouit:cuius cauſa hęc incipit.Chremes ſi puerum poſitū an
te ędisviderit:ſuam gnatam non dabit tanto hercle magis dabit.
Chre.Non hercle faciet.Da.Nunc adeo(ut tu ſcis ſciēs) niſi puerū
tollis:iā ego hūc m mediā viā puoluā.teꝗ ibidē puoluā in luto.Mi
Tu pol hō nō es ſobri?.Da.Fallacia alia aliā trudit.Iā ſuſurrari au
dio ciuē atticā eſſe hāc.Chre.hem.Da.Coactus legibus eam vxorē
ducet.Mi.Eho obſecro:an nō ciuis eſt?Chre.Ioculariū in malū in
ſciens pēne incīdi.Da.Quis hic loquiť?o chreme pertempus adue
nis.auſculta.Chre.Audiui oia.Da.An tu hęc oia.Chre.Audiui
inquā a ṗncipio.Da.Audiſti obſecro(hem)ſcelera?hāc iām oportet

incruciatu hinc abripi.hic est ille.nõ te credas dauum ludere. Mi.
Me miserã:nihil pol falsi dixi mi senex.Chr.Noui oẽʒ rẽ:est simo
intᵒ?Da.Est.Mi.Ne me attigas sceleste si pol:glycerio nõ:oĩa hẽc
Da.Eho inepta nescis q̃d sit actũ.Mi.Q ui sciã?Da.hic socer est.
alio pacto haud poterat fieri:vt sciret hẽc q̃uolumᵘˢ.Mi.p̃diceres
Da.Paulũ intesse censes/ex aĩo oĩa(ut fert natura)facias:an de in-
dustria.   ℂCrito senex   ℂMisis.   ℂDauus

IN hac habitasse platea dictũ est chrysidẽ:quẽ sese inho-
neste optauit parare hic diuitias potius:q̃ in patria hone
ste pauperuiuere.Eius morte ea ad me lege redierũt bo-
na.Sed quos pconteruideo.saluete. Mi.Oblecro quẽuideo?est ne
hic crito sobrinus chrysidis?is est Cri.O misis salue. Mi.Saluus sis
crito.Cri.Itãn chrysis?Mi.hem nos quidẽ pol miseras pdidit.Cri.
Q uid vos?quo pacto hic?satin recte?Mi.Nos ne?ut quimus(aiũt)
q̃n utuolumᵘˢ:nõ licet.Cri.Q uid glyceriũ?iã hic suos parentes rep
perit?Mi.Vtinã.Cri.an nõdũ etiã?haud auspicato huc me appuli.
nã pol si id scisse:nũq̃ huc tetulisse pede.Semp enĩ dicta eã hẽc at-
q̃ habita est glycerii soror:quẽ illius fuere:possidet. et nũc me ho-
spitẽ lites seq quã hic mihi sit facile/atq̃ vtile:alioρũ exẽpla commo
nẽt.simul arbitror iam aliquẽ eã amicũ et defẽsorẽ eius.nã fere grã
diuscula iã pfecta est illinc.clamitent me sicophãtã.hereditatẽ pseq
mẽdicũ.tum ipsã despoliare nõ licet. Mi.optime hospes pol crito
antiquũ obtines.Cri.Duc me.ad eã(q̃n hucueni)vt uideã.Mi.Ma
xime.Da.Sequar hos nolo.me in tempore hocuideat senex.

          ℂChremes   ℂSimo

SAtis iam satis simo spectata erga te amicicia est mea.sa
tis periclï incepi adire.orandi iam finem face.dum stu
deo obsequi tibi:pene illusiuitam filiæ.Si.Immo enim
nũc quãmaxime abs te oro/atq̃ postulo chremes : vt beneficiũ uer
bis initũ dudũ/nunc re cõprobes.Chre. Vides quãiniquus sis pre-

ſtudio:dum id efficies quod cupis:neq̃ modum benignitatis:neq̃
quid me ores,cogitas?nam ſi cogites:remittas me iam onerare in-
iuriis.Si.Q̃uibus?Chre.at rogitas?perpuliſti me:ut hominu adoleſcentulo in alio occupato amore,abhorrenti ab revxoria,filiā vt darem in ſeditionē:atq̃ incertas nuptias: eius labore atq̃ eius dolore
gnatovt medicarer tuo:impetraſti:incepi dū res certe te tulit nunc
non fert:feras.Illam hinc ciuē eſſe aiunt:puer eſt natus: nos miſ-
ſos face.Si.Per ego te deos oro:ut ne illis animū inducas credere:
quibus id maximevtile eſt,illum eſſe quādeterrimū: nuptiarū gratia hæe ſunt ficta:atq̃ incepta oīa.Vbi ea cauſa quamobrē hæc faciunt,erit adempta:his deſinēt.Chre.Erras:cum dauo egomiet vi
di iurgantē ancillā.Si.Scio.Chre.A̅tuerovultu:cum ibi me adeſſe
neuter tum preſens erat.Si.Credo.et id facturas dau⁹ dudum pre
dixit mihi: et neſcio quid tibi ſum oblitus hodie:acvolui dicere.

(Dauus (Chremes (Simo (Dromo ſeruus

A̅Nimo nunc iam ocioſo eſſe impero.Chre.Hem dauū ti
bi.Si.Vnde egreditur?Da.meo pſidio,atq̃ hoſpitis.Si.
Q̃uid illuc mali eſt?Da.Ego comodiorē hoiem aduentū
tempus nonvidi.Si.Scelus quēnā hic laudat? Da.Omnis res eſt iā
invado.Si.ceſſo alloqui?Da.Herus eſt.quid agam?Si.Salue bo
nevir.Da.Hem ſimo o noſter chremes.oīa apparata ſunt int⁹.Si
curaſti probe.Da.vbivoles:accerſe.Si.Bene ſane.id eniuero hinc
nunc abeſt.etiā tu hoc reſponde.quid iſtic tibi negotii eſt?Da.Mi
hin?Si.Ita.Da.Mihi ne?Si.Tibi ergo.Da.Modo itroii.Si(Q̃ua
ſi ego quamdudum rogem)Dauus. Cum tuo gnato vna. Si.An
ne eſt intus pāphilus?Crucior miſer. Eho.non tu dixti eſſe int⁹eos
inimicitias carnifex?Da.Sunt.Si.Cur igitur hic eſt?Chre.Q̃uid il
lum ſenſes?cum illa litigat. Da.Immovero indignū chremes iam
facinus faxo,ex me audias.Neſcio quis ſenex modovenit.ellū.cō
fidens,cautus.cum faciem videas:videtur eſſe quantiuis pretii,tri

ſtis ſeueritas ineſt in vultu: atqʒ in verbis fides. Si . Q uidnã appor-
tas?Da.Nihil equidē: niſi cp illum audiui dicere. Si. Q uid ait tandem?Da.Glycerium ſe ſcire ciuem eſſe atticã.Si.hem dromo dro-
mo.Da.Q uid eſt.Simo.Dromo.Da.Audi. Sl. Verbum ſi addi-
deris: dromo.Da. Audi obſecro.Dro. quid vis?Si.Sublimen intro
rape hunc, quantũ potes.Dro. Q uem?Si.Dauũ. Dro. Q uãobrē?
Si. Q uia lubet. rape inquã. Da. Q uid feci?Si. Rape.Da.Si quicɋ
inuenies me mentitũ: occidito.Dro. Nihil audio. Si.iam commo-
tum reddam?Da. Tamen et ſi hocverum eſt: Si. Tum cura ad ſer
uandum vinctum: atcp (audin)quadrupedē conſtringito. age nunc
iam ego pol hodie(ſi viuo)tibi oſtendam herum quid ſit pericli falle
re; et illi patrem.Chre. Ha ne ſeui tantopere. Si.O chreme pietatē
gnati nonne te miſeret mei? tantum laborem capere ob talem filiũ
age pamphile. exi pamphile.et quid te pudet.

¶Pamphilus ¶Simo ¶Chremes

Vis me vult?perii.Pater eſt.Si. Q uid ais omnium?Chre
Ah rem potius ipſam dic: et mitte male loqui. Si. Q ua
ſi quicquã in hunc iam grauius dici poſſet. Ain tandem ciuis glyceriũ eſt?Pã.Itã predicãt.Si. pdicãt.o ingentē pfidentiã: nũ cogitat
quid dicat?num facti piget? vide: num eius color pudoris ſignum,
vſquã indicat? Adeon impotenti eſſe animo: vt preter ciuium mo
rem atcp legem, et ſui voluntatem patris: tamen habere hanc cupiat cum ſummo probro: Pam. Me miſerum: Si.hem modo ne id
demũ ſenſiſti pamphile?olim iſtuc olim: cum ita animũ induxti tu
um.cp cuperes aliquo pacto officiendũ tibi eodem die iſtuc verbum
vere in te accidit. Sed quid ego?cur me excrucio?cur me macero?
cur meam ſenectutē huius ſollicito amentia?an vt pro huius pecca
tis ego ſuppliciũ ſufferam?Immo habeat. valeat. viuat cũ illa. Pam
Mi pater.Si.quid mi pater?quaſi tu huius indigeas patris. Dom9
vxor, liberi inuenti inuito patre. adducti: qui illã ciuem hinc dicãt.

viceris.Pam.Pater,licet ne pauca?Si. Quid dices mihi?Chre. Tamē ſimo audi. Si.Ego audiam:quid ego audiā chreme? Chr. at tā
dem dicat:ſine. Si.Age:dicat.ſino.Pam.Ego me amare hanc fa-
teor.ſi id peccare eſt:fateor id qͮ. tibi pater me dedo.quiduis oneris impone.impera. Vis me vxorē ducere?hancvis amittere? vt po
tero,feram.hoc modo te obſecro:vt ne credas a me allegatū hunc
ſenē.ſine me expurgē:atǫ illū huc corā adducā.Si.Adducas. Sine pater.Chre.æquū poſtulat.da veniam.Pam.Sine te exorē. Si.
Sino.quidvis cupio: dum ne ab hoc me falli comperiar chremes.
Chre.pro peccato magno paululum ſupplicii ſatis eſt patri.

⁋Crito   ⁋Pamphilus   ⁋Cremes   ⁋Simo.

Itte orare. vna harū quæuis cauſa me(vt faciā)monet vel
tu: vel quod verū eſt vel ꝗ ipſi cupio glycerio.Chre. An
driū ego critonem video?certe is eſt. Cri.Saluus ſis chreme. Chre.
Quid tu athenas inſolens?Cri.Euenit. ſed hiccine eſt ſimo? Chre.
Hic. Si. Men ꝗris?eho tu glyceriū hinc ciuē eſſe ais?Cri.tu negas ?
Si.ita ne huc patus aduenis?Cri.Qua de re?Si.rogas?tu ne impu
ne hæc facias. Tu ne hic hoies adoleſcētulos imperitos rerum eductos libere in fraudem illicis?ſollicitādo,et pollicitādo eorū animos
lactas:Cri.Sanus ne es?Si.ac meretricios amores nuptiis conglu-
tinas?Pam.Perii.metuo: vt ſubſtet hoſpes.Chre.Si.ſimo hūc noris ſatis:non ita arbitrare.bonus eſt hicvir. Si.Hicvir ſit bonus. ita
ne attēperate euenit hodie in ipſis nuptiis: vt veniret ante hac nūꝗ
eſt vero huic credendū chremes.Pā. Ni metuā patrē : habeo pro il
la re quod illū moneā.probe. Si. Sicophāta:Cri.Hem.Chre.ſic cri
to eſt hic.mitte. Cri. videat,qui ſiet.ſi mihi pget(quevult)dicere:ea
quæ nū vult,audiet.ego iſtæc moueo:aut curo.non tu tuū malum
ęquo animo feres?nam ego que dixi,vera an falſa audieris:iam ſci
ri poteſt. Atticus quidā olim naue fracta,apud āndrū eiectus eſt et
iſtæc vna pua virgo. Tū ille egēs forte applicat p̄mū ad chryſidis pa

trem fe. Si. Fabulā inceptat. Chre. Sine. Cri. Ita nevero obturbat?
Chre. Perge. Cri. Tum his mihi cognatus fuit: qui eum recepit. ibi
ego audiui ex illo, fefe atticū effe. ıs ibi mortuus eft. Chre. eius nomen? Cri. Nomē tam cito tibi? phania. Chre. Hem. perii. Cri. verū
hercle'opinor fuiffe phaniā. hoc certe fcio. ranufium fe aiebat effe.
Chre. O iupiter. Cri. Eadē hec chreme multi alii in andro tum audi
uere. Chre. Vtinā id fit: quod fpero. Eho dic mihi: qd eā tum? fuā
ne effe aiebat? Cri. Nō. Chre. Cuiā igif? Cri. fratris filiā. Chre. Certe
mea eft. Cri. Q uid ais? Si. Q uid tu ais? Pā. Arrige auris pamphile
Si. Q ui credis? Chre. Phania ille meus frater fuit. Si. Norā: et fcio
Chre. Is hinc bellū fugiens, meꝗ in afiā pfequēs proficifcif. tum illam relinquere hic eftveritus. poft illa nunc pmū audio: qd illo fit
factū. Pam. Vix fum apud me. ita animꝰcōmotꝰeft metu, fpe, gau
dio: mirando hoc tanto. et tam repentino bono. Si. Sane iftā mul
tis modis tuā inueniri gaudeo. Pā. Credo pr. Chre. At mihi vnus
fcrupulus etiā reftat: qui me male habet. Pā. Dignꝰes cum tua reli
gione odio. nodū in fcirpo ꝗris. Cri. Q uid iftuc eft? Chre. Nomē
nō puenit. Cri. Fuit hercle huic aliud parue. Chre. Q uod crito: nū
qd meminifti? Cri. Id ꝗro. Pam. Ego ne huꝰ memoriā patiar meꝗ
voluptati obftare cum ego poffim in hac re medicari mihi? nō pa
tiar. heus chreme. qd ꝗris: pafibula eft. Cri. Ipfa eft. Chre. Ea eft.
Pam. Ex ipfa milies audiui. Si. Oēs nos gaudere hoc chremes te
credo credere. Chre. Ita me dii bene amēt: credo. Pam. Q uod reftat pater? Si. Iādudū res reduxit me ipfa in grā. Pā. O lepidū pa
trē? devxore itavt poffedi: nihil mutat chremes. Chr. caufa optima
eft: nifi qd pr aliud aut. Pā. Nēpe. Si. fcilz. Chre. Dos pāphile ē de
cem talēta. Pā. Accipio. Chre. Propero ad filiā. eho mecum crito
nam illā me credo haud noffe. Si. cur nō illā huc transferri iubes?
Pam. Recte āmones. dauo ego iftuc dedā iam negocii. Si. Nō poteft. Pam. Q ui nō poteft? Si. Q uia habet aliud magis ex fefe, et

maius.Pam.Quidnã?Si.Vinctus eſt.Pam.Pater non recte vinc
tus eſt.Si.Haud ita iuſſi.Pam.Iube ſolui obſecro.Si.Age fiat.Pã
At matura.Si.Eo intrq.Pam.O fauſtum et fœlicem hunc diem.

❡Charinus ❡Pamphilus ❡Dauus

Rouiſo q̃d agat pãphil?atq; eccũ.Pam.Aliqs forſitã me
putet nõ putare hocverũ:at mihi nũc ſic eſſe hocverũ lu
bet.Ego vitam deorũ,ppterea ſempitñã eſſe arbitror.q̃ voluptates
eorũ propę ſunt.nam mihi imortalitas parta eſt:ſi nulla ægritudo
huic gaudio intceſſerit.Sed quẽ ego potiſſimũ nunc mihi exoptē:
cui hęc narrē dari?Cha.Quid illud gaudii eſt?Pam.Dauum video
nemo ē quē mali oĩm:nã hunc ſcio mea ſolide ſolũ gauiſurũ gau
dia.Da.Pamphil?vbi nam hic eſt?Pam.Daue.Da.Quis hõ ē?Pã
ego ſũ.Da.pãphile.Pam.neſcis q̃d mihi obtigerit.Da. Certe.ſed
q̃d mihi obtigerit:ſcio.Pam.et quidē ego. Da.more hoĩm euenit
vt quod ſim nact?mali pus reſciſceres ut:q̃ ego illud:q̃d tibi euēit
boni.Pam.Mea glyceriũ ſuos parentes repperit.Da.O factum be
ne:Cha.Hem Pam.Pater amic?ſumm?nobis.Da.Quis?Pã.Chre
mes.Dauus.Narras,pbe.Pam.Nec mora vlla eſt:qn eã vxorē du
cam.Cha.num ille ſõniat ea:q̃ vigilans voluit?Pam.Tum de pue
ro daue.Da.ha deſine.ſolus eſt quē diligant di.Cha.ſalu?ſũ ſi hęc
vera ſunt.adibo.et cõloquar.Pam.quis hõ eſt?o charine in tpē ip
ſo ãduenis.Cha.Bñ factũ.Pam.Hem audiſtin?Cha.oĩa.age me i
tuis ſcdis rebus reſpice.tuus eſt nũc chremes.facturu(q̃ voles)ſcio
eſſe oĩa.Pam.Memini.atq; adeo lõgũ eſt nos illum expectare:dũ
exeat.Sequere me hac.intus apud glyceriũ nunc eſt.Tu.daue abi
domũ propere.accerſe:hinc qui auferãt eã.quid ſtas?.quid ceſſas?
Da.Eo:ne expectetis dum exeant huc:intus deſpõdebif.Int?tran
ſigef:ſi quid eſt q̃d reſtet.vos valete et plaudite ego caliopi?recēlui
      Publii Terentii Afri poętæ comici eunuchus incipit acta ludis
      Mẽgalenſibus.L.Poſtumio Albino.L.Cornelio merula ædi

libus curilibus. Egere.L.ambiuius turpio.Et.L.atilius. Prenefti-
nus græca menandri. Prima acta fecuda. M. Valerio. caio fannio
confulibus. Modos fecit Flaccus claudi tibiis duabus dextris.

EC mafculini generis noie nucupata fabula eft Eunuchus:et eft Pallia-
taMenadrivetus:Qua ille auctor de facto adolefcetis:qui fe pro Eunu
cho deduci ad meretrice paffus eft noiauit. Itaq ex magna pte motoria
eft. Atq in hac comedia qua pfona Parmenonis actor fuftinet:primas habet p
tes:Scde funt Cheree. Tertie ad Phedria fpectat. Huius plogus fane, eft cocitati
or:Na et obiicit crimina aduerfatib':et cominat in poftremu:et accufatorie nar
rat iniuria Terentio facta:et ad vltimu tumultuofe et cu magna inuidia defen
dit poeta.Hec et prothefin et Cataftrophen ita eqles habet:vt nufq dicat longitu
dine opis Terentiu delaffatu dormitaffe. Actus fane implicatiores funt in ea:
vt qui no facile a paru doctis diftingui poffint. Ideo qa tenedi fpectatoris caufa
vult poeta nr oes qnq actus velutvnu fieri:ne refpiret quodamodo:atq diftin-
cta alicubi ptinuatioe fuccedentiu reru ante aulea fublata faftidiofus fpectator
exurgat. Acta plane Ludis Megalenfib'.L. Poftumio.L. Cornelio. Con. edili
bus.i.cura ediu habetib':etia nunc pfonat).L. Numidio Prothimo.L. Ambi
uio Turpione. item modulate Flacco claudi tibiis dextra et finiftra ob ioculari
ariavel multa pmixta grauitate:et acta eft tanto fucceffu:ac plaufu atq fuffragio
vt rurfus effet vendita:et ageret iteru pro noua:pro que ea pciu quod nulli ante
ipfa fabula ptigit octo milib'feftertiu numeraret poete:puerbia multa fepe pro
nuciata:et catica fepe mutatis modis exhibita fut   nufqua
habet:fz fuis trn pfonis vtif in hac Tereti':delectat facetiis.pdeft exeplis.etvitia
hoim paulo mordacius q in ceteris carpfit:Exepla aut moru hic trina precipue
pponut:Vrbani fcz:parafitici:et militaris. Hec edita tertiu eft:et pnuciata Tere
tii:Eunuchus qppe iam adulta comedatioe poete:ac meritis ingenii notioribus
pplo. Facta aut ex duabus grecis vna eft latina. Na ex Eunucho et colace Me
nadri fabulis hec Eunuchus teretiana fcripta eft.no fine crimine quod multa in
hac traflata fint ex multis poetis latinis:qd totu p Prologu purgat atq defedit

O Apta queda ex Atticavirgo nobilis:atq adducta eft rhodu. Ibiq matri
Thaidis meretricis ab amico dono data eft : et educatavelut foror vna
cum filia:Sed thais relicta matre Rhodo cu aimatore quoda athenas fe
ptulit:ab eoq heres inftituta mortuo:mox a milite Thrafone diligebatur nimis
Qui cu matre athenis pfect'Thaidis mortua Rhodi coperiffet:et ea vgine qua
diximus ab heredibus mortue aiaduertiffet venu effe.ppofita: quis ignarus re
rum oim:emit tame:no dno amate Thaidi vexit athenas. Veru poftq adueniés
riuale Phedria apud amica repperit:que per eius abfentia fibi meretrix cocilia
rat:affirmauit fe non ante datura pmiffa virgine: q Thais foras emulu pepulif-
fet:Illa igitur et fi amaret phedria:cupiditate tn recuperade vginis et ciuis atti
ce:et qua a paruulat forore dilexerat excludit phedria. Hinc ille primo irafcif:
poft accepta facti rone a Thaide lenif:et in bidui fpaciu fponte pcedés militi rus
pficifcif.Statimq ne ab emulo milite muneribus fuperaret:Eunuchu et puella
parmenoni iubet abiens ad. Thaide deducere. Veru.Cherea frater phedrie tuc
ephebus vifa nimio invirgine inflammatur amore eius. Atq eo eualit vehemeti
ardore:vt pro Eunucho ipfe deduceretur ad thaide.Hac occafioevitiata virgo.et
mox ciuis et nobilis cognita datur vxor Cheree. phedriavero et miles ex riuali-
bus concordes per parafitu redditi communi amica fine certamine potiutur.

IN primo actu phedria exclufus a thaide: et fecu pmo et mox cu pmeno
ne coquerif fortunas fuas:et ad poftremu cora accufat thaidé:rurfus p-
mulcetur ab eade:etvolutate digredief rus fefe pceffuru in fpaciu bidui
effe.pmittit. Scdus actus pfectione phedrie ptinet et delegatis feruo deductione

c.iii.

Eunuchi:et puelle ad thaidé.Tũ paráfitũ loquetẽ p quẽ virgo á milite dono ami
ce miſſa eſt.Tũ interuẽtũ Chereæ amãtisvirginé:eiuſdéæ cũ pmenone pſiliũ de
eadẽ potiẽda p fallaciã:æa pro Eunucho ipſe ſupponiſ thaidi.Tertius actus cha
racterẽ expmit militis : et paraſiti p ridiculũ colloquiũ.Tũ inuitationẽ ad cenã
thaidis:tum oblationẽ velut Eunuchi Chereæ et puelle ex ethiopia per parmeno
nẽ factã.tumverba Chremetis ad thaidẽveniẽtis:pductiæ ad militẽ Antipho
nis:Chereææ colloquiũ deuitiata per dolũ virgine.In quarto actu Dorias cũ nũ
ciat iurgiũ inter militẽ et thaidẽ redítũ ex villa phedrie:et querelã pythie deuí
tiatavirgine apud phedria:et eiuſdẽ ſtupẽtis quod audiebat errorem ebrii Chre
metis:etverba petulãtia thaidis aduerſũ militẽ:et militis aduerſũ thaidẽ para
ta pſilia ridiculeæ depoſita.Quintus actus hec ptinet querelã Thaidis deuitiata
virgine pmo cum Pythia:poſtea cũ ipſo Cherea:tum interuẽtũ Chremetis atæ
nutricis:tum pturbationẽ Parẽnois per dolũ Pythie atæ eius iudicio per ſenẽ
qui rure tunc aduenerat confirmatas nuptias:et ad vltimum reditũ in gratiã
militis cum Phedria Cherea.

¶Eunuchi Argumentum.

Meretrix adoleſcẽtẽ(cuius mutuo amore tenebaſ)excluſit.
eiæ reuocato excluſiõis cauſas reddidit.eius frater minor
natu virginem(quã miles meretrici dono miſerat) amare
cepit.deductuſæ in domũ meretricis pro eunucho vitiat. Re itaæ
cognita cum illuſã ſe meretrix doleret ab eodẽ adoleſcẽte plãcatur
interuentuæ fratris eius cõghitam ciuem athenienſem duxit vxorẽ
miles quoæ in partem meretricii amoris receptus illuditur

¶Prologus Eunuchi.

SI quiſæ eſt:qui placere ſe ſtudeat bonis ãplurimis: et mi
nime multos ledere:in his poẽta hic nomẽ profiteſ ſuũ.
Tũ ſi quis eſt qui dictũ in ſe inclemẽtius exiſtimauit eſſe: ſic exiſti
met:ſciat:pſumat:reſponſũ non dictũ eſſe:quale ſit prius.qui be
nevertendo et eas deſcribẽdo male:ex grecis bonis latinas fecit nõ
bonas.Idẽ menandri faſma nũc nup dedit:atæ a theſauris ſcripſit
cauſã dicere priusvnde petiſ aurũ,quare ſit ſuũ:ã ille qui petit: vn
de is ſit theſaurus ſibi:autvnde in patriũ monumẽtũ puenerit.De
hinc ne fraudeſ ipſe ſe:aut ſic cogitet.defunctus iam ſum. nihil eſ
quod dicat mihi.is ne erret moneo et deſinat laceſſere.Habeo alia
multa:nũc que pdonabũtur:que pferentur poſt:ſi pget ledere: ita
vt facere inſtituit. Quã nũc acturi ſumus menãdri eunuchũ poſtã

ædiles emerunt pfecit: sibi vt inspiciūdi esset copia. magistrat⁹ cum
ibi adesset: occepta est agi. exclamat furē non esse poætā fabulā de
disse, et nihil dedisse verborū. tamē colacē esse neuii, et plauti veterē
fabula, parasiti psonā īnde ablatā, et militis. Si id est peccatū: pecca
tum iprudētia est poæte nō furtum facere studuerit. Id ita esse vos
iam iudicare poteritis. Colax menādri est. in ea est parasitus colax,
et miles gloriosus eas se non negat psonas transtulisse in eunuchū
suam ex gręca. sed eas fabulas factas prius latinas scisse se: id vero
pnegat. Quod si psonis ïsdē vti aliis nō licet: q magis licet curren-
tes seruos scribere: bonas matronas facere: meretrices malas. para
sitū edacē: glïosū militē: puerū supponi: falli per seruum senē amā
ķe odisse, suspicari? Deniq; nullū est iam dictum: quod non sit dictū
prius. Quare equū est vos cognoscere. atq; ignoscere: quę veteres
factitarunt: si faciunt noui. Date operam et cum silentio aiaduerti
te: vt pnoscatis: quid sibi eunuchus velit.

      ¶Phędria adolescens   ¶Parmeno seruus
Vid igif faciā? nō eam ne nūc quidē cū accersor vltro? an
potius ita me cōparē, nō ppeti meretrici ꝑtumelias? exclu
sit. reuocat. redeā? nō: si me obsecret. Par. Siquidē hercle possis: ni
hil prius neq; fortius. verū si incipies: neq; pficies gnauiter: atq; ubi
pati nō poteris: tum nemo expetet: infecta pace vltro ad eam veni-
es: indicās te amare: et ferre nō posse. actū est. ilicet peristi. eludet:
vbi te vinctū senserit. Phœ. Proin tu (dum est tꝓus) etiā atq; etiā cogita. Par. Here quę res in se neq; ꝑsiliū neq; modū habet vllū: eam
ꝑsilio regere nō potes. In amore hæc oīa insunt vitia, iniuriæ, suspi-
tiones, inimicitiæ, induciæ, bellū, pax rursum. Incerta hæc si tu po-
stules rōne certa facere: nihilo plus agas: q̃ si des operā: ut cū rōne
insanias. Et quod nunc tute tecū iratus cogitas: ego ne illā: quę illum: quæ me: que non? sine modo. mori me malim. sentiet qui vir
siem. hæc verba vna me hercle falsa lachrymula (quā oculos terēdo

miſere vix vi expreſſerit)reſtringet:et te vltro āccuſabit : et dabis ei
vltro ſuppliciū.Phę.O indignū facin9! nūc ego et illā ſceleſtā eſſe:
et me miſerū ſētio.et teḍet:et amore ardeo:et prudēs,ſciēs, vnius
videnſꝗ pereo.nēc ꝗd agā ſcio.Par. Q uid agas:ni vt te redīmas
captū:ꝗ ꝗas minimo.ſi neꝗas paululo:at quāti ꝗas: et ne te afflic-
tes.Phę.Ita ne ſuades?Par. Si ſapis:neꝗ ꝑterquā quas ipſe amor
moleſtias habet addas:et illas quas habet:recte feras.Sed ecca ipſa
egredit̃ noſtri fundi calamitas nā quod nos capere oportet: hęc in
tercipit.　　（Thais　（Phędria　（Parmeno

Iſerā me? vereor,ne illud grauius phædria tulerit : ne ve
aliorſū atꝗ ego feci:accepit:ꝗ heri intromiſſus non eſt.
　Phæ. Totus parmeno tremo:horreoꝗ poſtꝗ aſpexi hāc
Par. Bono aīo es.accede ad ignē hunc.iā caleſces plus ſatis. Tha.
Q uis hic loquit̃?ehē tum hic eras mi phædria? quid hic ſtabas?cur
nō recta itroibas?Par.Ceterū de excluſiōe verbū nullū.Tha.Q uid
taces?Phæ.Sane:qa vero hæ mihi patēt ſemp fores:aut quia ſum
apud te prim9. Tha. Miſſa iſtec face.Phę. Quid miſſa? o thais tha
is vtinā eſſet mihi pars æqua amoris tecū: ac pariter fieret : vt aut
hoc tibi doleret itidē:vt mihi dolet:aut ego iſtuc abs te factū nihili
penderē.Tha.Ne crucia te obſecro aīe mi phædria. Non pol quo
quēꝗā plus amē aut plus diligā,eo feci:ſed ita erat res . faciundū
fuit.Par.Credo(vt fit)miſera pre amore excluſit hunc foras. Tha.
Siccine ais parmeno?age:ſed huc qua gratia te accerſi iuſſi: auſcul
ta.Phę.Fiat.Tha.Dic mihi hoc primū:potin eſt hic tacere ? Par.
Egone?optime Verū heus tu hac lege tibi meā aſtringo fidē:ꝗ ve
ra audiui,taceo:et ꝑtineo optime.Sin falſū,aut vanū,aut fictū eſt:
ꝑtinuo palā eſt.plenus rimarū ſum.hac atꝗ illac pfluo. Proin tū ta
ceri ſivis: vera dicito.Tha.Samia mihi mater fuit ea habitabat rho
di.Par.poteſt taceri hoc. Tha. Tum ibi matri puulam puellā dono
quidā mercator dedit,ex attica hinc arreptā.Phæ.Ciuem ne?Tha

Arbitror.certũ nõ ſcim⁹. matris nomẽ et patris dicebãt ipſa. Patri
am et ſigna cętera neꝗ ſciebat:neꝗ per ętatẽ etiã potuerat . Mercator hoc addebat:e ꝓdonibus(vñ emerat)ſe audiuiſſe abreptã e ſu
nio.Matʾvbi accepit:cępit ſtudioſe oĩa docere, educare:ıtavt ſi eet
filia.Sororẽ pleriꝗ eſſe credebãt meã. Ego cũ illo quo tum vno rẽ
habebã hoſpite abii huc:qui mihi reliquit hæc (quę habeo)oĩa. Par.
Vtrũꝗ hoc falſũ eſt.effluet. Tha. Q uid iſtuc⸴ Par.qa neꝗ tu vno
eras ꝓtẽta:neꝗ ſolus dedit. nam hic quoꝗ bona magnãꝗ partẽ ad
te attulit.Tha.Ita eſt:Sed ſine me puenire quovolo.Interea mileſ
qui me amare occepat: in cariã eſt.ꝑfectʾ:te interea loci cognoui tu
te ſcis poſt illa ꝗ intimũ te habeã:et mea ꝓſilia tu tibi credã omnia.
Phæ.Ne hoc qdẽ tacebit parmeno . Par.oh dubiũ ne id eſt⸴ Tha.
Hoc agite amabo.mater mea illic mortua eſt nup . eius frater aliꝗ-
tũ ad rem eſt auidior.Isʾvbi hãnc formavidet honeſtã virginẽ, et fi-
dibus ſcire:ꝓciũ ſperãs ilico producit:ac vẽdit.Forte fortuna affuit
hic meus amicus . emit eam dono mihi imprudens harũ rerũ/ignã
ruſꝗ oim.isʾvenit. poſtquã ſenſit me tecũ ꝗ rẽ habere:fingit cau-
ſas:ne det ſedulo.ait ſi fidẽ habeat:ſe iri ꝓpoſitũ tibi apd me ac nõ
id metuat:nevbi acceperim ſeſe reliquã : velle ſe illam mihi dare:
verum idvereri.Sed ego quantũ ſuſpicor:ad virginẽ animũ adie-
cit.Phæ.etiam ne amplius⸴ Tha.nihil.nam queſiui nunc ego eam
Mi phędria multæ ſunt cauſæ: quãobrē cupiam abducere. primũ
ꝗ ſoror eſt dicta. præterea vt ſuis reſtituã:ac reddam.ſola ſum.ha-
beo hic neminẽ/neꝗ amicũ/neꝗ cognatũ ꝗobrē phędria cupio aliquos ꝓpare amicos bñficio meo. Id amabo adiuta me:quo id facit
faciliʾ.ſine illum ꝓoris ꝑtis hoſce aliquot dies apud me habere. Ni
hil mihi reſpõdes⸴Phę.Peſſima egon ꝗcquã cum iſtis factis tibi rñ-
deã⸴Par.Ehi nr̃(laudo)tandē ꝑdoluit. vir es.Phę.at ego neſciebam
quorſum tu ires.puula hinc eſt abrepta. eduxit mater pro ſua.ſo-
ror ē dicta.cupio abducere:vt reddã ſuis. Nẽpe oĩa hęc nũc verba

huc redeūt. Deniꝗ ego excludor. ille recipiꞇ. quà grã: nifi illū plus
amias͵ꝗ me; et iftā nūc times: quæ aduecta eft: ne illū talē ꝓripiat ti
bi? Tha. Ego ne id timeo? Phæ. Quid te ergo aliud follicitat? cedo:
nū folus ille donã dat? nunc vbi meã benignitatē fenfifti interclau-
dier? Nōne vbi mihi dixti cupere te ex ęthiopia ancillulā: relictis rebus oībus ꝗfiui? porro eunuchū dixti velle te: qa folæ vtunꞇ his regi
næ: reperi. heri minas viginti pro ãbobus dedi. tñ ꝯtemptus abs te.
hec habui in mēoria. ob hæc facta abs te fpernor. Tha. Quid iftic
phædria? quãquã illam cupio abducere: atꝗ hæc re arbitror id fieri
poffe maxime: verū tñ potius quã te inimicū habeã: faciã͵ vt tu iuf
feris. Phæ. Vtinã iftuc verbū ex animo͵ac vere diceres potiꝰ quã te
inimicū habeã. Si iftuc crederē fincere dici: qduis poffē ꝓpeti. Par.
Labafcit victus vno verbo quã cito. Tha. Ego nō ex aīo mifera dico
quã ioco rēvoluifti a me tãdē quin ꝓfeceris? Ego ipetrare neꝗo hoc
abs te͵biduū faltē vt ꝓcedas folū. Phe. Siquidē biduū: verū ne fiant
ifti viginti dies. Tha. profecto non plus biduū aut. Phæ. Aut. nihil
moror. Tha. non fiet hoc modo. fine te exorē. Phæ. Scilicet facium
dum eft͵ quod vis. Tha. Merito te amo. Phæ. Benefacis. rus ibo.
ibi hoc me macerabo biduū. ita facere certū eft. mos gerundꝰ ē thai
di. Tu parmeno huc fac illi adducaꞇ. Par. Maxime. Phæ. In hoc
biduū thais vale. Tha. Mi phædria et tu. nūqd vis aliud? Phæ. Ego
ne quid velim? cum milite ifto ꝓfens abfēs vt fies: dies nocteſꝗ me
ames. me defideres. me fomnies. me expectes. de me cogites. me
fperes. me te oblectes. mecū tota fis. meus fac fis poftremo animꝰ
quãdo ego fū tuus. Tha. Me miferā: forfitan hic mihi paruã habe
at fidē: atꝗ ex aliarū ingeniis nunc me iudicet. ego pol(quæ mihi
fum ꝓfcia)hoc certo fcio: neꝗ finxiffe falfi quicquã: neꝗ meo cor
di effe quēquã cariorē hoc phædria. et qcqd huiꝰ feci: caufa virginis
feci. nã me eiꝰ frēm fpero͵ppemodū iã recepiffe adolefcētē adeo no
bilē, et is hodie vēturū ad me ꝓftituit domū. cōcedã hinc intro: atꝗ

expectabo dum veniat ((Phædria ((Parmeno

HAc itā vt iuſſi.deducāt iſti.Par.Faciā.Phæ.at diligenter
Par.Fiet.Phæ.at mature.Par.Fiet. Phæ.ſatin hoc man
datū eſt tibi?Par. Ah rogitare : ꝗſi difficile ſit. Vtinā tam
aliquid inuenire facile poſſis phędria ꝗ hoc peribit.Phæ. ego quoꝗ
vna pereo:quod mihi eſt carius.ne iſtuc tā iniquo patiare animo.
Par.Minime:quin effectū.ſed nūquid aliud imperas?Phe. Mun⁹
noſtrū ornato verbis:quoad poteris: et iſtū emulū(quoad poteris)
ab ea pellito.Par.Au memini:tāteſi nullus moneas.Phæ.ego rus
ibo.atꝗ ibi manebo.Par.Cēſeo.Phæ.Sed heus tu?Par. Quid vis?
Phæ.Cenſen poſſe me offirmare:et perpeti:ne redeā interea?Par.
Tene?non hercle arbitror.nam aut iam reuertere : aut mox noc-
tu te adigent horſum inſomnia Phæ.opus faciā:vt defatiger:vſꝗ
ingratus vt dormiā.Par. Vigilabis laſſus.hoc plus facies.Phę. Ah
nihil dicis parmeno.eiciunda hercle hæc eſt mollicies animi. nimis
mihi indulgeo.tandem ego non illa careā:ſi ſit opus :vel totū triduū?Par.Huiv niuerſū triduū. vide quid agas.Phe.Stat ſententia.
Par.Di boni quid hoc morbi eſt?Adeon hoies imutarier ex amo-
re:ut nō cognoſcas eundē eſſe?hoc nemo fuit minus ineptus,ma-
gis ſeuerus ꝗſquā nec magis ꝑtinens. Sed quis hic eſt qui huc pergit?attat.hic quidē eſt paraſitus gnato militis.ducit ſecum vna vir
ginē dono huic.pape,facie honeſta.mirū ni ego me turpiter hodie
hic dabo cum meo decrepito hoc eunucho.hæc ſupat ipſā thaidē.

((Gnato   ((Parmeno

DI immortales homini homo qd preſtat.ſtulto intelligens
quid intereſt? hoc adeo ex hac re venit in mentem mihi.
conueni hodie adueniens quendam mei loci hinc atque
ordinis,hominem haud impurum. itidem patria qui obligurierat
bona.video ſentum,ſqualidum,ægrū,pannis,āniſꝗ obſitū. Quid
iſtuc(inquā)ornati eſt?quoniam miſer qd habui,perdidi Hem quo

redactus fum?oēs noti me âtꝙ àmici deferũt.hic ego illũ cõtempſi
præ me. Quid hõ(inquã)ignauiſſime?itaꞯ paraſti te: vt ſpes nulla
reliꝗ in te ſiet tibi?ſil̃ ꝑſiliũ cũ reamiſiſti?viden me ex eodē ortũ lo-
co:qui color nitoꝛveſtitus:que habitudo eſt corpis?oĩa habeo neꝗ
quicquã habeo.Nihil cum eſt nihil deſit tñ. at ego mꝼoelix neꝗ ri-
diculus eſſe:neꝗ plagas pati poſſum. quid tu his rebus credis fieri
tota errasvia..Olim iſti fuit generi quõdã quæſtus apud ſeculũ pri
us.hoc nouũ eſt aucupiũ.ego adeo hanc ꝑmus inueniviã.Eſt genꝰ
hoim,qui eſſe ꝑmos ſe oĩm rerũvolunt:nec ſunt.hos ꝑfector.hiſ-
ce ego non paꝛo mevt rideant:ſed iisvltro adrideo:et eorum inge
nia admiror ſimul.quicꝙd dicunt:laudo.id rurſum ſi negãt laudo
id quoꝗ.neget quis:nego.ait:aio.poſtremo imperaui egomet mi
hi oĩa adſentari.is quæſtus nunc eſt multovberrimus. Par. Scitũ
hercle hoieȝ.hic hoies prorſũ ex ſtultis inſanos facit.Gna.Dũ hæc
loquimur interea loci ad macellũvbi aduenimus:ꝑcurrunt leti mihi obuiã cupidinarii oēs,cetarii,lanii,coqui,fartores,piſcatores,au-
cupes:quibus et re ſalua,et ꝑdita profuerã:et proſum ſepe.ſalutãt
ad coenãvocãt,aduentũ gratulãꝼ.Ille vbi miſer famelicꝰ videt me
eſſe tanto honore:et tam facilevictũ ꝗrere: ibi homo coepit me ob
ſecrare:ut ſibi liceret diſcere id de me.Sectari iuſſi ſi potis eſt:tanꝗ
philoſophorũ habēt diſciplie ex ipſisvocabula:paraſiti itidēvt gna
tonicivocēꝼ.Par.Viden ociũ,et cibꝰꝙd facit alienꝰ?Gna. Sed ego
ceſſo ad thaidē hãc ducere et rogare ad coenãvtveniat.Sed parme
nonē âte oſtiũ thaidis triſtē video,riualis ſeruĩ.ſalua res eſt.ni mirũ hoies frigēt.nebulonē hunc certũ eſt eludere.Par.Iſce hoc mu
nere arbitranꝼ ſuã thaidē eſſe.Gna. Plurima ſalute parmenonē ſuũ
mum ſuũ impartit gnato.ꝙd agiꝼ.Par.Statur.Gna. video.nũꝙd
nã hic(quod nolis)vides?Par.te.Gna.credo.at nũquid aliud?Par.
quid tum?Gna.ꝗa triſtis es.Par.nihil quidē.Gna.neſcis.Sȝ quivĩ
deꝼ hoc tibi mãcipiũ?Par,nõ malũ hercle.Gna.Vro hoĩem. Par.

Vt falſus animi es?Gna. q̃ hoc mun?gratu thaidi arbitrare eē?Par
Hoc nūc dices eiectos hinc nos?oīm rerū(heus)viciſſitudo ē.Gna.
Sex ego te totos pmeno hos mēſes quietū reddā:ne ſurſū deorſū
curſites:neve ad lucē vſq̃ vigiles.et quid beo te?Par.Men?pape?
Gna.ſic ſoleo amicos.Par.laudo.Gna.Detineo te fortaſſe.tu pfe‧
ctur?alio fueras?Par.nuſquā.Gna.tu tu igit̃ paululū da mihi ope‧
re.fac:vt admittar ad illam?Par.age mō.nunc tibi patēt fores hę.
quia iſtam ducis.Gna.num quē euocari hinc vis foras?Par.Sine
biduū hoc pretereat:qui mihi nunc vno digitulo fores aperis fortu
natus:ne tu iſtas(faxo)calcibus ſæpe inſultabis fruſtra.Gna.Etiam
nunc hic ſtas parmeno?eho numnā hic relictus cuſtos:ne quis for
te internūcius clam a milite ad iſtam curſitet?Par.Facete dictū mi
ravero militi quæ placeant.Sed videō herilem filiū minorē huc ad‧
uenire?miror quid ex pireo abierit.nam ibi cuſtos publice eſt nunc
non temere eſt:et properans venit.neſcio quid circum ſpectat.

‖Cherea   ‖Parmeno

O Ccidi.neq̃ virgo eſt vſquā:neq̃ ego qui illam e cōſpectu
amiſi meo.Vbi queram vbi inueſtigem quem preconter
qua inſiſtam via?incertus ſum.Vna hæc ſpes eſt:vbiubi
eſt:diu celari nō poteſt.O faciē pulchram:deleo oēs dehinc ex aīo
mulieres.tedet quotidianarū harū formarū.Par.Ecce autē alterū.
neſcio qd de amore loquit̃.O infortunatū ſene:hic vero eſt,qui ſi
occeperit amare:ludū,iocūq̃ dices eſſe:illū alterū p̃ut huius rabies
que dabit.Che.Vt illū di dæq̃ ſenē oēs perdant:qui me hodie re‧
morat?eſt:meq̃ adeo:qui reſtituerim:tū aūt qui nō illū flocciferi.
Sed eccū parmenonem.ſalue.Par.Quid tu es triſtis?quid ve ala‧
cris?vnde is?Che.Ego neſcio hercle:neq̃ vnde eā:neq̃ quorſū eā
ita prorſus ſum oblitus mei.Par.qui queſo?Che.amo.Par.Hem.
Che.Nunc parmeno te oſtendes:qui vir ſies.ſcis te mihi ſæpe pol
ſicitum eſſe?cherea aliquid inueni modo:quòd ames.in ea re vti‧

litatē ego faciā: ut cognoſcas meam: cū ıncellulā ad te prīs penum
oēm ꝓgerebā clanculū. Par. age inepte. Che. Hoc hercle factū eſt :
fac ſis: mınc promiſſa appareant: ſi adeo digna res eſt : vbi tu ner-
uos intēdas tuos: aut ſılıs virgo eſt virginū ꝛꝑarū: quas matres ſtu-
dēt demiſſis humeris eſſe: iuncto pectore: ut graciles ſient: ſi ꝗ eſt
habitior paulo: pugile eſſe aiunt: deducunt cıbū tāet ſi bona eſt natura: reddūt curatura / iunceas. Itaꝗ ergo amanſ. Par. qd tua iſtæc
Che. noua figura oris. Par. Pape? Che. color verus: corp⁹ ſolidū: et
ſucci plenū. Par. āni? Che. āni ſedecı. Par. Flos iꝑe Che. hāc tu mihi
vel vı / vel clā / vel ꝑcario fac tradas: mea nihil refert: dū (potiar) mō
Par. Q uid? virgo cuia eſt? Che. neſcio hercle. Par. vnde eſt? Che. tā
tundē. Par. vbi habitat? Che. ne id qdē. Par. vbi vidiſtı? Che. in via.
Par. qua rōne amiſıſtı? Che. id equidē adueniēs mecū ſtomachabat
mō: neꝗ ego quēquā hoıem eſſe arbitror: cui magis bonę fœlicita
tes oês aduerſe ſient. Par. quid hoc ſceleris eſt? Che. perii. Par. ꝗd
factum eſt? Che. rogas? prıs cognatū / atꝗ equalē archidemidē noſtin? Par. qd nı? Che. is (dū hāc ſequor) ſit mihi obuiā. Par. incomo
de hercle. Che. Immo eniuero infœlicı̄: nam ıncomoda alia dicen
da ſunt parmeno: illum liquet mihi deierare his menſibus ſex / ſep
tē prorſū non vidiſſe proximis: niſi nunc cū minime vellē: mi meꝗ
opus fuit: eho nōne hoc mōſtri ſiſe eſt? qd ais? Par. maxime. Che.
ꝑtinuo adcurrit ad me ꝗlonge quidē incuruus / tremulus / labiis demiſſis / gemēs. heus heus tibi dico cherea / inquit. Reſtiti. Scin quid
ego te volebā? dic. cras eſt mihi iudiciū: qd tum ? vt diligēter nūcıes
patri: aduocatus mane mihi eſſe vt meminerit. Dum hæc loquitur
abıīt hora. Rogo. nunqd velit? recte (inquit) habeo cum huc reſpicio
ad virginē: illa ſeſe intea comodū huc aduorterat in hāc noſtrā pla
teā. Par. Mirū ni hanc dicit: modo huic ꝗ data eſt dono. Che. huc
cum aduenio: nulla erat. Par. Comites ſecuti ſcılȝ ſūt virginē. Che
Verum parıſitus cū ancilla. Par. Ipſa eſt ſcılȝ. deſine iā cōclamatū

eſt.Che.alias res agis? Par.iſtuc equidē aio. Che. noſtin que ſit dic
mihi: aut vidiſtin? Par. vidi. noui. ſcio, quo abducta ſit : Che. Eho.
Par. mi noſtin? Par. Noui. Che. et ſcis vbi ſiet? Par. huc deducta eſt
ad meretricē thaidē. ei dono data eſt. Che. q̄s is eſt tam potēs cum
tāto munere hoc? Par. miles traſo phedriæ riualis. Che. Duras par
tes fratris p̄dicas. Par. Immo eni ſi ſcias: quod donū huic dono cō
tra cōparet: tū magis id dicas. Che. Q uonā queſo hercle? Par. Eunuchū. Che. Illū obſecro inhoneſtū hominē (quē mercatus eſt heri)
ſenē mulierē? Par. Iſtunc ipſū. Che. homo quatieſ certe cum dono
foras. Sed iſtam thaidē nō ſciui nobis vicinā. Par. haud diu ē. Che.
perii. nūq̄ ne etiā me illā vidiſſe? ehodū dic mihi: eſt ne (vt ferſ) forma? Par. ſane. Che. at nihil ad noſtrā hanc. Par. alia res eſt. Che. ob
ſecro hercle parmeno fac : vt potiar. Par. Faciam ſedulo. ac dabo
operā. adiuuabo. nunquid me aliud? Che. Q uo nūc is? Par. domū
vt mācipia hæc (ita vt iuſſit frater) ducā ad thaidē. Che. O fortunatū
iſtū eunuchū. qui quidē in hanc detur domū : Par. quid ita ? Che.
rogitas? ſūma forma ſemp p̄ſeruā domi videbit. colloquetur. aderit
vna in vnis ædibus. cibū nōnūq̄ capiet cum ea. interdū prope dor
miet. Par. quid : ſi nunc tute fortunatus fias? Che. Q uare parme
no? reſponde. Par. Capias tu illius veſtē. Che. Veſtē? qd tū poſtea?
Par. pro illo te ducā. Che. audio. Par. te illū eſſe dicam. Che. Intelli
go. Par. Tu illis fruare comodis: qbus tu illū dicebas mō. cibū vna
capias. adſis. tāgas. ludas. ppe dormias . q̄ñqdē illarū neq̄ te quiſq̄
nouit: neq̄ ſcit, qui ſies? p̄terea forma et ætas ipſa eſt: facile vt p eu
nucho p̄bes. Che. dixti pulchre. nūquā vidi meli? p̄ſiliū dari. Age ea
mus intro nūc iam. orna me. abduc quātū potes. Par. Q uid agis?
iocabar eqdē. Che. Garris. Par. Perii. q̄d ego egi miſer? quo trudis?
pculeris iam tu me. tibi quidem dico. mane. Che. eamus. Par. Per
gin? Che. certū ē. Par. Vide : ne nimiū callidū h̄ ſit mō. Che. Nō eſt
profecto. ſine. Par. at eni iſtec in me cudeſ faba. ah flagiciū facim̄?

Che. An id flagiciũ eſt: ſi in domũ meretriciã deducar: et illis cruci
bus, quę nos, noſtrãꝗ adoleſcẽtiã habẽt deſpicatã: et quæ nos ſem
per omnibus cruciant modis: nunc referam gratiã. atꝗ eaſdem iti
dem fallãm: ut ãb his fallimur? an potius hæc pati? equum eſt fieri
ut a me ludatur dolis. quod qui reſcierint, culpent: illud mento fa
ctũ oẽs putẽt. Par. Quid iſtic? ſi certũ eſt facere: facias. verũ ne poſt
ꝓferas culpã in me. Che. nõ faciã. Par. iubes ne? Che. Iubeo. Immo
cogo, atꝗ impero. Par. nũꝗ defugiã auctoritatẽ. Che. Seꝗre. Par.
Di benevortant   ❲ Traſo ❲❲ Gnato ❲ Parmeno

m Agnas vero agere gratias thais mihi? Gna. Ingẽtes. Tra.
ain tu? læta eſt? Gna. non tam ipſo quidẽ dono : quã abs
te datum eſſe. idvero ſerio triumphat. Par. huc prouiſo:
vbi tempus ſiet: deducam. ſed eccum militẽ. Tra. eſt iſtut datũ ꝓfe
cto: ut grata mihi ſint (quæ facio) oĩa : Gna. aduorti hercle animũ.
Tra. vel rex ſemper maximas mihi agebat: quicquid feceram. aliis
non itidem. Gna. Labore alieno magnã partam gloriã verbis ſæpe
in ſe tranſmouet: qui habet ſalẽ qui in te eſt. Tra. habes. Gna. rex
te ergo in oculis: Tra. (Scilicet.) Gna. geſtire? Tra. Verum credere
omnem exercitũ. conſilia. Gna. mirũ: Tra. Tum ſicubi eum ſatie-
tas hominũ, aut negocii ſi quãdo odiũ ceperat: requieſcere vbi vole
bat: quaſi. noſtin? Gna. Scio. quaſi vbi illã expueret miſeriã ex animo. Tra. tenes. tum me cõuiuã ſolum abducebat ſibi. Gna. hui regem elegantẽ narras. Tra. Immo ſic homo eſt perpaucorũ hoĩm.
Par. Immo nullorũ ãrbitror: ſi tecumviuit. Tra. Inuidere oẽs mihi
mordere clanculum. ego floccipendere. illi inuidere miſere. verum
vnus tamen impenſe: elephantis quẽ indicis ꝓfecerat. is vbi moleſtus magis eſt: quęſo inquã ſtrato: eo ne es ferox: quiã habes ĩpe
rium in beluas? Gna. pulchre me hercle dictum, et ſapienter. Pape?
iugularas hominẽ. quid ille? Tra. Mutus ilico. Gna. Q uid ni eſſet?
Par. Di noſtrã fidem: hoĩem pditũ, miſerũꝗ: et illum ſacrilegum.

Tra.quid illud gnato?quo pacto rhodiū tetigerim in ꝓuiuio:nūꝗ ti
bi dixi?Gna.nūquā.ſed narra obſecro. Plus milies iā audiui. Tra.
Vna in ꝓuiuio erat hic(quē dico)rhodius adoleſcentulus.Forte habui ſcortum.cepit ad id ludere.et me irridēre. Q̃uid ais homo(inquā)impudens?lepus tute es:et pulpamētū queris?Gna.Ha ha he
Tra.quid eſt?Gna.Facete,laute,lepide.nihil ſupra.Tuum ne obſe
cro te hoc dictum erat?vetus credidi.Tra.Audieras?Gna.Sæpe:
et fertur imprimis.Tra.Meū eſt dolet dictum imprudenti adoleſcenti,et libero.Par.at te di pdant?Gna.quid ille queſo?Tra.perdi-
tus.riſu oēs qui aderant emoriri.deniꝗ metuebāt oēs iā me.Gna.
Non iniuria.Tra.Sed heus tu purgen ego me de iſtac thaidi:ꝗ eā
me amare ſuſpicata eſt?Gna.Nihil minus.immo auge magis ſu-
ſpitionē.Tra.Cur.Gna.rogas?ſcin ſi qñ illa mentionē phedrie fa-
cit:aut ſi laudat:tevt malevrat.Tra.Sētio.Gna.id ne fiat:hæc res
ſola eſt remedio.Vbi noīabit phedriā:tu pāphilā ꝓtinuo.Si qñ illa
dicat,phedriā,intromittamus comeſſatū:pāphilā cantatū prouoce
mus.Si laudabit hęc illius formā:tu huius contra.Deniꝗ par pro
pari referto:quod eam mordeat.Tra.Siquidem me amaret:tum
iſtuc prodeſſet gnato.Gna.qñ id quod tu das expectat,atꝗ amat:
iamdudū te amat.iamdudū illi facile ſit:quod doleat.metuet ſem
per:quē ipſa nunc capit fructū:ne quādo iratus tu alio ꝓferas.Tra
Benedixti.ac mihi iſtuc non in mentēvenerat.Gna.Ridiculū.non
enim cogitaras.Ceterū idem hoc tute melius q̃to inueniſſes traſo.
(Thais (Traſo (Gnato (Parmeno (Pithias ācilla.
Vdire vocem viſa ſum modo militis.atꝗ eccū.ſalue mi
traſo.Tra.O thais mea,meū ſuauiū.Q̃uid agitur?ecꝗd
nos amas de fidicina iſta?Par.quam venuſte.quod dedit
principiū adueniens?Tha.Plurimū merito tuo.Tra.Eamus ergo ad cænā.Gna.Q̃uid ſtas?Par.hem alterū ex hoie hunc natum
dicas.Tra.Vbivis non moror.Par.Adibo:atꝗ aſſimulabo,quaſi

nunc exeam. Ituram thais quopiã es? Tha. hem parmeno bene pol
fecifti. hodie itura. Par. Quo? Tha. Quid? hunc non vides? Par. vi
deo. et me tedet. vbi vis dona adfunt tibi a phedria. Tha. Quid fta
mus? cur nõ imus? ninc? Par. Queſo hercle vt liceat (pace quod fiat
tua) dare huic: quæ volumus. ꝓuenire et colloqui. Tra. Perpulchra
credo dona, haud nr̃is filia. Par. res indicabit. heus iubete iſtos foras exire: quot iuſſi otyus procede tu huc. ex ꝗthiopia eſt vſꝗ hæc ¿
Tra. Hic ſunt tres minꝗ. Gna. vix. Par. Vbi tu es dore? accede huc
hem eunuchũ tibi quã liberali facie: quã ætate integra? Tha. Ita me
di amēt. honeſtus. Par. Quid tu ais gnato? nũquid habes quod cõ-
temnas? quid tu autē trafo? tacēt. fatis laudant. fac periculũ in litteris: fac in paleſtra: in muſicis: quæ liberũ ſcire æquũ eſt: adoleſcen
tem ſollertem dabo. Tha. Ego illum eunuchũ: ſi opus ſiet: vel ſo-
brius. Par. Atꝗ hꝗc qui miſit, non ſibi ſoli poſtulat te viuere: et ſua
cauſa excludi cꝗteros. neꝗ pugnas narrat: neꝗ cicatrices ſuas oſtē-
tat: neꝗ tibi obſtat: quod quidã facit. verum vbi moleſtũ non erit:
vbi tu voles: vbi tempus tibi erit: ſat habet, ſi tum recipiꞇ. Tra. Ap
paret feruum hunc eſſe dñi pauperis, miſeriꝗ. Gna. Nã hercle nemo poſſet (ſat ſcio) qui haberet: qui pararet alium: hunc ꝑpeti. Par
Tace tu: quē ego eſſe infra infimos oĩs puto hoĩes. Nam qui huic
animũ adſentari induxeris. e flamma te cibũ petere poſſe arbitror.
Tra. Iam ne imus? Tha. Hos prius introducã: et qꝗ volo ſi ĩ impe-
rabo: poſtea ꝓtinuo exeo. Tra. Ego hinc abeo. tu iſtam opire. Par.
Non ꝓuenit vna ire cum amica imperatorē in via. Tra. qd tibi ego
multa dicã? dñi ſiſis es. Gna. ha ha he. Tra. Quid rides? Gna. Iſtuc,
quod dixti modo: et illud de rhodio dictũ in mentē venit. ſed thais
exit. Tra. Abi. ꝑcurrevt ſint domi parata. Gna. Fiat. Tha. Diligen
ter pithias fac cures: ſi chremes huc forte aduenerit: vt ores primũ
vt maneat. Si id non comodũ eſt: vt redeat. ſi id nõ poterit: ad me
adducito. Phi. Ita faciã. Tha. Quid aliud volui dicere? ehem. curate

iſtã diligēter virginē domi adſitis,facite. Tra. eãmus. Tha. vos me
ſeqmini.   ¶Chremes adoleſcẽs ruſticus   ¶Pithias.

Rofecto ãtomagis,magiſq; cogito:nimirũ dabit thais mi
hi magnũ malum. ita me ab ea ãſtute video labefactarier
Iam tum cum primũ iuſſit me ad ſeſe accerſirier domũ:
roget quis:quid tibi cum ea?ne noram quidē. Vbi veni:cauſam vt
ibi manerē,repperit.ait rem diuinã feciſſe ſe:et rem ſeriã velle agere mecũ.Iam tum erat ſuſpicio dolo malo hẽc fieri oĩa.ipſa accum
bere mecũ.mihi ſeſe dare.ſermonē quererel.vbi friget:huc euaſit:
quãpridē pater mihi,et mater mortui eſſent.dico iam diu. Rus ſu-
nii et quod habeã:et quã longe amari.credo ei placere hoc. ſperat
ſe a me auellere.poſtremo hec ã in die parua periſſet ſoror.et quis
cum ea vna.quid habuiſſet,cum periit:et quis eam poſſet noſcere.
Hẽc cur quæritet.niſi illa forte quæ olim petiit paruula ſoror : hãc
ſe intēdit eſſe:vt eſt audacia.verũ ea(ſi viuit)annos nacta eſt ſedeci
nõ maior.thais quã ego ſum,maiuſcula eſt.Miſit porro orare: vt
venirē ſerio.aut dicat quid velit:aut moleſta ne ſiet.non hercle ve-
niam tertio,heus heus.Pi.Ecquis hic eſt?Chre.Ego ſum chremes
Pi.O capitulum lepidiſſimũ.Chre.Dico ego mihi inſidias fieri. Pi.
Thais maximo(te orabat)opere:vt cras redires.Chre. Rus eo. Pi.
Fac amabo.Chre.nõ poſſum inquã.Pi.at tu apud nos hic mane :
dum redeat ipſa.Chre.nihil minus.Pi.cur mi chremes?Chre.Ma
lam in rem hinc ibis.Pi.ſi iſtuc ita certum eſt tibi amabo:illuc tran
ſeas,vbi illa eſt.Chre.eo.Pi.Abi dorias. cito hunc deduc ad militē
        ¶Antipho adoleſcens.

Eri aliquot adoleſcẽtuli coimus in pyrrheo:in hũc diē:ut
de ſimbolis eſſem?.chereã ei rei pfecim?.dati anuli.locus
tps pſtitutũ eſt.Preteriit tps.quo in loco dictũ eſt:parati nihil eſt hõ
ipſe nuſq eſt.neq; ſcio quid dicã,aut quid piectã.nunc mihi hoc ne
gocii cæteri dedere:vt illũ querã.ibo ad eum.viſã,ſi domi eſt.Sed

qui nam,hinc a tĥaide exit?is eſt:an nõ eſt?ipſus eſt. Quid hoc ho
minis eſt?Qui hic ornatus eſt?Quid illud mali eſt ? neq̃o ſatis mirari neq̃ conicere(niſi quicq̃d eſt) procul hinc libet prius quid ſit ſci
ſcitari.　　　　 ¶ Gherea   ¶ Antipho

Vm quis hic eſt?nemo eſt.Num quis hinc me ſequitur?
nemo homo eſt.Iam ne erũpere hoc mihi licet gaudium
Proh iupiter.nunc eſt̗pfecto:interfici cum ppeti me poſ
ſum:ne hoc gaudiũ ꝕtaminet vita egritudine aliqua . Sed neminẽ
curioſum interuenire nunc mihi:qui me ſequaꝶ:quiꝶ iam rogitã
do obtundat.enecet.quid geſtiã:aut quid letus ſim? quo pergam?
vnde emergã?vbi ſiem veſtitũ hunc nactus?quid mihi queram? ſa
nus ſim:an ne inſaniã?An.adibo.atꝙ ab eo gr̃am hanc(quam video velle)inibo.Cherea quid eſt quod ſic geſtis?aut quid ſibi hic ve
ſtitus querit?Quid eſt,quod letus ſis?quid tibi vis?ſatin ſanus es ?
quid me aſpectas?quid taces?Che.O feſtus dies hois : amice ſalue
nemo eſt oĩum: quẽ ego nunc magis cuperẽ videre: q̃ te.An.Nar
ra iſtuc queſo,quod ſiet.Che. Immo ego te obſecro hercle, ut au-
dias.Noſtin hanc,quã amat frater?An.Noui. nẽpe opinor thaidẽ
Che.iſtam ipſam. An.Sic cõmeminerã. Che. Hodie quædã eſt ei
dono data virgo.Quid eius tibi nunc faciẽ p̃dicẽ: aut laudem anti
pho:cum meipſum noris q̃ legãs ſpectator formarũ ſiem ? in hac
cõmotus ſum.An.ain tu?Che.Primã dices,ſcio: ſi videris.Quid
multa verba?amare cœpi.forte fortuna domi erat quidã eunuchus
quẽ mercat?frater fuerat thaidi.neq̃ is deduct?etiam tum ad eam.
Submonuit me parmeno ibi ſeruus,quod ego arripui.An.Quid
id eſt?Che. Tacitus citius audies. vt veſtem cũ illo mutẽ: et pro illo
iubeã me illuc deducier.An.Pro eunuchon?Che. ſic eſt.An.quid
ex ea re tandẽ caperes comodi?Che.Rogas? vt viderẽ.audirẽ.eſſẽ
vna.qua cum cupiebã antipho.num parua cauſa, aut parua ratio
eſt?traditus ſum mulieri.Illa ilico vbi me accepit:lætavero ad ſe ad

ducit domũ. cõmendat virginẽ. An. Cui?tibi ne? Che. mihi. An. ſa
tis tuto tamẽ. Che. Edicit: ne vir quiſq̃ ad eam adeat: et mihi ne ab
ſcedã imperat. In interiori pte vt maneã ſolus cum ſola. annuo ter
ram intuẽs modeſte. An. Miſer. Che. Ego (inquit) ad cœnam hinc
eo. abducit ſecum ancillas. paucę (quę circũ illam eſſent) manẽt no
uitię puelle. Cõtinuo hæ adornãt: vt lauet. adhortor: vt properẽt.
Dum apparatur: virgo in pclaui ſedet ſuſpectans tabulam quandã
pictam: vbi inerat pictura hæc. Iouẽ quo pacto dane miſiſſe aiunt
quõdã in gremiũ imbrẽ aureũ. Egomet quoqʒ id ſpectare cœpi. et
quia pſimilẽ luſerat iam olim ille ludũ: impẽdio magis animˀ gau
debat mihi: deũ ſeſe in hoiem puertiſſe: et per alienas tegulas veniſ
ſe clanculũ per impluuiũ fucum factũ mulieri. At quẽ deũ?qui tẽ
pla cęli ſummo ſonitu pcutit. Ego homũcio hoc non facerẽ?Ego il
lud vero ita feci: ac lubens. Dum hæc mecũ reputo: accerſit lauatũ
interea virgo it. lauit. rediit. deinde eam in lectũ ille collocãt. ſto ex
pectãs: ſi quid mihi imperẽt. Venit vna: heus tu (inquit) dore cape
hoc flabellũ: et ventulum huic ſic facito: dum lauam? Vbi nos la-
uerimus: ſi voles lauato. accipio triſtis. An. tum equidẽ iſtuc os tu
um impudẽs videre nimiũ vellẽ. qui eſſet ſtatus: flabellum tenere te
aſinũ trĩ. Che. Vix elocuta eſt hoc: foras ſimul oẽs proruunt ſe. ab
eunt lauatum. pſtrepunt. ita ut ſit: drũ vbi abſunt. interea ſonus vir
ginẽ opprimit. Ego limis aſpecto ſic per flabellũ clanculũm. ſĩ alia
circũſpecto: ſatin explorata ſint. Video eſſe: peſſulum oſtio obdo.
An. Quid tum?Che. Quid tum fatue?An. Fateor. Che. An ego
occaſionẽ mihi oſtẽtatã, tantã, tam breuẽ, tam optatã, tam inſpera-
tam amitterẽ?tum pol ego is eſſem vere qui aſſimulabar. An. Sane
hercle: ut dicis. Sed interim de ſimbolis quid actum eſt?Che. Para
tum eſt. An. Frugi es. vbi?domin?Che. Immo apud libertũ diſcũ.
An. plonge eſt. Sed tanto ocius properem? muta veſtẽ. Che. Vbi
mutẽ?perii. nam domo exulo. nunc metuo fratrẽ: ne intus ſit. por

ro autē: pater ne rure redierit iam. An. Eamus ad me. ibi proximū
eſt/vbi mutes. Che. Recte dicis. eamus: et de iſtac ſimul quo pacto
porro poſſim potiri ꝑſilium volo caperevna tecum. An. Fiat.

⸿Doꝛias   °   ,   Ancilla.

Ita me di bene amēt: quantū ego illum vidi: non nihil timeo miſera: ne quā ille hodie inſanus turbam faciat: aut
vim thaidi. Nam poſtquā iſte aduenit chremes adoleſcēs/frater vir
ginis militē rogat: vt eum admitti iubeat. ille ꝑtinuo iraſci: neꝗ ne
gare audere. thais porro inſtare: ut hominē inuitet. id faciebat retinēdi illius cauſa. quia illa que cupiebat de ſorore eius iudicare : ad
eam rem tꝑus nō erat. inuitat triſtis. manſit ibi. illa cum illo ſermo
nē incipit. miles vero ſibi putare adductū ante oculos ꝗmulū. volu
it facere ꝑtra huic egre. heus (inquit) puer pamphilā accerſe: vt dele
ctet hic nos. illa exclamat. Minime gentiū in ꝑuiuiū illam: miles tē
dere. Inde ad iurgiū. Interea aurum ſibi clam mulier demit. dat mi
hi: ut auferā. hoc eſt ſigni: vbi primum potuerit: ſe illinc ſubducet
ſcio.

⸿Phedria

Vm rus eo: cœpi egomet mecum inter vias (ita vt ſit vbi
quid in aīo eſt moleſtie) aliam rem ex alia cogitare : et ea
oīa in peiore parte. quid opus eſt verbis? Dum hæc reputo: preterii imprudēs villam. longe iam abieram : cum ſenſi redeo
rurſum/male vero me habens. Vbi ad ipſum veni diuerticulū: con
ſtiti. occepi mecum cogitare. Hem biduum hic manendum eſt ſoli
ſine illa? quid tum poſtea? nihil eſt. quid nihil? Si non tangēdi copia
eſt: eho/ne videndi quidē erit? ſi illud non licet : ſaltem hoc licebit.
Certe extrema linea amoris haud nihil eſt. Villam pretereo ſciens
ſed quid hoc eſt: quod timida ſubito egreditur pithias.

⸿Pithias   ⸿Phedria   ⸿Doꝛias

Bi ego illum ſceleroſum miſera/atꝗ impiū inueniā : aut
vbi queram? hoccine tam audax facinus facere eſſe auſū

perii. Phe. Hoc quid fit : vereor. Pi. quin etiã infuper fcelus poftq̃
ludificatus eft virginẽ: veftẽ oẽm mifere difcidit. tum ipfam capil-
lo ꝑfcidit. Phe. hem. Pi. qui nunc fi detur mihi: vt ego vnguibus fa
cile illi in oculos inuolãẽ venefico? Phe. Nefcio quid profecto ab fẽ
te nobis turbatũ eft domi. ãdibo. Quid iftuc? quid feftinas aut quẽ
q̃ris pithias? Pi. Ehem phedria egon quẽ q̃rã? abi hinc quo dign⁹ es
cum donis tuis tam inlepidis. Phe. quid iftuc rei eft? Pi. rogas me?
eunuchũ quẽ dedifti: nobis quas turbas dedit? virginẽ quam hære
dono dederat miles: vitiauit. Phe. quid ais? Pi. Perii. Phe. Temulẽ
ta es? Pi. Vtinã fic fint: qui mihi male volũt. Do. Au obfecro mea
pithias: quod iftuc nã monftri fuit? Phe. Infanis. qui iftuc facere eu
nuchus potuit? Pi. ego illum nefcio, qui fuerit. hoc quod fecit : res
ipfa indicat. virgo ipfa lachrymat. neq̃ cum rogites, quid fit audet
dicere. Ille aũt bonus vir nufq̃ apparet. etiã hoc mifera fufpicor, ali
quid domo abeunte abftuliffe. Phe. neq̃o mirari fatis: quo ille abire ignauus poffet lõgius: nifi fi domũ forte ad nos rediit. Pi. Vide
amabo nõ fit. Phe. Iam faxo: fcias. Do. Perii. obfecro tam infãdũ
facinus mea tu ne audiui quidẽ? Pi. at pol ego amatores audieram
mulierũ effe eos maximos: fed nihil poteffe. verũ mifere nõ in mẽ
tem venerat. nam illum aliquo ꝯclufiffe: neq̃ illi cõmififfe virginẽ.
    ₵Phedria   ₵Pithias   ₵Dorias   ₵Eunuchus.
Exi foras fcelefte. atetiã reftitas fugitiue? prodi male ꝯfilia
te. Eunu. Obfecro. Phe. Eho illud vide: os vt fibi diftorfit
carnifex. quid huc reditio eft? quid veftis mutatio? quid narras? pau
lum fi ceffaffẽ pithias: domi nõ offendiffẽ. ita iam adornarat fugã.
Pi. habefne hoiem amabo? Phe. quidni habeã? Pi. O factum bene?
Do. Iftuc pol vero bene. Pi. Vbi eft? Phe. Rogitas? nõ vides? Pi. Vi
deã obfecro quẽ? Phe. hunc fcꝫ. Pi. quis hic eft homo? Phe. qui ad
vos deduct? hodie eft. Pi. hunc oculis fuis nfarũ nũq̃ quifquã vidit
phedria. Phe. Nõ vidit? Pi. an tu huic credidifti effe obfecro ad nos
                                                              d. iiii.

deductum?Phe.nam quē aliū habui? neminē. Pi.au ne comparan
dus hic quidē ad illum eſt. Ille erat honeſta facie et liberali . Phe.ita
viſus eſt dudū: quia varia veſte exornatus fuit. nunc eo tibi videtur
ſedus: quia illam nõn hãbet. Pi.tace obſecro: quaſi vero paululū in
terſiet. Ad nos deductus hodie eſt adoleſcētulus: quē tu videre vero velles phedria. hic eſt vetus, vietus, veternoſus ſenex, colore mu
ſtelino. Phe. Hem quę hæc eſt fabula? eo redigis me: ut qd egerim
ego neſciebam? Eho tu: enim ego te? Eu.emiſti. Pi. Iube: mihi denuo reſpõdeat. Phe. Roga. Pi. Veniſtin hodie ad nos? negat. At il
le alter venit, annos nactus ſedecim: quē ſecum adduxit parmeno.
Phe. Agedum, hoc mihi expedi primū. iſtam (quã habes) vnde habes veſtē? Taces? monſtrum hois non dicturus? Eu. Venit cherea.
Phe. frãter ne? Eu. Ita. Phe. Quando? Eu. hodie. Phe. q̃dudū. Eu.
modo. Phe. qui cum? Eu. cum parmenone. Phe. Noras ne eum
prius? Eu. non. nec quis eſſet, vnquã audierã dicier. Phe. Vnde igi
tur fratrē eum eſſe ſciebas? Eu. Parmeno dicebat eum eſſe. is dedit
mihi hanc veſtem. Phe. occidi. Eu. Meã ipſe induit. Poſt vna ambo
abierunt foras. Pi. Iam ſatis credis ſobriã eſſe me, et nihil mentitã?
Iam ſatis certum eſt virginē vitiatã eſſe? Phe. Age nunc beluã, credis huic quod dicat? Pi. Quid iſti credã? res ipſa indicat. Phe. Cõce-
de iſtuc paululū. audin etiã nunc paululū? ſat eſt. Dicdū hoc rurſū
cherea tuam veſtē detraxit tibi? Eu. Factū. Phe. et eam eſt indutus
Eu. Factū. Phe. et pro te huc deductus eſt? Eu. Ita. Phe. Iupiter ma
gne, o ſceleſtū, atq̃ audacē hoiem? Pi. Ve mihi: etiã nūc nõ credis
indignis nos nõ eſſe irriſas modis? Phe. Mirū ni tu credas : qd iſte
dicat. quid agam, neſcio. heus negato rurſū. Poſſum ne ego hodie
ex te exculpere veriū? Vidiſtin fratrē chereã? Eu. nõ. Phe. Nõ poteſt
ſine malo fateri : video. ſequere hac. modo ait. mõ negat. ora me.
Do. Obſecro te vero phedria. Phe. intro. Eu. hoi ei. Phe. Alio pacto honeſte quõ hinc abeã neſcio actū eſt. ſiqdē tu me hic etiã nebu

lo ludificabere?Pi.Parmenonis tam ſcio eſſe hãc tegnã:q̃ meviue-
re.Do.ſic eſt.Pi.Inueniã pol hodie:parẽubi referã g̃am.Sed nũc
quid faciẽdũ ſuades dotia?Do.De iſtac rogas virgine?Pi.Ita.vtrũ
taceã ne an p̃dicẽ?Do.Tu pol ſi ſapis quod ſcias•neſcis:neq̃ de eu
nucho,neq̃ devitiovirginis.hac re et te oi turba euolues:et illi g̃a
tum feceris.Id modo dic:abiſſe dorũ.Pi.Ita faciã.Do.Sed videon
chremen?thais iam aderit.Pi.Q uid ita?Do.quia cũ inde abeo : iã
tum icepat turba inter eos.Pi. tu aufer aurũ hoc,ẽgo ſcibo ex hoc
quid ſiet.   ❨Chremes   ❨Pithias

H Tat data hercleverba mihi ſũt.vicit vinũ,qd̃ bibi.At dũ
    accubabã:quã videbar mihi pulchre ſobrius?Poſtquã ſur
    rexi:neq̃ pes neq̃ mens ſatis ſuũ officium facit.Pi.Chre
mes.Chre.Q uis eſt?ehem pithias.vah quãto nũc formoſiorvide-
re mihi quãdudũ?Pi.Certe tu quidẽ pol multo hilarior. Chr.Ver
bũ hercle'hocverũ:ſine cerere et libero friget venus.Sed thais mul
to anteuenit?Pi.An ne abiit iã a milite?Chre.Iãdudum ẽtatẽ.lites
ſunt facte inẽ eos maxime.Pi.nihil dixit:tu vt ſeq̃re ſeſe?Chre.ni
hil:niſi abiẽs mihi inuit.Pi.Eho nõne id ſat erat? Chre.at neſciebã
id dicere illã:niſi quia correxit miles : qd̃ intellexi minus.nam me
extruſit foras.Sed ecca ipſã video.mirorvbi ego huic ãteuorterim
          ❨Thais   ❨Chremes   ❨Pithias.

O Redo equidem illum iam adfuturum eſſe:ut illam a me
    eripiat.ſine.veniat.atqui ſi illam digito attigeritvno:ocu
    li ilico effodientur. Vſq̃ adeo ego illius ferre poſſum in-
eptias,et magnificaverba,verba dum ſint.Verum enim ſi ad rem
conferentur:vapulabit.Chre.thais ego iamdudum hic adſũ. Tha
O mi chreme,teipſum expecto.Scin tu turbam hanc ꝓpter te eſſe
factam:et adeo a te attinere hanc omnem rem?Chre.Ad me? qui
quaſi ego iſtuc. Tha.quia dum tibi ſororem ſtudeo reddere,ac re-
ſtituere:hęc atq̃ huiuſmodi ſũ multa paſſa.Chre.Vbi ea eſt?Tha

domi apud me.Chre.Hem.Tha.Quid eſt?educta eſt ita : vtite,il-
laq̃ dignum eſt.Chre.Quid ais?Tha.Id quod res eſt.hanc tibi do
no do.neq̃ repeto pro illa quicq̃ abs te p̃cii.Chre.Et habeſ?et refe
reſ thais a me(ita vti mẽrita es)grã.Tha.Ateni caue:ne puſq̃ hanc
a me accipias:amittas chreme.nam hęc ea eſt:quam miles a mevi
nunc ereptum venit.Abi tu ciſtellã pithias domo effer cum monu
mentis.Chre.Viden tu illum thais.Pi.Vbi ſita eſt?Tha.In riſco.
odioſa ceſſas?Chre.militẽ ſecum,atq̃ ad te quãtas video copias ad
ducere?atat.Tha.Num formidoloſus obſecro es mi homo.Chre.
Apageſis.egon formiduloſus?nemo eſt hoim qui viuat min?.Tha
atq̃ ita opus eſt.Chre.Au metuo qualẽ?tu me eſſe hominẽ exiſti-
mes.Tha.Immo hoc cogitato.qui cum res tibi eſt:peregrin? eſt.
minus potens quam tu.minus notus. minus amicorũ hic habens
Chre.Scio iſtuc.Sed tu quod cauere poſſis:ſtultum admittere eſt
Malo ego nos proſpicere quã huncvlciſci accepta iniuria.tu abi at
q̃ obſera oſtium intus: dum ego hinc trãſcurro ad forũ. volo ego
adeſſe hic aduocatos nobis.Tha.mane mane.Chre.Meli? ẽ.Tha
Mane.Chre.Omitte:iam adero.Tha.nihil opus eſt iſtis chremes.
hoc modo dic,ſororem eſſe illam tuam:et te paruã virginẽ amiſiſ-
ſe.nunc cognoſſe.ſigna oſtende.Pi.adſunt.Tha.cãpe.ſi vim faci
et:in ius ducito hominẽ.intellextin?Chre.probe.Tha.fac: animo
hæc vt preſenti dicas.Chre.faciã.Tha.attolle palliũ.perii.huicipſi
opus patrono eſt:quem defenſorem paro.

    ❡Traſo ❡Gnato ❡Thais ❡Sanga ❡Chremes.

Anccine ego contumeliam,tam inſignem in me accipiã
gnato?mori me ſatius eſt.ſimalio,dorax, ſyriſce ſequimi
ni primum ędes expugnabo.Gna.Recte.Tra.virginem
eripiam.Gna.probe.Tra.male multabo ipſã.Gna.Pulchre. Tra.
In medium huc agmen cum vecte dorax : tu ſimalio in ſiniſtrum
cornu tu ſyriſce in dextrũ.Cedo : alios ? vbi centurio eſt ſanga, et

manipulus furum?San.eccum adeft. Tra. Quid ignaue.peniculō
pugnare(qui iftunc huc portes)cogitas?San.Ego ne?impatoris vir
tutē noueram:etvim militū:fine fanguine hoc non poffe fieri.qui
abftergerē vulnera?Tra. Vbi alii?Gna. Qur(malum)alii?fol?fannio
feruat domū. Tra. Tu hofce inftrue.hic ego ero poft principia. inde oībus fignum dabo.Gna.Illuc eft fapere. vt hofce inftruxit?ip-
fus fibi cauit.Idē hoc iam pyrrhus factitauit. Chre. Viden tu thais
quam hic rem ait?nimirū ?filiū illud rectum eft,de occludendis ędi
bus.Tha.Sane qui tibi nuncvir videaf effe?hic nebulo magnus eft
ne timeas. Tra. qd videf?Gna. Fundā tibi nunc nimis vellem dari
ut tu illos procul hinc ex occulto cederes. facerēt fugam. Tra. Sed
eccam thaidē ipfam video.Gna. Quam mox inruimus. Tra. Mane. omnia prius experiri verbis:ā armis fapientē decet. Qui fcis:
an quę iubeam fine vi faciat?Gna.Di.noftram fidē?quanti eft fape
re?nunā accedo.quin abs te abeam doctior. Tra. Thais primū hoc
mihi refpōde.Cū tibi do iftā virginē:dixtin hos dies mihi foli dare
te?Tha.Quid tum poftea?Tra.Rogitas?quę mihi ante oculos co
ram amatorē adduxti tuū.Tha.Quid cū illo agas?Tra.et cum eo
clam te fubduxti mihi?Tha.libuit.Tra. Pamphilā ergo huc redde
ni vi mauis eripi. Chre.Tibi illā reddat:aut tu eā tāgas oim. Gna.
Ah quid agis?tace.Chre.quid tu tibi vis?Tra. Egon non tangam
meam?Chre.Tuam autē furcifer?Gna. Caue fis.nefcis:cui male-
dicas nuncviro.Chre.Non tu hinc abis?fcin tu: ut tibi res fefe habeat?fi quicquā hodie hic turbę feceris:faciam: ut huius loci dieię
meię femper memineris.Gna. Miferet tui me:qui hunc tantum
hominē facias inimicū tibi.Chre.Diminuā ego caput tuum hodie
nifi abis.Gna. Ain vero canis?fic agis? Tra.Quis tu homo es? qd
tibi vis?quid cum illa rei tibi eft?Chre.Scibis principio.eam effe dico liberam.Tra.Hem.Chre.Ciuem atticam.Tra.Hui.Chre.Meā
fororē.Tra.Os durum.Chre.Miles nunc adeo edico tibi : nevim

facias vllam in illam. Tha. ego eo ad fophronã nutricẽ : vt eam ad-
ducam : et figna oftendã hẽc. Tra. Tun me prohibeas : meã ne tan
gã?Chre. Prohibeo inquã.Gna. Audin tu?hic furti fe alligat . Chre
Satis hoc tibi eft?Tra. Idem tu hoc agis thais?Tha. Q uere, qui re-
fpõdeat. Tra. Q uid nunc agimus?Gna. Q uin redeamus. Iam hẽc
tibi aderit fupplicans vltro. Tra. Credin? Gna. Immo certe noui ingeniũ mulierũ. nolunt vbi velis : vbi nolis cupiũt vltro. Tra. Bene pu
tas.Gna. Iam dimitto exercitũ. Tra. Vbi vis.Gna. Sanga (ut fortis
decet milites)domi fociq; facviciſſim vt memineris.San. Iamdudũ
animus eft in patinis. Gna. Frugi es.San. Vos me hac fequimini.

(Thais   (Pithias

P Ergin fcelefta mecum pplexe loqui? fcio. nefcio. abiit. au
diui. ego non affui. Non tu iftuc mihi dictura aperte es :
quicquid eft?virgo confciſſa vefte lachrymans obticet eunuchus abiit. quamobrem?quid eft factũ? taces ? Pi. Q uid tibi ego
dicam mifera?illum eunuchum negant fuiſſe. Tha. Q uis fuit igitur? Pi. Ifte cherea. Tha. Q ui cherea? Pi. Ifte ephebus frater phæ-
drie. Tha. Q uid ais venefica? Pi. Atqui certe cõperi. Tha. quid is
obfecro ad nos : aut quãobrẽ adductus eft?Pi. Nefcio : nifi amaſſet
credo pamphilam. Tha. Hem mifera occidi. infœlix. fiqdẽ tu iftẽc
veta predicas. num id lachrymat virgo? Pi. Id opinor. Tha. Q uid
ais facrilega? iftuccine interminata fum hinc abiens tibi? Pi. Q uid
facerem?ita ut iufti : foli credita eft. Tha. Scelefta ouem lupo cõmi
fifti. difputet fic mihi data eſſe verba. Q uid illic hominis eft? Pi. He
ra mea. tace tace obfecro. falue fumus. habemus hominem ipfum
Tha. Vbi is eft?Pi. Hem ad finiftram. viden? Tha. Video. Pi. cõ-
prehendi iube : quantum potes. Tha. quid illo faciemus ftulta? Pi.
quid faciam, rogas? vide amabo, fi non(cum afpicias) os impudens
videtur? Tha. non eft. Pi. tum quæ eius confidentia eft.

(Cherea   (Thais   (Pithias.

Pud antiphonê vterqʒ pater et mater, quafi dedita operã
domi erant: ut nullo modo introire poffê: quin viderent
me. Interim dum ante oftium fto: notus mihi quidã ob-
uiãmvenit. vbi vidi: egomet in pedes(q̃tũ q̃ueo) erexi in angiportũ
quoddã defertũ. inde itê in aliud. inde in aliud. ita miferrim⁹fui: fu
gitando ne quis me cognofceret. Sed eft ne thais quã video? ipfa ê
hereo quid faciam. quid mea autê? quid faciet mihi? Tha. Adeam⁹
bonevir dore falue. dic mihi aufugifti? Che. Hera factũ. Tna. Satin id tibi placet? Che. Non. Tha. Credin hoc te impune abiturum?
Che. Vnam hanc amitte noxiam. fi aliam amifero vnquã: occidi-
to. Tha. Non meam feuitiã veritus es? Che. Nõ. Tha. Q uid igit̃?
Che. Hanc metui: ne me criminaret̃ tibi. Tha. quid feceras? Che.
paululũ quiddã. Pi. Eho paululũ impudês? an paululum hoc effe ti
bi videtur virginê vitiare ciuem? Che. Conferuã effe credidi. Pi. Con
feruã? vix me ꝓtineo. quin inuoluê in capillũ. monftrũ. etiam deri
fum vltro aduenit. Tha. Abi hinc infana. Pi. Q uid ita vero abeam?
credon ifti quicquã furcifero? ꝓfertim cum fe feruũ fateatur tuum?
Tha. Miffa iftæc faciamus. non te dignũ cherea fecifti. nam fi ego
digna hac ꝓtumelia fum maxime: at tu indignus, qui faceres tamê
neqʒ ędepol quid nunc confilii capiam: fcio de virgine iftac. ita con
turbafti mihi rationes oēs: vt eam non poffim fuis(ita vt equũ fue
rat: neqʒ ut ftudui)tradere: ut folidũ parerê hoc mihi b̃ificium che
rea. Che. At nunc dehinc fpero eternã inter nos gratiã fore thais.
Sepe ex huiufmodi re quapiã, et ex malo principio magna familia
ritas cõflata eft. Q uid fi hoc quifpiã voluit deus? Tha. Equidê pol
in eam partê accipioqʒ: et volo. Che. Immo ita quefo. Vnũ hoc fci
to, contumeliæ non me feciffe caufa: fed amoris. Tha. Scio: et pol
propterea nunc magis ignofco tibi. Non adeo inhumano fum ingenio cherea: neqʒ ita imperita: vt quid amor valeat, nefciã. Che. te
q̃ iam thais(ita me di bene amēt)amo. Pi. tum pol tibi abiftoc hera

cauendum intelligo.Che.Non aufim.Pi.Nihil tibi quicquã credo
Tha.Definas.Che.Ego me tue cõmendo:et cõmitto fidei. Nunc
ego tę in hac re mihi oro vt adiutrix fies. te mihi patronã capio tha
is.et obfecro emoriar:fi non hancvxorē dụxero. Tha. Tamē fi pa
ter.Che. Quid?ah volet: certo fcio: ciuis modo hæc fit. Tha.Paulu
lum operirier fivis:iam frater ipfe hic aderit virginis. nutricē accer-
fitum it:que illam aluit paruulã. In cognofcendo tute ipfe hic ade
ris cherea.Che.Ego vero maneo.Tha.Vis ne interea(dum venit)
domi operiamur potius:quã hic ante oftium?Che. Immo pcupio
Pi. Q uã tu rem actura es obfecro? Tha.Nã quid ita? Pi.Rogitas?
hunc tu in ędis cogitas recipere poft hac?Tha.Cur non? Pi.Crede
hoc meę fidei:dabit hic pugnam aliquã denuo. Tha.Au tace obfe
cro.Pi.Parum pfpexiffe eius videre audaciam. Che.Non faciã pi-
thias.Pi.Nõ pol credo cherea: nifi fi cõmiffũ non erit.Che.Q uiñ
pithias tu me feruato.Pi.Neq; pol feruandum tibi quicquam dare
aufim:neq; te feruare. Tha·Appagete.adeft optime ipfe frať.Che
Perii hercle.obfecro abeamus intro thais.nolo me in via cum hac
veftevideat.Tha.Q uamobrem tandem?an quia pudet? Che. Id-
ipfum.Pi.Idipfumvirgovero.Tha. I præ.fequor.tu iftuc mane:
ut chremē introducas pithias.

¶Pithias ¶Chremes ¶Sophrona nutrix

Vid quid venire in mentē nunc poffit mihi?quidnã?quid
referã facrilego illi gratiã:qui hũc fuppofuit nobis.Chre.
Moue vero ocius te nutrix.So.Moueo.Chre. Video. fʒ nihil pro
moues.Pi.Iam ne oftēdifti figna nutrici?Chre.Oïa. Pi.amabo qd
ait?cognofcit ne?Chre.Ac mēoriter.Pi.Bñ edepol narras.nam illi
faueo virgini.ite intro.iamdudũ hera vos expectat domi.Virũ bonum eccũ parmenonē incedere video.vide vt ociofus fit.Si dis pla
cet fpero me habere:qui hũc meo excruciē modo.ibo intro: de re
cognitione vt certũ fciam.poft exibo:atq; hunc pterrebo facrilegũ.

Euiſo quidnā cherea hic rerum gerat. cp ſi aſtu rem trac-
tauit:diveſtrā fidem:quātā, et q̄ueram laudē capiet parmeno?Namvt omittā: cp ei amorem difficilimū et cariſſi
mum à meretrice auara. virginē quā amabat eam confeci ſine mo
leſtiā,ſine ſumptu,ſine diſpēdio. Tum hoc alterū. id vero eſt quod
ego puto mihi palmariū me repeñſſe quō adoleſcētulus meretricū
ingenia,et mores poſſet noſcere mature:vt cum cognorit:perpe-
tuō oderit. Q uæ dum foris ſunt:nihilvidetur mūdius:nec magis
cōpoſitū quicquā:nec magis elegans.que cum amatore ſuo cū cœ
nant:ligurriunt.harū videre ingluuiē,ſordes inopiam: quā inhone
ſte ſole ſint domi,atqʒ auide cibi: quo pacto ex iure heſterno panē
atrumvorent:noſſe omnia hęc ſalus eſt adoleſcētulis . Pi.Ego pol
te pro iſtis dictis,et factis ſcelꝰvlciſcar : vt ne ipune in nos inluſeris

Roh deum fidem,facinus fedum.o infœlicem adoleſcē-
tulū:o ſceleſtum parmenonē:qui iſtū huc adduxit.Par
quid eſt?Pi.Miſeret me.itaqʒvt ne id viderē:miſera huc
effugi foras:quę futura exempla dicunt in eum indigna?Par.O iu
piter quę illec turba eſt:nūnā ego periī?adibo.Q uid iſtuc.Pithias
quid ais?in quē exempla fient? Pi.Rogitas audaciſſime ? perdidiſti
iſtum:quē adduxti pro eunucho adoleſcētulū:dū ſtudes dare verba nobis.Par.Q uid ita?aut quid factū eſt? cedo. Pi.Dicā. virginē
iſtam(thaidi hodie quæ dono data eſt)ſcis eam ciuē hinc eſſe: et fra
trē eius eſſe apprime nobilē?Par.Neſcio.Pi.Atqui ſic inuenta eſt.
eam iſte vitiauit miſer.ille vbi id reſciuit factū frater violentiſſimus .
Par.Q uidnā fecit?Pi.colligauit primū eū miſeris modis. Par.Col
ligauit?Pi.atqʒ eqdē fecit orāte(vt ne id faceret)thaide. Par.Q uid
ais?Pi.Nunc minitatur porro ſeſe id facturū: quod mœchis ſolet.
qd ego nūq̄ vidi fieri:neqʒ velim. Par.Q ua audacia tantū facinus

audet?Pi.Quid ita?tantu?Par.An non tibi hoc maximũ eſt ? quis
homo pro mœchovnquã vidit in domo meretricia depͣhendi qué-
quã.Pi.Neſcio.Par.At ne hoc neſciatis pithias:dico.edico vobis
noſtrũ eſſe herilͤ filiũ.ͤPar.hem obſecro an is eſt?Par.Ne quã in il
lum thaisvim fieri ſinat.atq; adeo autͤ cur nõ egomet intro eo?Pi
Vide parmeno quid agas:ne neq; illi profſis:et tu pereas.nam hoc
putant(quicquid factum eſt)a te eſſe ortum.Par.Quid igitur faciã
miſer:quidue incipiam?Ecce autͤ rurevideo redeũtͤ ſenem.Di-
cam huic an non?dicam hercle:et ſi mihi magnũ malum ſcio pa-
ratum.ſed neceſſe eſt:huicvt ſubueniat.Pi.Sapis.ego abeo intro.
tu iſti narrato omnͤ ordinem:vt factum ſit.

     ❡Laches ſenex   ❡Parmeno

E X meo propinquo rure hoc capio comodi:neq; agri/ne
    qͣvrbis odium mevnquã pͨcipit.Vbi ſatias cœpit fieri cõ
muto locum.ſed eſt ne ille pmeno?et certe ipſus eſt.Quͤ preſtolare parmeno hic ãte oſtium?Par.Quis homo eſt?ehem.ſaluũ ͤt
adueniſſe here gaudeo.La.Quem preſtolare?Par.Perii.lingua hͤ
ret metu.La.hem quid eſt?quid tu trepidas?ſatin ſalue:dic mihi?
Par.Here primũ te arbitrari id quod res eſt velim.Quicqd huius
factum eſt:culpa non factum eſt mea.La.Quid?Par.Recte ſane
interrogaſti.oportuit rem prenarraſſe me.emit quͤdã phedria eu-
nuchum:quem dono huic/daret.La.Cui?Par.Thaidi.La.Emit.
perii hercle.quanti?Par.Viginti minis.La.Actum eſt.Par.Tum
quandã fidicinam amat hic cherea.La.hem.quid?amat?an ſcit iã
ille quid meretrix ſiet?an in aſtu vͤit?aliud ex alio malũ.Par.Here
ne me ſpectes.me impulſo re hac nõ facit.La.Omitte de te dicere
ego te furcifer ſiviuo:ſed iſtud(quicquid eſt)primũ expedi.Par.Is
pro illo eunucho ad thaidͤ deductus eſt.La.Pro eunuchon?Par.
Sic eſt.hunc pro mœcho poſtea compͣhendere intus:et cõſtrinxe
re.La.Occidi.Par.Audaciam meretricum ſpecta.La.Nunqd eſt

aliud mali damniue: quod non dixeris reliquum?Par. Tantum eſt
La.Ceſſo huc intro inrumpere.Par.Nõ dubium eſt quin mihi ma
gnum ex hac re ſit malum: niſi quia neceſſe hoc fuit facere.id gau
deo:propter me hiſce aliquid eſſe euenturũ mali.Nam iam diu ali
quã cauſã q̃rebat ſenex: q̃obrē aliquid inſigne faceret.is nũc reppit

¶Pithias   ¶Parmeno.

Vnq̃ edepol quicq̃ iamdiu quod magisvellē euenire mĩhi euenit.q̃ q̃ modo ſenex intro ad nosvenit errans.mi-
hi ſole ridiculo fuit:q̃ qd timeret ſciebã.Par.quid hoc autē eſt?Pi.
Nunc id prodeo:ut q̃ueniã parmenonē.Sed vbi obſecro.eſt?Par.
Me q̃rit hæc.Pi.Atq̃ eccũ video.adibo. Par.Q uid eſt inepta?qd
tibi vis?quid rides?pgin.Pi.Perii.defeſſa iam ſum miſera ridēdo te
Par.Q uid ita?Pi.Rogitas?nũq̃ pol hoiem ſtultiorem vidi:necvide
bo.ha nõ ſatis poteſt narrari:quos ludos p̃bueris intus.At etiã pri
mo callidũ,ac diſertũ credidi hoiem.Q uid?ilico ne credere ea quæ
dixi,oportuit te?an penitebat flagitii te auctore:quod feciſſet adole
ſcēs:ni miſerũ inſup etiã patri indicares?nam quid illi credis animi
tum fuiſſe.vbi veſtē vidit illã eſſe eũ indutũ pater?quid eſt? iam ſcis
te periſſe?Par.Hem qd dixti peſſima?an mētita es?etiã rides?ita ne
lepidũ tibi viſũ eſt ſcelus nos inridere? Pi.Nimiũ.Par. Si qdē iſtuc
impune habueris.Pi.Verũ.Par.Reddã hercle. Pi.Credo.ſed in di
em iſtuc parmeno eſt fortaſſe:quod minitare.tu iam pēdebis: qui
ſtultũ adoleſcentulũ nobilitas flagitiis:et eundē indicas. vterq̃ exē
pla in te edēt.Par.Null⁹ſum.Pi.hic pro illo tibi munere honos eſt
habit?.abeo.Par.Egomet meo iudicio miſer(q̃ſi ſorex)hodie perii.

¶Gnato   ¶Traſo.

Vid nũc?qua ſpe aut quo p̃ſilio huc imus? quid inceptas
traſo?Tra.Ego neſut thaidi me dedã: et faciã quod iube
at.Gna.Q uid eſt?Tra.Q ui minus:quam hercules ſer-
uiuit omphale?Gna.Exemplũ placet. vtinam tibi cõmitigari videã

e.i.

fandalio caput. Sed quid fotes crepuerūt ab ea? Tra. Perii.qd hoc
autem eſt mali?hunc ego nunquā videram. etiam quidnā hinc pro
perans proſiliit?

              ¶Cherea   Parmeno ¶Gnato   Traſo.

O Populares. ecquis me hodie viuit fortunatior? nemo hercle quiſquā. Nam in me plane di poteſtatem ſuam oēm
oſtendere: cui tam ſubito, tot contigerunt comoda. Par.
Qui hic letus eſt?Che. O parmeno mi. o mearū voluptatum oīm
inuentor, inceptor, perfector: ſcis me in quibus ſim gaudiis?ſcis pā
philam meām inuentam ciuem?Par. Audiui. Che. ſcis ſponſā mi
hi?Par. Bene(ita me di bene ament)factum. Gna. Audin tu hic qd
ait?Che. Tum autem phedrię meo fratri gaudeo eſſe amorē omnē
in tranquillo. vna eſt domus. thais ſe patri cōmendauit in clientu-
lam: et fidem nobis dedit ſe.Par.Fratris igitur thais tota eſt? Che.
Scilicet. Par. Iam hoc aliud eſt: quod gaudeam⁹. miles pelletur fo
ras. Che. Tum tu frater(vbiubi eſt)fac q̄primū hec audiat.Par. Vi
ſam domum. Tra. Nunquid gnato dubitas: quin ego nunc perpe
tuo perierim?Gna. Sine dubio opinor. Che. quid cōmemorem pri
mum, aut laudem maxime?illum qui mihi dedit conſilium vt facerem: an me qui auſus ſim incipere: an fortunā collaudem: quæ gu
bernatrix fuit: quæ tot res tantas, tam oportune, in vnum conclu-
ſit diem: an mei patris feſtiuitatem, et facilitatē? O iupiter ſerua ob
ſecro hęc bona nobis.

         ¶Phedria   ¶Traſo   ¶Cherea ¶Gnato.

D Iuoſtram fidem: incredibilia parmeno modo quę narrauit ſed vbi eſt frater?Che.Preſto adeſt.Phe.Gaudeo. Che
Satis credo. Nihil eſt thaide hac frater tua dignius: quod
ametur. ita noſtre omni fautrix eſt familie. Phe. Hui mihi illā laudas? Tra. Perii. q̄to minus ſpei mihi eſt : tantomagis amo. obſecro
gnato. in te ſpes eſt. Gnato. quid vis: faciam. Tra. Perfice hoc preci

)

bus,aut precio: vt hereā in parte aliqua tandem apud thaidē.Gna.
Difficile eſt. Tra.ſi quid collibuit facile eſt.noui te. hoc ſi effeceris:
qd̄ vis donū,p̄miū a me optato.id optatū feres. Gna.Ita ne? Tra.
Sic erit.Gna.Si efficio; hoc poſtulo: ut tuꝰ mihi domus te preſēte,
te abſente pateat inuocato: vt ſit locus ſemp. Tra.Do fidē futurū.
Gna.Accingar.Phe.quē ego hic audio?o traſo. Tra.ſaluete: Phe.
tu fortaſſe que facta hic ſunt neſcis. Tra.Scio.Phe.Cur te ergo in
his ego ꝑſpicio regionibus? Tra. Vobis fretus. Phe.Scin q̄fretꝰ miles?edico tibi: ſi te in platea offendero hac poſt vnq̄: nihil ē ꝙ dicas
mihi: alium querebā.iter hac habui.periſti.Gna. Eia haud ſic decet
Phe.Dictum eſt.Gna.Non cognoſcoveſtrū genus tam ſuperbum
Phe.ſic erit.Gna.Prius audite paucis: quod cum dixero ſi placue-
rit facitote.Phe.Audiamus. Gna. Tu ꝯcede paululum iſtuc traſo.
Principio egovos ambos credere hoc mihivehemētervolo.me huius quicquid faciam: id facere maxime cauſa mea. verū ſi idēvobis
prodeſt: vos nō facere inſcitia eſt.Phe.Q̄uid eſt?Gna. Militē ego
riualē recipiundū cenſeo.Phe.hem recipiundū?Gna.Cogita modo
Tu hercle cum illa phedria et libēterviuis: eteni bene libentꝰvictitas
quod des paululū eſt: et neceſſe eſt multū accipere thaidem.ut tuo
amori ſuppeditare poſſit ſine ſumptu tuo,ad oīa hæc magis opor-
tunus,nec magis exvſu tuo nemo poteſt.principio et habet qd̄ det
et dat nemo largius.factus eſt,inſulſus,tardus.ſtertit noctes et di-
es.neꝗ iſtum metuas: ne amet mulier.facile pellas: vbi velis.Phe
Q̄uid agimus?Gna. Pręterea hoc etiā qd̄ egovel primū puto:acci
pit hoiem nemo meliꝰprorſū,neꝗ prolixius.Phe.Mirū,ni illoc ho
mine quoquo pacto opus eſt.Che.Idē ego arbitror.Gna. Recte fa
citis.Vnū etiāvos oro: ut me inveſtrū gregem recipiatis.Satis diū
iam hoc ſaxumvoluo.Phe.Recipimus.Che.Ac lubēter.Gna.At
ego pro iſtoc phedria,et tu cherea hunc comedēdū et deridēdūvo-
bis ꝓpino.Che.Placet.Phe.Dignus eſt.Gna.traſo,vbivis accede.

Tra.Obſecro te qd agimus ? Gna. quid?iſti te ignorabãt. poſtq̃ eis
mores oſtẽdi tuos: et ꝑlaudaui ſecũdũ facta acvirtutes tuas : impe
traui.Tra.Benefeciſti.gratiã habeo maximã.Nunquã etiã fui nuſ
quã : qn me oẽs amarint plurimũ.Gna.Dixq̃n ego in hoc ineſſe vo
bis atticam eloquentia? Phe.nihil pretermiſſum eſt.Gna.Ite hac.
Vos valete.plaudite.Caliopi recenſui.

⁊Publii Terentii Afri poetę Comici He-
autontymorumenon incipit feliciter.

⁊Acta ludis megalenſibus.L.Cornelio lentulo.L.Valerio flacco ędilibus currilibus.egere.L.Ambiuius turpio.L.Attilius Preneſtinus. modos fecit Flaccus Claudi acta prima tibiis imparilibus
deinde duabus dextris græca eſt menandri facta ſecunda. M. Iu-
nio.T.Sempronio Conſulibus.

Io.CalphurniiBrixieaſisViri Clar.In.P.Sexti Te
rentii Heautontimorumenon examinata interꝑtatio.

IN Militiã Proficiſci.Hec fabulaMenãdri greca:que facta aTerentio
latina : nomẽ idem obſeruauit:ne greci nois euphoniã pderet.QuodTe
rentius minus laudis exiſtimaret ꝑpria ſcribere:quã greca trãfferre:No
men habet a ſene ſeipſum excruciante ob filii abſentiã : quẽ amantẽ duritia ſua
in militiã ꝑficiſci cõpulerat.Heautontimorumenos:latine ſeipſum excrutiãs in
terpretat.Illud aĩaduertẽdũ oẽs terẽtianas fabulas exvtroꝗ genere mixtas pre
ter hanc.Nam comedie aut motorie ſunt aut ſtatarie:aut mixte.Motorie tur-
bulente:ſtatarie quietiores:mixte exvtroꝗ actu cõſiſtentes.in hac que plurimũ
delectat et actu et ſtilo prime partes ſuntMenedemi et chremetis:ſecũde Clinie
et Clitiphonis.tertie Syri:et ſic deinceps.hec etiã vt cetere quꝗ actus habet. Pro
logum ꝑcitatũ.Nam et ſe purgat:et in ledendis aduerſariis eſt occupatus.Ar-
gumentum quoꝗ non ſimplicis negotii habet:necvnius adoleſcentis vt in ecyra
ſed duorum vt in ceteris fabulis.

CHremes grauide vxoris olim interminatus ſi puellã pareret nolle tolli.
At illa clam anui corinthie nutriendã dedit.hanc adultã Clinia inuito
patre amare cepit: cuius duritia et aſſiduis iurgiis in militiã profici-
ſci compulſus eſt.Poſtea facti patrẽMenedemũ adeo penituit:ut oĩa vẽderet:
et agrum emeret:in eo ſe exerceret:ut ſic filii iniuriam vlciſceret.paulo poſt reuertitur Clinia:et clam patre diuertitur apud Clitiphonẽ:qui ⁊ ipſe amabat ſcor
tum Bacchidem.Mittit accerſitum cupitamAntiphilã Clinia:cum qua et Bac
chis vna venit.hanc adoleſcentes Clinie amicã ſimulãt Syri technis.Antiphila

ad matrē deducit:cuius occasione Syrus.x.minas meretricule aufert a chreme-
te:dehinc Antiphila clitiphonis soror reperitur:et Clinie invxorem datur Chre
mes Bacchidem a clitiphone amari animaduertit:irascitur:minatur:sed et Me
nedemo adhortante filio ignoscit:et aliam illi dat coniugem ❡In primo actu
agitur de cōiunctione senum:videlicet Menedemi:et chremetis:simul et de ami
citia et familiaritate adolescentum:in qua Clitiphō ardentissimus ostendit. Se-
cundus actus continet:quemadmodum adolescentes amicas receperint : simul
et Syri callidum consilium. Tertius actus exprimit Syri fallaciam in chremetē.
ut Bacchidem credat clinie esse amicam:et antiphilam arraboni Bacchidi relictam esse putet pro argento:quod anum corinthiam meretrici,debere finxit. In
quarto actu agitur de recognitiōe antiphile:et de extorsiōe argenti:quod Bacchi
di clitipho,pmiserat. Quintus vero actus ptinet oīum rerū puersiōe ad iocūdos
exitus:patefacta cūctis cognitiōe gestorū:et quēadmodum Antiphilamvxorē
clinia duxerit. Clitiphovero dimissa Bacchide aliam acceperit.

❡Argumentum

IN militiā proficisci natum cliniam amantē antiphilā com
pulit durus pat́.animiq̦ sese angebat,facti penitēs.Mox
ut reuersus est:clam patre,diuertis ad clitiphonē.is amabat scortū
bacchidē.Cum accersiret cupitā antiphilam clinia:vt eius bachisve
nit amica:ac seruule habitum gerens antiphila.fictum id: quo patrem suum celaret clitipho.hic technis siri decē minas meretricule
aufert a sene.antiphila clitiphonis reperitur soror.hanc clinia : aliā
clitiphovxorem accepit.

❡Prologus

DE cuivestrū sit mirum:cur partes seni poeta dederit:que
sunt adolescentium:id primum dicam.deinde quid veni
eloquat́. Ex integra grę̄ca integrā comœdiā hodie sum acturus he
autontymorumenon duplex quę ex argumento facta est simplici.
nouam esse ostendi : et que esset.nunc qui scripserit.et cuia grǣca
sit:ni partē maximā existimarē scireuestrū:id dicerē. Nunc q̄obrē
has partes didicerim:paucis dabo.Oratorē esse voluit me non pro
logum. vestrum iudicium fecit.me actorē dedit. Sed hic actor tan
tum poterit a facūdia:quātū ille potuit cogitare comode:qui ora

tionē hānc ſcripſit:quā dicturus ſum.nam quod rumores diſtule-
runt maliuoli:multas ꝑtaminaſſe gręcas:dum facit paucas latinas
id eſſe factum hic non negat:neꝗ ſe id pigere:et deinde facturum
autumat.Habet honorē exemplum:quo ęxemplo ſibi licere id fa
cere quod illi fecerunt:putat.Tum quod maliuolus vetus poęta di
ctitat:repente ad ſtudium ſe applicaſſe hunc muſicū : amicū ingenio fretum haud natura ſua:arbitrium veſtrum, veſtra exiſtimatio
valebit.Quare oēs vos oratos volo:ne plus iniquū poſſit q̄ equum
oratio.facite ęqui ſitis.date creſcēdi copiā nouarū:qui ſpectandi fa
ciunt copiam ſine vitiis.Ne ille pro ſe dictum exiſtimet: qui nuper
fecit ſeruo currēti in via deceſſiſſe populū.Cur inſano ſeruiat? de illius peccatis plura dicet:cum dabit alias nouas:niſi finē maledictis
facit.Adeſte æquo aio.date poteſtatē : mihi ſtatariā agere vt liceat
per ſilentiū:ne ſemp ſeruus currēs,iratus ſenex,edax paraſitus,ſi-
cophanta autē impudēs,auarus leno aſſidue agendi ſint ſeni clamo
re ſummo,cum labore maximo.meā cauſa cauſā hanc iuſtam eſſe
animū inducite:ut aliqua pars laboris minuaȴ mihi.Nam nūc nouas qui ſcribunt:nihil parcunt ſeni.ſi qua laborioſa eſt: ad me cur
riȴ.Sin leuis eſt:ad alium deferȴ gregē.in hac eſt pura.oratio. Ex-
perimini in vtrāꝗ partē ingeniū quid poſſit meum.Si nunꝗ auare
precium ſtatui arti mæ:et eum eſſe quæſtum in animū induxi ma
ximum,q̄maxime ſeruire veſtris comodis:exemplū ſtatuite in me
vt adoleſcentuli vobis placere ſtudeant potius quàm ſibi.

<table>
<tr><td>⟮Chremes</td><td>⟮Menedemus.</td></tr>
</table>

Quanquā hęc inter nos nuper notitia admodum eſt:inde
adeo ꝙ agrum in proximo hic mercatus es : nec rei fere
ſane amplius quicquam fuit:tamen vel virtus tua me vel
vicinitas(quod ego in ꝓpinqua parte amicitię puto)facit: ut te audacter moneam,et familiariter: ꝙ mihi videre preter ętatem tuam
facere et ꝓterquā res adhortaȴ tua.Nam proh deum atꝗ hominū

fidem: quid vis tibi? quid q̄ris? annos fexaginta nactus es : aut plus
ęo: ut conicio. agrum in his regiōibus meliorē neqꝛ precii maioris:
nemo habet: feruos cōplures. Proīde quafi nemo fiet: ita attēte tu
te iſtorū officia fungerę. Nunꝗ tam manæ egredīor: neqꝛ tā vefperi
domū reuertor: quin te in fundo ꝓfpicer fodere: aut arare: aut aliquid ferre. Deniꝗ nullū remittis tp̄s: neqꝛ te refpicis. hęc nō voluptati tibi effe fatis, certo fcio. At dices eni me quātū hic operis fiat
penitet. quod in ope facundo opæ ꝓfumis tue: fi fumas in illis ex-
ercendis: plus agas. Me. Chreme tantū ne eſt ab re tua ocii tibi: aliena vt cures: ea quę nihil ad te attinēt. Chre. Homo fum. humani
a me nihil alienū puto. vel me monere hoc: vel pconctari puta. Re
ctum eſt, ego vt faciam. nō eſt, te vt deterreā. Me. Mihi fic eſt vfus
tibi vt opus eſt facto: face. Chre. An cuiꝗ eſt hoi vfus: ut fe cruciet
Me. mihi. Chre. Siquid laboris eſt: nollē fed quid iſtuc mali ē quæ
fo? qd de te tātū meruiſti? Me. eheu. Chre. ne lachryma. atqꝛ iſtuc
(quicquid eſt) fac me vt fciam. ne retice. ne verere. crede inꝗ mihi.
aut ꝓfolando, aut cōfilio, aut re te iuuero. Me. Scire hoc vis? Chre.
Hac quidē caufa: qua dixi tibi. Me. Dicet̃. Chre. At iſtos raſtros
interea tāmē appone. ne labora. Me. minime. Chre. Q uam rem
agis? Me. Sine: vacuū tp̄s ne qd dem mihi laboris. Chre. Nō finā
inquā. Me. Ah nō ęquū facis. Chre. Hui tam graues hos q̄fo? Me
Sic meritum eſt meū. Chre. Nunc loquere. Me. Filiū vnicū adole-
fcentulum habeo. Ah quid dixi habere me? Immo habui chreme.
nunc habeā nec ne: incertū eſt. Chre. Q uid ita iſtuc? Me. Scies. eſt
e corinto hic aduena anus paupcula. eius filiā ille amare cœpit pdi
te: prope iam vt pro vxore haberet. Hec clam oia. vbi id refciui: cœ
pi non humanitus: neqꝛ ut animū decuit ægrotū ạdolefcentuli tra
ctare. fed vi et via puulgata patrū quotidie accufabam. hem tibi ne
hęc diutius licere fperas facere? me viuo patre: amicā vt habeas pro
pe iam in vxoris loco? erras, fi id credis: et me ignoras clinia. Ego te

e. iiii.

meum esse dici tantispervolo:dűm quid te dignum est,facies. sed
si non facis : ego quid me in te sit facere dignum inuenero. Nulla
adeo ex te istuc sit : nisi ex nimio ocio . Ego istuc ętatis non amori
operam dabam:sed in afiam hinc abii propter pauperie:'atꝗ ibi simul rem et gloriam armis belli repperi. Postremo adeo res rediit.
adolescentul⁹ sępe eadē,et grauiter audiēdo victus est. Putauit me
et ætate,et beniuolentia plus scire: et prouidere ꝗ seipsū sibi. in asiā
ad regē militatū abiit chreme.Chre. Q uid ais?Me. Clā me est pro
fectus.menses tres abest.Chre. Ambo accusandi.et si illud inceptū
tamen animi est pudentis signum,et non instrennui. Me. Vbi cō
peri ex his qui fuere ei ꝓscii:domū reuertor moestus. atꝗ animo se
re ꝑturbato atꝗ incerto.pre egritudine assideo.accurrunt serui:soc
cos detrahunt. video alios festinare lectos sternere. coenā apparare
pro se quisꝗ sedulo faciebat:quo illam mihi lenirent miseriā. Vbi
video hæc:coepi cogitare. hem tot mei solius solliciti sunt causa vt
mevnum expleant?ancille tot me vestiant ? sūptus domi tātos ego
solus faciam?sed gnatū vnicū(quē pariter vti his decuit, aut etiā am
plius:ꝗ illa etas magis ad hec vtēda idonea ē) eū ego hinc eieci mi
serū iniustitia mea . malo qdē me dignū quouis deputē: si id faciā.
Namvsꝗ dum ille vitam illam incolet inopē, carēs patria ob meas
iniurias:intereavsꝗ illi de me suppliciū dabo,laborans pcēs, ꝗrens
illi seruiēs.Ita facio.prorsus nihil relinquo in ædibus:nec vas, nec
vestimētū.cōrasi oia:ancillas seruos. nisi eos qui ope rustico faciū-
do facile sumptū exercerēt suū.Oēs ꝓduxi:ac vēdidi.inscripsi ilico
edes mercede. ꝗsi talēta ꝗndecim coegi. agrū hunc mercatus sum
hic me exerceo. decreui tantisper me minus iniuriæ chremes meo
gnato facere : dum fiam miser.nec fas esse, vlla me voluptate hic
frui:nisivbi ille huc saluus redierit meus pticeps.Chre. Ingenio te
esse in liberos leni puto:et illum obsequētē:si quis recte, ac como-
de tractaret. Verū neꝗ tu illū satis noueras:nec te ille: hoc ibi sit:

vbi non recte viuitur. Tu illum nunq̃ oſtendiſti quãtipẽderes. nec
tibi ille credere eſt auſus: que eſt ęquum patri. Q uod ſi eſſet factũ
hæc nũquã eueniſſent tibi. Me. Ita res eſt. fateor. peccatũ a me ma
ximum eſt. Chre. Menedeme, at porro recte ſpẽro et illum tibi ſal
uum adfuturum eſſe hic confido propediẽ. Me. Vtinã ita di faciãt
Chre. Faciẽt. nunc ſi eſt comodum: dionyſia hic ſunt. hodie apud
me ſisuolo. Me. Non poſſum. Chre. Cur. non? queſo tandem ali
quantulũ parce tibi. Idẽ abſens facere te hocvult filius. Me. Nõ cõ
uenit: qui illum ad laborẽ ipulerim: nunc me ipſum fugere. Chre
Siccine eſt ſentẽtia? Me. Sic. Chre. Benevale. Me. Et tu. Chre. La
chrymas excuſſit mihi. miſeretq̃ me eius. Sedvt diei tp̃us eſt: mo
nere me huncvicinũ phaniã, ad cœnamvtveniat. ibo, ut viſã ſi do
mi eſt. Nihil opus fuit monitore. iamdudũ domi p̃ſto apud me eẽ
aiunt. Egomet cõuiuas moror. ibo. hinc intro. Sed quid crepuẽrũt
fores? hinc a me quinam egreditur? huc conceſſero.

          ¶Clitipho   ¶Chremes

Ihil adhuc eſt quodvereare clinia: haud quaquã etiã ceſ
ſant. et illã ſimul cum nũcio tibi hic ego adfuturã hodie
ſcio. Proin tu ſollicitudinẽ iſtã falſã(que te excruciat)mittas. Chre.
Q ui cum loquit̃ filius? Cliti. Pater adeſt: quẽvolui. adibo. p̃ opor
tune aduenis. Chre. Q uid id eſt? Cli. Hunc menedemũ noſtin, no
ſtrum vicinum? Chre. Probe. Cli. huic filium ſcis eſſe? Audiui eſſe
in aſia. Cli. Non eſt pater. apud nos eſt. Chre. Q uid ais? Cli. Aduẽ
nientẽ e naui egredientem ilico abduxi ad cœnam. nam mihi cum
eo iam indevſq̃ a pueritia fuit ſemp familiaritas. Chre. Voluptatẽ
magnã nũcias. quãvellẽ menedemũ inuitatũ: ut nobiſcũ eẽt: ãpli
usvt hãc letitiã nec opinãti p̃mus obiicerẽ ei domi. atq̃ etiam nũc
tp̃s eſt. Cli. Caue faxis. nõ opus eſt pater. Chre. Q uapropter? Cli.
Q uia eni icertũ ẽ etiã: qd ſe faciat. mõvẽit. timet oĩa. p̃ris irã: atq̃
animũ amicẽ ſe erga vt ſit ſue. eã miſere amat. p̃pter eã hæc turba

atq3 abiitio euenit.Chre.Scio.Cli.Nunc feruulū ad eam in vrbem
mifit:et ego noftrum vnà fyrum.Chre.Q uid narrat?Cli.quid ille
miferum fe effe.Chre.Miferum?quem minus crederem.quid reliqui eft:quin habeat,quæ quidē effe in hoiɇ dicunt bona : parētes
patriam incolumē,amicos,genus,cognatos,diuitias? atq3 hæc pinde funt:ut illius animus eft:qui ea poffidet.Q ui vti ſcit:ei bona.il
li qui non vtiɟ recte:mala.Cli.Immo ille fuit ſenex importun9fem
per.et nunc nihil magis vereor : quā nequid in illum iratus plus fa
tis faxit pater.Chre.ille ne?fed reprimā me.nam in metu effe hūc
illi eft vtile.Cli.Q uid tute tecum?Chre.Dicam. vtut erat:māſum
tamē oportuit.fortaffe aliquāto iniquior preter eius libidinē:pate-
retur.Nam quē ferret: ſi parentē non ferret fuum? hunccine erat
æquū ex illius more:an illum ex huius viuere? Et quid illū inſimu-
lat durū:id nō eſt.Nā parētū iniuriæ vnius modi funt ferme:pau-
lo qui eft homo tolerabilis.ſcortari crebro nolunt.nolūt crebro cō-
uiuarier.prebēt exigue ſumptū.atq3 hæc funt tum ad virtutē oīa.
Verum ānimus vbi femel fe cupiditate deuinxit mala:neceffe ē cli
tipho ɔſilia cōfequi ſilia. hoc ſcitū eft periclū ex aliis facere: tibi qd
ex vſu fiet.Cli.Ita credo.Chre.Ego ibo hinc intro : vt videā nobis
cœne qd fiet.tu ut tp̄s eft diei: vide ſis: ne quo hinc abeas longius

ℂClitipho

Q Vam iniq funt p̄res in oēs adoleſcentis iudices?qui ɇquū
effe cēſent:nos iā a pueris ilico naſci ſenes.neq3 illarū affi
nes effe rerū:quas fert adoleſcētia?ex fua libidine moderanɟ, nunc
que ē:nō quɇ olim fuit.mihin ſi vnq̄ filius erit:ne ille facillime vte
tur p̄re? nā et cognoſcēdi,et ignoſcēdi dabiɟ peccatis locus.non vt
meus:qui mihi per aliū oſtēdit fuam ſentētiā.Perii.is mihi vbi ad
bibit plus paulo fua q̄ narrat facinora.nūc ait.piculū ex aliis facito.
tibi qd ex vſu fiet.aſtutɵ ne ille? haud ſcit : q̄ mihi nūc ſurdo narrat
fabulā.Magis nūc me amice dicta ſtimulāt:da mihi:atq3 affer mi-

hi.cui quid respondeã: nihil habeo.neqʒ me quiſquã eſt miſerior.
Nã hic clinia etſi his qͥ ſuarũ rerũ ſatagit:attamẽ habet bene,et pu
dice eductã,ignarã artis meretricie.meã eſt potẽs, ꝓcax magnifica
ſũptuoſa,nobilis.tum qͥ dem ei:recte eſt.nãm nͥl eſſe mihi,religio
eſt dicere.hoc ego mali nõ pridẽ inueni: neqʒ etiam dũ ſcit pater .

          ❡Clinia   ❡Clitipho

I mihi ſecunde res de amore meo eſſent: iamdudũ(ſcio)
veniſſent. ſed vereor:ne mulier me abſente hic corrupta
ſit.concurrunt multe opiniones:que mihi animum exangeant.oc
caſio,locus,etas,mater(cuius ſub imperio eſt)mala. Cui nihil iã pre
ter precium dulce eſt.Cliti.Clinia. Cli.Ei miſero mihi. Cliti.Etiam
caues:ne videat forte hic te a patre aliquis exiens. Cli.Faciam.ſed
neſcio quid profecto,mihi animus preſagit mali.Cliti.Pergin iſtuc
prius diiudicare quam ſcis quid veri ſiet. Cli.Si nihil mali eẽt : iam
hic adeſſet. Cliti.Iam aderit. Cli.Quando iſtuc erit: Cliti.Non co
gitas hinc longius abeſſe?et noſti mores mulierum:dum moliũtur
dum comantur annus eſt. Cli. O clitipho timeo. Cliti.Reſpira.ec
cum dromonem cum ſyrovna.adſunt tibi.

    ❡Syrus   ❡Dromo   ❡Clinia   ❡Clitipho.

In tu?Dro. Sic eſt. Syrus.Verum interea dum ſermo-
nes cedimus:illæ ſunt relictę.Cliti.mulier tibi adeſt.au
din clinia?Cli.Ego vero audio nunc demum:et video:
etvaleo clitipho. Sy. Minime mirũ.adeo impedite ſunt
ancillarum gregem ducunt ſecum.Cli. Perii. vnde illi ſunt ancille
Cliti.Men rogas? Sy. Non oportuit relictas.portant quid rerum.
Cli.Ei.mihi.Sy. Aurum,veſtẽ:etveſperaſcit:et nõ nouerũt viam
factũ a nobis ſtulte eſt. Abidum tu dromo illis obuiã ꝓpere. quid
ſtas.Cli. Ve miſero mihi:quanta de ſpe decidi.Cli. qd iſtuc?qͥ res
te ſollicitat aũt?Cli.Rogitas quid ſiet?viden tu ancillas aurũ, veſtẽ:
quã ego cũvna ancillula hic reliqui?vnde eſſe cẽſes?Cliti. Vah nũc

demū intelligo.Si.Di boni quid turbe eſt?ędes noſtrę vix capient :
ſcio. quid comedēt?quid bibent?quid ſene erit noſtro miſeri?? Sed
video eccos quos volebā.Cli. O iupiter vbi nam eſt fides?Dum ego
propter te errans: patriā careo demens : tu interea loci collocuple-
taſti antiphila te: et me in his deſeruiſti malis: propter quā in ſum
ma infamia ſum/et meo patri minus obſequens? Cuius nunc pudet me: et miſeret: qui harum mores mihi cantabat. monuiſſe fru
ſtra dolet : neqβ eum potuiſſe vnq̄ ab hac me expellere. quod tamē
nunc faciā. Tum cum mihi gratū eſſe potuit: nolui. nemo eſt miſe
rior me. Si. Hic de noſtris verbis errat : videlicet que hic ſumus lo-
cuti. clinia aliter tuum amorē atqβ eſt: accipis. Nam et vita eſt eadē
et animus ergà te idem/ac fuit: quantū ex ipſa re ꝓiecturā cœpim?
Cli. Q̄uid eſt obſecro?nam mihi nunc nihil rerum oīum eſt: quod
malim: quā me hoc falſo ſuſpicarier. Si. hoc primū vt ne quid hui?
rerum ignotes. anus(que eſt dicta mater ei antehac)nō fuit. ea obiit
mortē. hoc ipſa in itinere alteræ dū narrat: forte audiui. Cliti. Q̄uę
nam eſt altera?Si. mane. hoc quod cœpi: primū enarrarē clitipho.
poſt iſtuc veniā. Cli. Propera. Si. Iā ꝑmū oīm vbi vētū ad ędes eſt:
dromo pulſitat fores. anus q̄dā ꝓdit. hęc vbi aperuit oſtiū: continuo
hic ſe ꝓiecit intro. ego ꝓſequor. anus foribʒ obdit peſſulū. ad lanā re
dit. hinc ſciri potuit haud nuſq̄ alibi clinia: quo ſtudio vitā ſuā exe-
gerit te abſente : vbi de improuiſo eſt interuentū mulieri. nā ea res
dedit tū exiſtimandi copiā. quotidianę vitæ ꝓſuetudinē: que cuiuſqβ
ingeniū vt ſit: declarat maxime. texentē telam ſtudio ſe ipſā offen-
dimus. mediocriter veſtitā veſte lugubri. eius anus cauſa opinor: q̄
erat mortua. ſine auro tum ornatā: ita vti q̄ ornāt ſibi nulla malā re
eſſe expolitā muliebri. Capillus paſſus/ prolixus/ circū caput reiectʒ
negligēt. pax. Cli. Syre mi obſecro/ne me in lętitiā fruſtra cōicias.
An? ſubtegmē nebat. ꝑtereà vna ācillula erat. ea texebat vna pānis
obſita/neglecta/immūda illuuie. Cli. Si hęc ſūt clinia vera(ita vt cre-

do)quis te eſt fortunatior?ſcin tu hanc (quã dicit)ſordidatã et ſordi
dam?magnum hoc quoqʒ ſignum eſt dominã eſſe extra noxiam :
cum tam negligunſ eius internũtii. Nam diſciplina eſt iſdẽ mune-
rarier ancillas: primũ aḑ dñas que affectantⱽiam ꞏCli. Perge obſecro te: et caue ne falſam gratiã ſtudeas iniereʒ Quid ait: vbi me no
minas?Si. Vbi dicimus rediſſe te: et rogare vt veniret ad te: mulier
telam deſerit ꝓtinuo: et lachrymis opplet os totũ ſibi : vt facile ſci-
res deſiderio id fieri tuo. Cli. Pre gaudio (ita me di ament) vbi ſum
neſcio: ita timui.Cliti.At ego nihil eſſe ſciebam clinia.agedum vi-
ciſſim ſyre,dic que illa eſt altera? Si. Adducimus tuam bachidem.
Cliti. Hem quid?bachidem?eho ſceleſte quo illam ducis? Si. Quo
ego illam?ad nos ſcʒ.Cliti. Ad patrẽ ne.Si. ad eum ipſum.Cliti.O
bois impudentẽ audaciã. Si. heus tu:nõ fit ſine periculo facin?ma-
gnum et memorabile.Cli.Hoc vide:in mea vita tu tibi laudem his
q̃ſitum ſcelus. vbi ſi paululũ modo quid te fugerit: ego perierim.
quid illo facias?Si. Ateni.Cli. Quid enĩ.Si. Si ſinas:dicã.Cliti. Si
ne. Cli.Sino.Si.Ita res eſt.hæc nunc quaſi cum. Cli.Quas(malũ)
ambages mihi narrare occipit.Cli. Syre verũ hic dicit.mitte ad rem
redi. Si.Eniuero reticere nequeo.multis modis iniurius clitipho ẽ:
neqʒ ferri potis eſt. Cli.Audiendũ hercle eſt.tace. Cliti. Quid eſt.
Si. vis amare. vis potiri. vis quod des illi effici.tuum eſſe in potiun
do periculum non vis.haud ſtulte ſapis?ſi quidẽ id ſapere eſt. velle id quod non potes ꝓtingere.aut hæc cũ illis ſunt habenda ꞉ aut il
la cum his amittenda ſunt.harum duarũ ꝓditionũ nunc vtrãqʒ ma
li: vide. Etſi hoc ꝓſilium(quod cœpi)rectum eſſe et tutũ: ſcio. Nam
apud patrẽ tua amica tecũ ſine metu vt ſit: copia eſt.tũ qd illi argẽ
tũ es pollicitus:eadẽ hac inueniã via. Quod vt efficerẽ: orãdo ſur-
das iã aures reddideras mihi.quid aliud vis tibi?Cli. Siq̃dẽ hoc ſit.
Si.Siquidẽ experiundo ſcies. Cli.Age age cedo iſtuc tuũ ꝓſiliũ q̃d
id eſt?Si. Aſſimulabimus tuã amicã huius eſſe amicam.Cliti.Pul-

chre. cedo quid hic faciet ſua?an ea quoqʒ dicetur huius : ſi vna hęc
dedecori eſt parum?Si. Immo ad tuā matrē deducetur. Cliti. quid
eo?Si. longū eſt clitipho : ſi tibi narrē: quāobrē id faciam. vera cau
ſa eſt. Cliti. Fabule. nihil ſatis firmi video : quāobrē accipe hunc mihi expediat metū. Si. Mane habeo aliud : ſi iſtuc metuis : quod am
bo ꝓfiteamini ſine periculo eſſe. Cliti. Huiuſmodi obſecro aliqd rep
peri. Si. Maxime. ibo obuiā. hinc dicam ut reuertantur domū. Cli.
hem quid dixti?Si. Ademptum tibi iam ſaxo omnem metum : in
aurem vtranuis ocioſev t dormias. Cliti. Q uid ago nunc? Cliti. Tu
ne?quod boni eſt. Cli. ſyre dic modo verum. Si. Age modo hodie
ſero : ac ne quicquā voles. Cliti. Datur. fruare dum licet. nā neſcias
eius ſit poteſtas poſthac : an vnquā tibi. Cliti. Syre inquā. Si. perge
porro tamē iſtuc ago. Cliti. Verū hercle iſtuc eſt. ſyre ſire inꝗ. heus
heus ſyre. Si. Cōcaluit. qd vis? Cli. Redi redi. Si. Adſū. dic qd eſt.
iam hoc quoqʒ negabis tibi placere?Cliti. Immo ſyre et me, et meū
amorē, et famā pmitto tibi : tu es iudex. ne qd accuſandus ſis : vide
Si. ridiculū eſt te iſtuc me āmonere clitipho. ꝗ ſi iſtic minor mea res
agat : ꝗ tua. hic ſi qd nobis forte aduerſi euenerit. tibi erūt pata ver
ba : huic hoi verbera. quapropter hec res neutiꝗ neglectui eſt mihi.
ſed iſtunc exora : vt ſuā eſſe aſſimulet. Cli. Scʒ facturū me eē : in eū
res iā rediit locū : ut ſit neceſſe. Cliti. merito te amo clinia. Cli. Verū
illa : neqd titubet. Si. Perdocta ē probe. Cliti. Ad hoc demiror : qui
tam facile potueris pſuadere illi : que ſolet quoſqʒ ſpernere. Si. In
tempore ad eam veni : quod rerū oīm eſt primū. Nam miſerū quē
dam offendi ibi militē, eius noctē. orantē. hęc arte tractabat virū : vt
illius animū cupidū inopia incēderet. eadēqʒ : ut eēt apud te ob hoc
quāgratiſſima. ſed heus tu vide ſis : nequid imprudēs ruas. Patrem
nouiſti : ad has res quā ſit pſpicax. ego te āt noui : ꝗ eſſe ſoleas ipo
tēs. iuerſa verba euerſas ceruices tuas, gemit?, ſcreat?, tuſſis, riſus ab
ſtine. Cliti. Laudabis. Si. Vide ſis. Cliti. Tutemet mirabere. Si. ſed

quâcito funt ꝑfecute mulieres?Cliti.Vbi funt?Cur retines?Sy.Iam
nunc hæc non eſt tua.Cliti.Scio apud patrē.at nunc interim.Si.ni
hilo magis.Cliti.Sine.Si.non ſinā,inquā.Cliti.Q ueſo pauliſper.
Si.Veto.Cliti.faltem falutare.Si.Abeas:ſi ſapis.̃Cliti.Eo.q̃d iſtic
Sy.Manebit.Cliti.O hominē fœlicem?Sy.Ambula.

¶Bachis meretrix ¶Antiphila mulier ¶Clinia   Syrus

Depol te mea ātiphila laudo:et fortunatā iudico:id cum
ſtuduiſti : iſti formęꝗt mores ꝑſimiles forent.minimeꝗ(
ita me di amēt)miror ſi te ſibi quiſꝗ expetit nā mihi qua
te ingeniū haberes : fuit inditio oratio.et cum egomet nunc mecū
in aīovitā tuā ꝑſidero,oīmꝗ adeoveſtrarū : vulgus que ab ſe ſegre
gant:et vos eſſe iſtiuſmodi:et nos nō eſſe:haud mirabile eſt.nā ex
pedit bonas eſſe vobis nos quibus cum eſt res:nō ſinūt.quippe for
ma impulſi nr̃a nos amatores colunt.hęcvbi imutata eſt:illi ſuum
aīm alio ꝑferunt.niſi,ꝑſpectū interea aliq̃d nobis eſt:deſertę viuim̓
Vobis cūvno ſimul ętatē agere decretū eſt viro: cui̓ mos maxime
eſt ꝑſilisveſtrū.hi ſe ad vos applicant.hoc bñficiovtriꝗ abvtriſꝗ ve
ro deuincimini:ut nūquā vlla amori vr̃o incidere poſſit calamitas.
An.Neſcio alias.me quidē ſemp ſcio feciſſe ſedulo : ut ex illius cō
modo:meū cōparē cōmodū.Cli.Vah ergo mea antiphila tu nunc
ſola reducere me in patriā facis.nā dū abs te abſū oēs mihi labores
fuere(quos cœpi)leues:ꝑterquā tui carendū q̃d erat.Si.credo.Cli.
ſirevix ſuffero.hoccine me miſerū nō licere meo modo igenio frui
Si.Immovt patrē tuūvidi eſſe habitū:diu etiā duras.dabit.Bach.
Q uiſnā hic adoleſcēs eſt qui intueſ̃ nos? An.Ah retine me obſe-
cro.Bac.amabo quid tibi ē.An.Diſꝑii miſera.Bac.Q ui ſtupes
antiphila?An.Videon cliniā an nō?Bac.Q uēvides?Cli.Salue aīe
mi.An.O mi expectate clinia ſalue.Cli.Vtvales?An.Saluū adue
niſſe gaudeo.Cli.Teneo ne te antiphila maxime animo expectata
meo?Si.Ite intro.nam vos iamdudum expectat ſenex.

Vceſſit hoc iam ceſſo pulſare oſtium vicini: primũ ex me
vt ſciat ſibi filium rediſſe. et ſi adoleſcentẽ hoc nolle intel
ligo verum cum videãſi miſerũ hunc tam cruciarier eius abitu : ce-
lem tam inſperatum gãudium: cum illi pericli nihil ex iudicio ſiet ẻ
haud faciam. nam(quod potero)adiuuabo ſenem. ita vt filium meũ
amico,atꝗ æquali ſuo video inſeruire: et ſociũ eſſe in negociis: nos
quoꝗ ſenes eſt ꝗuũ ſenibus obſequi. Me. Aut. ego profecto ingenio egregie ad miſeriã natus ſum:aut illud falſum eſt: quod vul
go audio dici:diem adimere egritudinẽ hoĩbus. Nam mihi quotidie augeſcit magis de filio egritudo. quãto diutius abeſt: magis cu
pio tanto: et magis deſydero . Chre. Sed ipſum foras egreſſũ video
ibo . alloquot . Menedeme ſalue nũtiũ apporto tibi: cuius maxime
te fieri pticipẽ cupis. Me. nũꝗd nam de gnato meo audiſti chreme
Chre. Valet,atꝗ viuit. Me. Vbinam eſt queſo? Chre. Hic apd me
domi. Me. meus gnatus? Chre. Sic ẻ. Me. Venit? Chre. Certe. Me
clinia meus venit. Chre. Dixi. Me. eamus. duc me ad eum obſecro
Chre. Non vult te ſcire,ſe rediſſe. etiam et tuũ ꝓſpectũ fugitat propter peccatũ. tum hoc timet : ne tua duritia illa antiqua etiã adducta ſiet. Me. Non tu ei dixiſti: vt eſſem? Chre. Non. Me. quãobrẽ
chreme? Chre. Quia peſſime iſtuc in te,atꝗ in illum ꝓſulis: ſi te tã
leni,et victo animo eſſe oſtenderis. Me. Non poſſum. ſatis iam ſatis durus pater fui. Chre. Ah vehemẽs in vtranꝗ partẽ menedeme
es nimis: aut largitate nimia,aut parcimonia. in eandẽ fraudem ex
hac re,atꝗ ex illa incides. Primũ olim potius quã paterere filiũ cõ-
meare ad mulierculã:que paululo tum erat ꝓtenta: cuiꝗ erant gra
ta oĩa ptenuiſti. hinc ea coacta ingratis. poſt illa cœpit victũ vulgo
querere. nunc cum ſine magno tuo detrimẽto non poteſt haberi :
quiduis dare cupis. nam vt tu ſcias quã ea nũc inſtructa pulchre ad
pniciẽ ſiet: primũ iam ãcillas ſecum adduxit plus decem,oneratas

veſte atqʒ auro. Satrapes ſi ſiet amator : nunq̃ ſufferre eius ſūptus
queat. nedum tu poſſis. Me. Eſt ne ea intus? Chre. Sit rogas? ſenſi
nam vnã ei cœnam, atqʒ eius comitibus dedi. q̃ ſi iterum mihi ſint
danda: actum ſiet. nãq̃ (ut alia omittã) pitiſſando modo mihi quid
vini abſumpſit? ſic hoc dicens, aſperum pater hoc eſt. aliud lenius.
ſodes vide. releui dolia oĩa. oĩs ſerias. omĩs ſollicitos habui. atqʒ hęc
vna nox. quid te futurũ cenſes: quẽ aſſidue exedẽt? ſic me di ama-
bunt: ut me tuarum miſertum eſt menedeme fortunarũ. Me. Fa
ciat quod libet ſumat. p̃ſumat. p̃dat. decretum eſt pati dum (illum)
modo habeam mecum. Chre. ſi certum eſt tibi ſic facere: illud per
magni referre arbitror: ut neſciẽtẽ ſentiat te id ſibi dare. Me. quid
faciam? Chrem. quid vis, potius quam quod cogitas. per alium
quẽuis vt des. falli te ſinas technis per ſeruulũ. etſi ſubſenſi id q̃ illos ibi eſſe. id agere inter ſe clanculũ. Syrus cum illo veſtro cõſuſur
rat. p̃ferunt p̃ſilia adoleſcẽtes: et tibi p̃dere talentum hoc pacto ſati
us eſt: q̃ illo minã. non nunc de pecunia agitur: ſed illud, quõ mini
mo periclo id demus adoleſcentulo. nam ſi ſemel tuum animũ ille
intellexerit: prius p̃diturũ te tuamvitam: et prius pecuniam oẽm:
quã abs te amittas filium: hui quantã feneſtrã ad nequitiã patefece
ris? tibi autẽ porro vt non ſit ſuaue viuere. Nam deteriores oẽs ſumus licẽtia. quod (cuiqʒ cumqʒ inciderit in mentẽ: volet. neqʒ id pu
tabit, paruũ an rectũ ſit: quod petet. tu rem perire tuam, et illũ non
poteris pati. dare denegaris? ibit ad illum ilico: qui maxime apud te
ſe valere ſẽtiet. abiturũ ſe abs te eſſe ilico minitabir. Me. Videre ve
rũ: atqʒ ita vt res eſt, dicere. Chre. Somnũ hercle ego hac nocte ocu
lis non vidi meis: dum id q̃ro: tibi qui filiũ reſtituerẽ. Me. cedo dex
tram. porro te oro: idẽ vt facias chreme. Chre. p̃tus ſũ. Me. ſcin
quid nunc facere te volo? Chre. dic. Me. Quod cenſiſti illos me incipe fallere: id vt maturẽt facere. cupio illi dare q̃d vult. cupio ipſũ
iam videre. Chre. Operã dabo. ſyrus eſt app̃hendẽdus: atqʒ adhor-

tandus mihi, ā me nescio quis exit. ꝓcede hinc domū: ne nos inter
nos ꝑgruere sētiāt. paululū hoc negotii mihi obstat . Symus et chri
to vicini nr̄i hic ābigūt de finibus. me cepere arbitrū. ibo: ac dicā(vt
dixerā operam daturū) me hodie nō posse hijs dare. ꝑtinuo hic adero. Me. Ita quefo. diveftram fidē : itan cōparatā esse hoim naturā
oīm: aliena vt melius videant, et iudicent: q̄ sua an eo sit: quia in re
noftra aut gaudio sumus prepediti nimio, aut ęgritudine. Hic mihi
nunc quāto plus sapit: quā egomet mihi? Chre. Diffolui me ocius:
operam vt tibi darē.   ⸿ Syrus   ⸿ Chremes

Ac illa circūscursa, inueniundū est tamē argentū. intēdē-
da in senē est fallacia. Chre. Non me fefellit hosce id ftru
ere. videlicet ille clinie seruus tardiusculus ē. idcirco huic
noftro tradita est prouincia. Sy. quis hic loquitur perii. numnā hęc
audiuit? Chre. Syre. Sy. hem. Chre. quid tu istic? Sy. recte equidē.
fed te demiror chreme, tam mane: qui heri tantū biberis. Chre. nihil nimis. Sy. nihil narras? visa vero est(quod dici solet)aquile senectus. Chre. heia. Sy. Mulier commoda, et faceta hæc est meretrix:
Chre. Sane idē visa est mihi. Sy. etquidem hercle forma luculenta
Chre. fic satis. Sy. Ita nōvt olim: fed vti nunc, sane bona. minimeꝗ
miror: clinia hanc fi deperit fed habet patrē quendā auidum, miferum atꝗ aridum. vicinū hunc noftin? at quafi is non diuitiis abun
det: gnatus es profugit inopiā. scis eē factum vt dico? Chre. Quid
ergo nesciā? hoiem piftrino dignū. Sy. quē? Chre. istum seruulū di
co adolescentis. Sy. fyre tibi timui male. Chre. Qui passus est id fi
eri? Sy. quid faceret? Chre. rogas? aliquid reperiret. fingeret fallacias : vnde efset adolescenti amice, quod daret. atꝗ hunc difficilē in-
uitum seruaret senem. Sy. Garris? Chre. hęc facta ab illo oportebat
fyre. Sy. Eho quefo laudas qui heros fallunt? Chre. in loco ego vero laudo. Sy. Recte sane. Chre. Quippe quia magnarū sępe id re-
medium egritudinum est. iam huic mansisset vnicus gnatus domi

Si.iocon/an ferio illec dicat/nefcio:nifi mihi quidē addit aim: quo
libeat magis.Chre.et nūc quid expectat fyre? an dum hinc denuo
abeat: cum tolerare huius fūptus nō queat? nōne ad fenē aliquā fa
bricam fingit?Si.ftolidus eft. Chre. at te aᵭiutarᵉ oportet adolefcē
tuli caufa. Si.Facile equidē facere poffū : fi iubes. etenī quo pacto
id fieri foleat:calleo.Chre.tanto hercle melior. Si. non eft mentiri
meū.Chre.Fac ergo.Si.At heus/tu facito(dum eadē hęc memine
ris)fi quid huius fiſe forte aliquando euenerit:ut funt humana:tu
us vt faciat filius.Chre.Non vfus veniet: fpero.Si.fpero hercle ego
quoq. Neq eo nunc dico: quo quicquid illum fenferim.fed fi qd
nequit:quę fit eius ętas vides. et ne ego te(fi vfus veniat)magnifice
chreme tractare poffim.De iftoc(cum vfus venerit)videbimus : qd
opus fit.nunc iftuc age. Si.nunquā cōmodius vnꝗ herū audiui loq
nec cū malefacerē:crederē mihi impunius licere/qfnā a nobis egre
ditur foras.   ⁋Chremes   ⁋Clitipho   ⁋Syrus

OVid iftuc quefo?qs iftic mos eft clitipho?ita ne fieri opor
tet?Cli.quid ego feci? Chre. vidin ego te manū in finum
huic meretricule inferere?Si.Acta hęc res eft.perii. Clit.
me ne?Chre.hifce oculis.ne nega.facis adeo indigne iniuriam illi:
qui non abftineas manum. Nam ifta quidē cōtumelia eft/hominē
amicum recipere ad te:atꝗ eius amicam fubagitare. vel heri invi-
no quam immodeftus fuifti?Si.Factum.Chre.quam moleftus?vt
equidē(ita me di amēt)metui: quid futurum deniꝗ effet.noui ego
amantium animū.aduortunt grauiter:que non cenfeas.Cli.at mi
hi fides apud hunc eft nihil me iftius facturum pater.Chre.efto.at
certe ꝑcedas aliquo ab ore eorum aliquātifper multa fert libido: ea
prohibet facere tua pſentia.Ego de me facio cōiecturam.nemo eft
meorum amicorum hodie apud quem ex promere oīa mea occul
ta clitipho audeā.apud alium prohibet dignitas. apud alium ipſius
facti piget me:ne ineptus/ ne proteruus videar.quod illum facere

credito. fed noftrũ eft intelligere vtcũq̃/atq̃ vbicũq̃ opus fit obfeq̃.
Si. Q̃uid iftuc narrat?Cli.perii. Si. Clitipho hæc ego p̃cipio tibi: ho
minis frugi et temperatis functus officium. Cli. Tace fodes. Si.re-
cte fane. Chre.f̃re pudet me. Si. credo. neq̃ id iniuria. quin mihi
moleftum eft.Cli.Pergin hercle?Si. Verum dico: quod videf̃. Cli.
nõne accedam ad illos?Chre.Eho quefo: vna accedẽdi via eft. Sy.
Actum eft. hic prius fe indicarit: quam ego argentum effero. chre
mevin tu hoi ftulto mihi aufcultare? Chre. Q̃uid faciam? Sy. iube
hunc abire hinc aliquo. Cli. quo ego hinc abeã?Si. Q̃uo lubet. da if
lis locum. abi deambulatum. Cli. Deambulatum?quo?Si. Vah q̃fi
defit locus. abi fane iftac. iftorfum quovis. Chre. recte dicit. cenfeo
Cli. di te eradicẽt fyre: q̃ me iftinc extrudis. Si. At tu tibi iftas poft
hac cõprimito manus cenfen vero? quid illum porro credis factũrũ
chreme: nifi eum(quãtũ tibi opis di dent)feruas: caftigas: mones.
Chre. ego iftuc curabo. Si. atqui nunc here tibi adferuandũ ẽ. Chre.
fiet. Si. fi fapias. nam mihi iãminus: minufq̃ obtẽpat. Chre. Q̃uid
tu?ecquid de illo quod dudũ tecũ egi?egifti fyre: aut repperifti: tibi
qd placeat?an nõdum etiã?Si. de fallacia dicis? eft. inueni quandã
nup. Chre. frugi es. cedo/qd id eft?Si. Dicã. verum vt aliud ex àlio
incidit. Chre. (quidnã fyre?)Si. peffima hæc eft meretrix. Chre. ita
videf̃. Si. Immo fi fcias: hocvide/qd iuceptet facinus?Fuit quædã
anus corinthia hic. huic dragmarũ argẽti hẹc mille dederat mutuũ
Chre. Q̃uid tum?Si. Ea mortua eft. reliquit filiã adolefcentulã. Ea
relicta huic arraboni eft pro illo argẽto. Chre. intelligo. Si. hãc fecũ
huc adduxit. eaq̃ eft nunc advxorẽ tuam. Chre. Quid tum? Si. cli
nia orat: fibi vti id nunc det illã. illi trĩ poft daturũ mille nũmũ po-
fcit.Chre. et pofcet quidẽ. Si. Hui dubium ne id eft? Chre. ego fic
putaui. quid nunc facere cogitas? Si. ego ne? ad menedemũ ibo di
cam hanc effe captam ex caria: ditẽ/et nobilẽ. fi redimat: magnum
in ea effe lucrũ. Chre. erras. Si. quid ita? Chre. pro menedemo ego

nunc tibi refpõdeo. non emo. quid agis?Sy. Optata loquere. Chre
atq̃ nõ eſt opus. Si. Nõ opus eſt. Chre. Non hercle vero. Si. Q uid
iſtuc?miror.Chre.iam ſcies.mane mane.quid eſt:quod iam a nobis grauiter crepuerũt fores.

⊂Soſtrata ⊂Syrus ⊂Nutrix anus ⊂Chremes

Iſi me animus fallit:hic profecto eſt anulus:quẽ ego ſuſpicor is qui cum expoſita eſt gnata.Chre. Q uidvult ſibi
ſyre hæc ratio?So. quid eſt?is ne tibividetur.Nu.Dixi eq̃
dẽ: vbi mihi oſtendiſti ilico eum eſſe. So. At vt ſatis modo ꝑtẽpla-
ta ſis mea nutrix. Nu.ſatis.So.Abi nũc iam intro. atq̃ (illa ſi iam
lauerit)mihi nũtia.hic ego virum interea opperibor.Si. Te vult. videas quid velit. neſcio quid triſtis eſt. nõ temere eſt. metuo quid ſit
Chre. Q uid ſiet?ne iſta hercle magno iam conatu magnas nugas
dixerit.So.Ehem mi vir.Chre.Ehem mea vxor. So. Teipſũ q̃ro.
Chre.loq̃re/quid velis.So.primũ hoc te oro: ne qd credas me aduerſum edictũ tuum facere eſſe auſam. Chre. vis me iſtuc tibi(etſi
incredibile eſt)credere?credo. Si. Neſcio qd peccati portat hęc pur-
gatio.So. meminiſti me eſſe grauidã:et mihi te maximopere inter
minatũ/ſi puellã parerẽ nolle tolli? Chre.ſcio quid feceris.ſuſtuliſti
Si.ſic eſt factũ dña?ergo herus dãno auctus eſt. So. Minime.ſed
erat hic anus corinthia/haud ipura.ei dedi exponẽdã. Chre.o iupi
ter:tantã ne eſſe in aĩo inſcitiã?So.perii. Q uid ego feci? Chre.At
rogitas?So.ſi peccaui mi chreme:inſciẽs feci.Chre.id qdẽ ego(etſi
tu neges)certo ſcio:te inſcientẽ/atq̃ iprudẽtẽ dicere/ ac facere oĩa.
tot pctã in hac re oſtẽdis.nam iam primũ ſi meũ iꝑiũ exſequi vo
luiſſes:interẽptũ oportuit:nõ ſimulare mortẽ verbis:re ipſa ſpẽ vi
te dare.at id omitto. miſericordia/anĩ°maternus.ſino. q̃bene ve
ro abs te proſpectũ eſt?Q uid voluiſti?cogita. nẽpe anni illi prodita
abs te filia eſt planiſſime parte veluti queſtũ faceret : veluti veniret
palãm.credo/id cogitaſti.quid vis?ſatis eſt:dum(viuãt modo)quid

cum illis agas qui neqʒ ius,neqʒ bonum atqʒ equum fciunt? melius
peius profit.obfit.nihil videt:nifi quod lubet.So. Mi chreme pec-
caui:fateor.vincor.nunc te obfecro: quanto tuus eft animus natu
grauior,ignofcetior tanto fit: ut mee ftultitiʒ iuftitia tua fit aliquid
prefidii.Chre. fcilicet equide iftuc factum ignofcam. Veru foftrata male docet te mea facilitas multa. fed iftuc (quicqd eft) qua hoc
occeptum eft caufa:loquere. So. Vt ftulte et mifere oes fumus re
ligiofe:cum exponeda do illi. de digito anulum detraho. et ei di-
co:ut vna cum puella exponeret:fi moreret: ne expers ptis effet de
noftris bonis.Chre. iftuc recte. coferuafti te,atqʒ illam. So. hic is eft
anulus.Chre. vnde habes?So. qua bachis fecu adduxit adolefcetu
lam. Si. (Hem.Chre. quid ea narrat?)So. ea lauatu dum it: feruan
dum mihi dedit.animu no aduorti primo. fed poftqua afpexi : ilico cognoui ad te exiliui.Chre. quid nunc fufpicare. aut inuenis de
illa?So. Nefcio:nifi vt ex ipfa queras : vnde huc habuerit: fi poteft
reperiri.Si. interii. plus fpei video:qua volo. nra eft: fi ita eft.Chre.
viuit ne illa: cui tu dederas?So.nefcio. Chre. quid renutiauit olim
feciffe?So.id quod iuffera.Chre. nomen mulieris,cedo quid fit: vt
querat. So. filteræ. Si. Ipfa eft. mirum ni illa falua eft. et ego perii.
Chre. foftrata feqre me intro hac. So. Vt preter fpem euenit? qua
timui male: ne nuc aio ita effes duro:ut oli itolleda chreme?Chre.
No licet hoiem effe fepe itavtvult:fi res no finit.nuc ita tepus eft:
mihi vt cupia filia. olim nihil minus.   Syrus

Ifi me animus fallit:haud multum a me abierit infortu-
niu.ita hac re in anguftum oppido nunc mee coguntur
copiʒ nifi aliquid video:ne effe amicam hanc gnati refcifcat fenex. Nam quod de argento fpere aut poffe poftule me fallere nihil eft triumpho. fcilicet me latere tecto abfcedere. crucior :
bolum tru mihi effe ereptum,tam fubito ex faucibus : quid agam
aut quid cominifcar? ratio de integro ineunda eft mihi. Nihil tam

difficile eft: quin querendo inueftigari poffiet. Q uid fi hoc nũc fic
incipiam?nihil eft. Q uid fi fic?tantundem egero. at fic?opinor. nõ
poteft. immo optime. habeo optimam euge. retraham hercle(opinor)ad me idem illud fugitiuum argumentum tamen.

V lla mihi res pófthac poteft iam interuenire tanta: que
mihi ęgritudinẽ afferat:tanta hæc letitia oborta eft.Dedo
patri me nũc:iam vt frugalior fim, quã vult. Si.nihil me
fefellit. cognita eft q̃tũ audio huius verba. iftuc tibi ex fententia tua
obtigiffe lętor.Cli.o mi fyre audiftin obfecro?Si. Q uid ni:qui vfq;
vna affuerim?Cli. cui ęque audifti cõmodi quicq̃ euenifle?Si. Nulli
Cli. Atq; ita me di ament:ut ego nunc nõ tam meapte caufa letor
q̃ illius quã ego fcio effe honore quouis dignã. Si.Ita credo. fʒ nũc
clinia age. da te mihi viciffim. Nam amici quoq; res eft vidẽda in tu
to vt colloceť:ne quid de amica nunc fenex. Cli. o iupiter?Si. Q ui
efce. Cli. Antiphila mea nubet mihi. Si. ficcine me interloq̃re? Cli.
quid faciam mi fyre?gaudeo. fer me.Si. fero hercle vero. Cli.Deo
rum vitam adepti fumus. Si. fruftra operam(opinor)fumo. Cli.lo
quere. audio. Si. At iam hoc nõ ages. Cli. agam. Si. Videndũ eft
inquã amici quoq; res clinia tui in tuto vt colloceť. nam fi nũc a no
bis abis:et bachidẽ hic relinquis: nofter refcifcet ilico effe amicam
hanc clitiphonis. fi abduxeris: celabiť itidẽ: ut celata adhuc eft. Cli.
Ateni iftoc nihil eft magis fyre meis nuptiis aduorfum. Nam quo
ore appellabo patrẽ?tenes quid dicã?Si. quidni? Cli. Q uid dicam?
quã caufam afferam?Si. quid?nolo mẽtiare. apte(ita vt res fefe habet)narrato. Cli. quid ais?Si. iubeo illam te amare,et velle vxorem:
hãc effe clitiphonis. Cli. Bonã atq; iuftã rem oppido imperas:et fa
ctu facilẽ. et fcʒ iam me hoc voles patrẽ exorare:ut celet fenẽ vr̃m?
Si. Immo vt recta via rem narret ordine oẽm. Cli. Hem fatin fan?
es,aut fobrius? tu quidẽ illũ plane prodis. nã qui ille poterit effe in

f. iiii

tuto?dic mihi. Si. huic equidē cōfilio palmam do. hic me magnifice effero: quiuim tantam in me et poteſtatē habeam tātæ aſtutiæ
vera dicendo vt eos ambos fallam: ut cum narret ſenex veſter noſtro iſtam eſſe amicam gnati: non credat tamē. Cli. Atenim ſpem
iſtoc pacto rurſus nuptiarū oēm mihi eripis. Nam dū amicà hanc
meā eē credet: nō cōmittet filiā. tu fortaſſe quid me fiet: puicuras:
dum illi ꝓſulas. Si. Q uid?malū. me tandē cēſes velle id aſſimularier? vn'eſt dies, dū argētū eripio. pax nihil āplius. Cli. Trī. ſat habes
qd tum q̄ſo: ſi hoc p̄ reſciuerit?Si. Q uid ſi redeo ad illos, qui aiūt
qd ſi nunc cælū ruat?Cli. Metuo, quid agā. Si. Metuis: q̄ſi non ea
poteſtas ſit tua quo vel in tp̄ev̄t te exſoluas: rem facias palam?Cli.
Age age traducatur bachis. Si. Optume ipſa exit foras.

{Bachis {Frigia ancilla {Syrus {Clinia {Dromo.

Ātis pol proterue me ſyri promiſſa huc adduxerunt decem minas:quas mihi dare pollicitus eſt. quod ſi is nunc
me deceperit ſæpe obſecrans me vt venia: fruſtra veniet.
aut cum venturā dixero, et ꝓſtituero: cum is certe renunciarit: clitipho cum ſpe pendebit animi. decipiā:ac non veniā. ſyrus mihi ter
go pœnas pendet. Cli. ſatis ſcite promittit tibi. Si. at qui tu hanc io
cari credis?faciet:niſi cauero. Bach. Dormiunt. ego pol iſtos cōmo
uebo mea frigia. audiſtin modo homo iſte quā villam demōſtrauit
charini?Fri. audiui. Bac. proximā eſſe huic fundo ad dexterā? Fri.
Memini. Bach. curriculo pcurre. apud eū miles dioniſia agitat. Si
quid hęc inceptat?Bach. dic me hic oppido eſſe inuitā, atcp̄ adꝯuari
verū aliquo pacto verba me his daturā eſſe, et vēturam. Si. perii her
cle. bachis mane, mane. quo mittis iſtam q̄ſo?iube maneat. Bach.
Abi. Si. quin eſt patū argētū. Bach. quin ego hic maneo. Si. at qui
iam dabiꝯ. Bach. ut lubet nū ego inſto?Si. At ſcin qd ſodes?Bach.
quid?Si. Trānſeundū tibi ad menedemū eſt: et tua pōpa eo tradu
cēda eſt. Bach. quā rē agis ſcelus?Si. Egon argētū cudo: quod tibi

dem.Bach.Dignā me putas quā inludas?Si.Nō eſt temere.Bach
etiā ne tecū hic res mihi eſt?Si.Minime tuū tibi reddo.Bac.Eatur
Si.ſeq̄re hac.heus dromo.Dro.q̄s me vult?Si.ſyrus.Dro.Q uid
eſt rei?Si.ācillas oīs bachidis traduce huc ad nos appere.Dro.q̄obré
Si.ne quæràs.et ferant:quæ ſecū huc attulerunt. ſperabit ſumptū
ſibi ſenex leuatū eſſe harū: abitu.ne ille haud ſcit hoc paululū lucri
q̄tū ei dāni adportet.Tu neſcis,id qd ſcis dromo: ſi ſapies.Dromo
mutū dices.   ([Chremes   ([Syrus

Ita me di amabunt:ut nunc menedemi vicē miſeret me:
tantum deueniſſe ad eum mali.illanccine mulierem ale
re cum illa familia? et ſi ſcio hoſce aliquot dies nō ſentiet
ita magno deſiderio fuit ei filius:verum vbi videbit tātos
ſibi ſumptus domi quotidianos fieri:nec fieri modū.optabit,rurſū
vt abeat abſe filius.Syrum optime eccum.Si.Ceſſo hunc adorrni?
Chre.Sire.Si.Hem.Chre.quid eſt?Si.Te mihi ipſū iamdudū ex-
optabam dari.Chre.Videre egiſſe iam neſcio quid cum ſene.Sy.
De illo quod dudum?dictum,ac factum reddidi.Chre.Bonan fide
Si.Bona hercle.Chre.Non poſſum pati:quin tibi caput demulce-
am.accede huc ſyre.faciam boni tibi aliquid pro iſta re,ac lubens.
Sy.At ſi ſcias,quam ſcite mihi in mentem venerit:Chre.Vah glo
riare eueniſſe ex ſententia.Sy.Non hercle vero.verum dico.Chre.
Dic quid eſt.Sy.Tui clitiphonis eſſe amicam hanc bacchidem me
nedemo dixit clinia.et ea gratia ſecum adduxiſſe:ne tu id perſen-
tiſceres.Chre.Probe.Si.Dic ſodes.Chre.Nimiū inquā.Si.Immo
ſic ſatis.ſed porro auſculta:quod ſupeſt fallatiæ.ſeſe ipſe dicet tuā
vidiſſe filiam.eius ſibi complacitā formā:poſtquā aſpexerit.hāc ſe
eupevxorē.Chre.Modon que iuēta ē?Si.Eā.et qdē iubebit poſci.
Chre.q̄obrē iſtuc ſcire?nā prorſus nihil itelligo.Si.Hui tardus es.
Chre.Fortaſſe.Si.Argētū dabiſ ei ad nuptias.aurū atqꝫ veſtē,qui
tenes ne?Chre.cōparet.Si.Idipſū.Chre.At ego illi nec do: nec de

fpondeo.Sy.Nõ.q̃obrẽ?Chre.quãobrẽ.me rogas?homini?Si.Vt
lubet.Non ego ppetuo dicebam,ut illam illi dares:verũ vt fimula-
res.Chre.Nõ mea fimulatio.ita tu iftẹc mifceto:ne me admifceas
Egon cui daturus̃ nõ fia̅:ut ei defpondeamus?Sy.credebã.Chre.
Minime.Si.fcite poterat fieri.Et ego hoc (quia dudũ tu tantopere
iufferas)eo cœpi.Chre.credo.Sy.ceterũ equidẽ iftuc chreme qui,
boniq̃ facio.Chre.atqui tum maximevolo te dare operã,ut fiat ve
rum aliavia.Sy.Fiat.queratur aliud.fed illud quod tibi dixi de ar-
gento:quod ifta debet bachidi:id nunc reddẽdũ eft illi.neq̃ tu fcȝ
eo nunc pfugies.quid mea?num mihi datum eft?num iuffi?nũ illa
oppignerare filiã meam me inuito potuit?verum illud chreme di-
cunt:ius fummũ fæpe fũma malitia eft.Chre.Haud faciã.Sy.Im-
mo aliis fcȝ:tibi non licet.Oẽs te in lauta et bene acta parte putant
Chre.Q uin egomet iam ad eam deferam.Sy.Immo filium iube
potius.Chre.Q uãobrẽ?Si.Quia enim in hunc fufpicio eft tranffa
ta amoris.Chre.Q uid tum?Si.Q uiavidebitur magisverifimile id
effe:cum hic illi dabit.et fimul pficiam facilius,ego quodvolo.Ipfe
adeo adeft.abi.effer argentum.Chre.Effero.

¶Clitipho   ¶Syrus

N̂Vlla eft tam facilis res,quin difficilis fiet:quã inuitus faci
as.Vel me hæc deambulatio quã nõ laboriofa ad lango-
rem dedit?nec quicquã nũc magis metuo;quã ne denuo
mifer aliquo extrudar hinc:ne accedã ad bachidẽ.ut te oẽs qdẽ di,
deeq̃(quãtũ eft)fcire cum tuo iftoc inuẽto,cunq̃ incepto pdũt.hu
iufmodi res femp comminifcere:vbi me excarnifices.Si.I tu hinc
quo dignus es:quã pene tua me pdidit,pteruitas.Cli.Vellẽ hercle
factũ.ita merit?.Si.Meritus quõ?ne me iftuc ex te prius audiuiffe
gaudeo:quã argẽtũ haberes qd daturus iã fun.Cliti.Q uid igit tibi
vis dicã?abifti.mihi amicã adduxti:quã non liceat tãgere.Si.iam
nõ fũ iratus.fed fcin vbi nunc fit tibi tua bachis?Cli.apud nos.Sy.

non, Cli. vbi ergo?Si. apud cliniã. Cli. Perii. Si. Bono animo es. iã
argentum ad eam deferes : quod ei es pollicitus. Cli. garris. vnde
id?Si. A tuo patre. Cliti. Ludis fortaffe me.Si. Ipfa re experibere.
Cliti. Ne ego fortunatus homo fum?dêamo te fpe. Si. Q ua cau
fa id fiat: obfecundato in loco.fed pater egreditur. caue quicq̃ ad-
miratus fies.quod imperabit:facito.loquitur paucula.

<CChremes   <CSyrus   <CClitipho

V Bi clitipho nunc eft?Si.Eccum me inque. Cliti. Eccu hic
tibi.Chre. quid rei eêt,dixtin huic. Si. dixi pleraq̃ omnia
Chre. cape hoc argêtũ: ac defer. Si. Ei quid ftas lapis. quin accipis.
Cli.cedo fane. Si. fequere me hac nunc ocius. Tu hic nos(dũ exi-
mus)interea opperibere. nã nihil eft illic qd moremur diuti? .Chre
Minas quidê iam decê habet a me filia: quas ornamêtis effe nunc
duco datas.hafce ornamêtis pfequenf alteræ. porro hęc talenta do
tis adpofcêt duo. q̃ multa iniufta, ac praua fiunt morib⁹ ? mihi nũc
relictis rebus inueniundus eft aliquis: labore inuenta mea cui dem
bona.   <CMenedemus   <C Chremes

V Lto oium me nunc fortunatiffinũ factũ puto effe gna-
te:cum te intelligo refipiffe.Chre. Vt errat?Me. Teipfũ
quærebam chreme.Serua(quod in te eft)filium: et me et
familiam.Chre.cedo,quid vis faciam?Me. Inueni ti hodie filiam.
Chre. Quid tum?Me. Hanc vxorê fibi dari vult clinia.Chre.Q uę
fo quid hois es? Me. Q uid? Chre.Iam ne oblitus es,inter nos qd
fit dictũ de fallacia:ut eauia abs te argêtũ auferret?Me. fcio.Chr.
Ea res nunc agitur ipfa. Me. Q uid dixti chreme?errauit.fic tes ac
ta eft. quãta de fpe cecidi?Chre. Et quidê hæc(quæ apud te eft)cli-
tiphonis eft amica. Me. Ita aiunt.Chre. Et tu credis?Me. Omnia
Chre. Et illum aiunt velle vxorem:ut cum defponderim,des: qui
aurum et veftem,atq̃ alia(quœ opus funt)comparet.Me. Id ê pro
fecto, id amicæ dabit?Chre. Scilicet daturũ. Me. Vah fruftra igit̃

ſum gauiſus miſer. quid vis tamē iam malo: q̄ hunc āmittere. quid
nunc renuntiē abs te reſponſū chreme: ne ſentiat me ſenſiſſe: atq̃
ægre ferat? Chre. Aegre? Nimiū illi menedeme indulges. Me. ſine
inceptum eſt. pfice hoc mihi ppetuo chreme. Chre. Dic coueniſſe.
egiſſe te de nuptiis. Me. Dicam. quid deinde. Chre. Me facturum
eſſe oīa. generū placere. poſtremo(etiā ſivoles)deſponſā quoq̃ eſſe
dicito. Me. Hem iſtucvoluerā. Chre. Tātocius tevt'poſcat et tu id
quod cupis/q̄otiſſimevt des. Me. cupio. Chre. Ne tu propediē (vt
iſtam remvideo) iſtius obſaturabere. ſedvtvti iſtæc ſunt: cautim et
paulatim dabis: ſi ſapies. Me. Faciam. Chre. Abi intro. vide quid
poſtulēt. Ego domi ero: ſi quid mevoles. Me. Sane volo. Nam te
ſciente faciam/ quicquid egero.

⟨Menedemus   ⟨Chremes

E Go me non tam aſtutum: neq̃ ita pſpicacē eſſe: id certo
ſcio. Sed hic adiutor meus/ et monitor/ et premonſtrator
hoc chremes mihi preſtat. In me quid vis harum rerum
conuenit: quę ſunt dicta in ſtultum. caudex/ſtipes/aſinus/plūbeus
in illum nihil poteſt. Nam exuperat eius ſtultitia hæc oīa. Chrem.
Ohe. iam deſine deos vxor gratulando obtūdere: tuā eſſe inuētam
gnatam. niſi illos tuo ingenio iudicas: ut nihil credas intelligere: ni
ſi idē dictum ſit centies. ſed interim quid illic iamdudū gnatus ceſ-
ſat cum ſyro? Me. quos ais hoies chreme ceſſare? Chre. Ehem menedeme aduēis. dic mihi: clinię(quæ dixi) nūciaſtin? Me. oīa. Chre.
Q uid ait? Me. gaudere adeo occepit: q̄ſi qui cupiūt nuptias. Chre
Hahahe. Me. Q uid riſiſti? Chre. Seruivenere in mentē ſyri callidi
tates. Me. Ita ne? Chre. Vultus quoq̃ hominum fingit ſcelus. Me
gnatus q̄ ſe aſſimulat lætum/ id dicis? Chre. Id. Me. Itidē iſtuc mihi venit in mentem. Chre. Veterator. Me. magis ſi magis noris:
putes ita rem eſſe. Chre. Ain tu? Me. Q uin tu auſculta. Chre. Ma
ne. hoc prius ſcire expecto: quid perdideris. Nam vbi deſponſam

nunciaſti filio:ptinuo inieciſſe verba tibi dromonē. ſcʒ ſponſę veſtē
aurum,ancillas opus eſſe argentū vt dares. Me. non. Chre. Q uid
non?Me. nō inq. Chre. Neqʒ ipſe gnatus?Me. Nihil prorſus chre
me. magis vnum etiam inſtare: ut hodie pficerentur nuptiæ. Chre.
Mira narras. quid ſyrus meus?ne is quidē quicq̅?Me. Nihil. Chre
quãobrē?Me. Neſcio equidē. Sed te miror: qui alia tam plane ſcias. Sed ille tuus q̅ ſyrus idē mire finxit filiũ: ut ne paulũ qdē ſubo
leat eſſe amicam hanc cliniæ. Chre. Q uid ais?Me. mitto iam oſcu
lari,atqʒ amplexari. id nihil puto.Chre. Q uid eſt quod ãplius ſimu
letur?Me. Vah.Chre. Q uid eſt?Me. Audi modo. eſt mihi in vlti
mis conclaue edibus quoddam retro. huc eſt introlatus lectus. ve-
ſtimentis ſtratus eſt. Chre. Q uid poſtquam hoc eſt factum?Me.
Dictum ac factum. huc abiit clitipho. Chre. Solus?Me. Sol9.Chre
Timeo.Me.Bachis conſecuta eſt ilico. Chre. Sola?Me. Sola. Chre
mes. perii. Me. vbi abiere intro: operuere oſtium. Chre. Hem clinia hęc fieri videbat?Me. Quid ni?vna mecũ ſimul. Chre. Filii ami
ca eſt bachis. menedeme occidi. Me. quãobrem?Chre. Decem di
erum mihi vix eſt familia. Me. quid iſtuc times: q̅ ille operã amico dat ſuo?Chre. immo q̅ amice.Me. Si dat? Chre. An. dubiũ id
tibi eſt?quęquã animo tam communi eſſe et leni putas: qui ſe vidē
te amicã patiatur ſuam?Me. Ah. quidni,quo verba facilius dentur
mihi?Chre. Derides?merito mihi nũc ego ſuccenſeo. Q uot res de
dere: vbi poſſem perſentiſcere:ni eſſem lapis: que vidi?ve miſero
mihi.an ne illud haud multum(ſi viuo)ferent. nam iam. Me. Non
tu te cohibes?non te reſpicis?non tibi ego exempli ſatis ſum?Chre
Prę iracundia menedeme non ſum apud me. Me. Te ne iſtud loqui?nonne id flagitium eſt,te aliis conſilium dare: foris ſapere. tibi
non poſſe te auxiliarier?Chre. qd faciã?Me. Id quod me feciſſe aie
bas parum. fac te patrem eſſe ſentiat. fac vt audeat tibi credere om
nia abs te petere,et poſcere:ne quã aliã querat copiã:ac te deſerat.

Chre.Immo habeat multo malo quouis gentiũ: quã hic per flagitium ad inopiam redigat patrẽ. Nam ſi illi pergã ſuppeditare ſump
tibus menedeme: mihi illæcvere ad raſtros res redit.Me. Quot in
cõmoda tibi in hẽc re cãpies, niſi caues? difficilem oſtendis te eſſe: et
ignoſces tamẽ poſt: et id erit ingratum.Chre. Ah neſcis quã dole
am.Mene. Vt lubet. Quid hoc quodvolo, ut illa nubat noſtro: ni
ſi quid eſt quod mauis?Chre.Immo et gener, et affines placẽtMe.
Quid dotis dicam te dixiſſe filio? quid obticuiſti?Chre.dotis?Me.
Ita dico.Ah.Me.Chreme ne quid vereare, ſi minus. nihil nos dos
mouet.Chre.Duo talẽta pro re noſtra ego eſſe decreui ſatis. ſed ita
dictu opus eſt, ſi mevis ſaluũ eſſe: et rem et filium: me, mea oĩa bo
na doti dixiſſe illi. Me. Quam rem agis?Chre. Id mirari te ſimula
to: et ilhi rogitato ſimul quãobrẽ id faciã.Me. quin egovero q̃obrẽ
id facias: neſcio. Chre. Ego ne? ut illius animũ qui nunc luxuria et
laſciuia diffluit: retundã, et redigam: ut quo ſevertat neſciat. Me.
Quid agis?Chre.Mitte: ac ſine me in hac re gerere mihi morem.
Me.Sino. ita nevis?Chre.ita.Me. fiat.Chre. Age iamvxorẽvt ac
cerſat. paret hic ita, ut liberos eſt æquum. dictis p̃futabic̃. ſed ſyrum
Me. Quid eum? Chre. Ego ne(ſi viuo)adeo exornatũ dabo, adeo
depexum: vſq̃ dumviuat: meminerit ſemper mei? qui ſibi me pro
deridiculo: ac delectamento putat. non(ita me di ament)auderet fa
cere huicvidux mulieri que in me fecit.

¶Clitipho ¶Chremes ¶Menedemus ¶Syrus.

ITa ne tandem queſo eſt menedeme: ut pater tam in bre
ui ſpacio omnem de me eiecerit animum patris? quodnã
ob facinus?quid ego tantum ſceleris admiſi miſer? vulgo
faciunt?Me. Scio tibi eſſe hoc grauius multo ac durius, cui ſit. ve
rum ego haud minus ægre patior: id qui neſcio nec rationẽ capio,
niſi quod tibi bene ex animo volo. Cli. Hic patrem adſtare aiebas?
Me.Eccum.Chre. Quid me incuſas clitipho? quicquid ego huius

feci: tibi profpexi/et ftultitię tue. Vbi te vidi effe animo omiffo : et
fuauia in pfentia quæ effent prima habere: neçy confulere in longi
tudinem: cœpi rationē: vt neçy tu egeres: neçy vt hec poffes perde
re. Vbi cui decuit: primo tibi nõ licuit per tē mihi dare. abi ad pro-
ximos tibi qui erant: eis cõmifi et credidi. ibi tuæ ftultitie femp erit
pfidiũ clitipho. victus/veftitus. quo in tectũ te receptes. Cli. Ei mihi. Chre. Satius eft quē te ipfo herede hęc poffidere bachidem. Sy.
Difperii. fceleftuſ quãtas turbas conciui infciens?Cli. Emori cupio
Chre. Prius quęfo difce/quid fit viuere. Vbi fcies: fi difplicebit vita
tum iftocvtitor. Sy. here licet ne?Chre. Loq̃re. Sy. At tuto? Chre.
Loquere. Sy. quę ifta eft prauitas?quæve amētia eft quod peccaui
ego : id obeffe huic. Chre. Illicet ne te admifce. nemo accufat fyre
te. nec tu aram tibi neçy pcatorē pararis. Si. Q uid ais? Chre. Nihil
fuccenfeo. nec tibi: nec huic. nec vos eft ęqui quod facio mihi. Si.
abiit. rogaffe vellem. Cli. quid?Si. Vnde mihi peterem cibum. ita
nos alienauit tibi. iam effe ad fororē intelligo. Cli. adeon rem redif
fe: ut periculum etiã fame mihi fit fyre?Si. modo liceat viuere : eft
fpes. Cli. Q uę?Si. nos efurituros fatis. Cli. Irrides in re tanta : neçy
me quicquã confilio adiuuas?Si. Immo et ibi nunc fum et vfçy du
dum id egi. dum loquitur pater. et quantum ego intelligere poffũ
Cli. Q uid?Si. Nõ aberit lõgius. Cli. Q uid id ergo?Si. fic eft. Non
effe horũ te arbitror. Cli. quid iftuc fyre?fatin fanus es?Si. ego dicã
quod mihi in mente eft. tu diiudica. Dum iftis fuifti folus: dũ nulla alia delectatio quę ppior effet: te indulgebãt : tibi dabãt. nũc filia
poftquã vera inuenta eft: inuenta eft caufa: qua te expellerent. Cli.
Eft verifimile. Si. An tu ob peccatũ hoc effe illum iratũ putas?Cli.
Non arbitror. Si. Nunc aliud fpecta. matres omnes filiis in peccato adiutrices. auxilio in paterna iniuria folent effe. id nõ fit. Cli. Ve
rum dicis. Q uid ergo nunc faciã fyre. Si. fufpitionē iftã ex illis q̃re
rem pfer palam. fi non eft verũ: ad mĩam ambos adduces cito: aut

ſcibis cuius ſis. Cliti. Recte ſuades. Faciã. Sy. Sat recte hoc mihi in
mentẽvenit. Nãq̈ adoleſcẽs q̃ in minima ſpe ſitus erit: tam facillime patris pacẽ in leges pficiet ſuas. Etiã haud ſciã an ne vxorẽ ducat: ac ſyro nihil gratię: Q uid hoc autẽ eſt: ſenex exit foras. ego fu
gio. adhuc(qd factũ eſt)miror nõ iuſſiſſe ilico arripi me . hinc nunc
ad menedemũ pgã. eũ mihi pcatorẽ paro. Seni nr̃o fidei nil habeo

❡Soſtrata　　　　　❡Chremes.

Rofecto niſi caues: tu homo aliqd gnato pficies mali. idq̈
adeo miror: quõ tam ineptũ quicq̈ tibi venire in mẽtẽ mi
vir potuerit. Chre. Oh. pgin mulier eſſe: nullã ne ego rẽvnq̈ in vita
mea volui: qn tu in ea re mihi aduerſatrix fueris ſoſtrata. at ſi rogi-
tem iam quid eſt, quod peccẽ: aut quãobrẽ id faciã neſcias. in qua
re nunc tam pfidenter reſtas ſtulta? Soſt. Ego neſcio. Chre. Immo
ſcis potius: quãqde redeat ad integrũ eadẽ oratio. Soſt. oh iniquus
es: qui me tacere de re tanta poſtules. Chre. Non poſtulo. iam loquere. nihilominus ego hoc faciã tamẽ. Soſt. Facies? Chr. Verum
Soſt. Non vides quantũ mali ex ea re excites? ſubditũ ſe ſuſpicaſ.
Chre. Subditũ? ain tu? Soſt. certe inquã mi vir. Chre. cõfitere tuum
non eſſe. Soſt. Ah obſecro te: iſtuc nr̃is inimicis ſiet. ego ne pfitear
meũ non eſſe filiũ: qui ſit meus? Chre. quid metuis? ne nõ(cũ velis)
puincas eſſe illum tuum? Soſt. q̈p filia eſt inuẽta? Chre. Non. ſȝ quo
magis credẽdũ ſiet: id quod eſt pſimilis moribus: cõuinces facile ex
te natum. nam tui ſiſis eſt probe. Nam illi nihil vitii eſt relictũ: qn
itidem ſit tibi. Tum prꝗterea talem nulla(niſi tu)pareret filiũ. Sed
ipſe egreditur quã ſeuerus. rem cum videas, cenſeas.

❡ Clitipho　　❡Soſtrata　　❡Chremes.

Vnquã vllum fuit tempus mater: cum ego voluptati tibi fuerim dictus filius tuus tua voluntate: obſecro eius vt
memineris: atq̈ inopis nunc te miſereſcat mei. quod pe
to aut volo: parẽtes meos vt demõſtres mihi. Soſt. obſecro mi gna

te:ne iſtuc in aīm inducas tuū:alienum eſſe te.Cli.Sum. Soſt.mi
ſerā me?hoccine quęſiſti obſecro? ita mihi,atꝗ huic ſis ſupſtes : ut
ex me atꝗ hoc natus es.et caue poſthac (ſi me amas)vnꝗ iſtud ver
bū ex te audiā.Chre.at ego(ſi me metuis) mores caue in te eē iſtos
ſentiā.Cli. Q uos?Chre.ſi ſcire vis ego dicā.gerro,iners,fraus,hel-
luo,ganeo,dānoſus.crede:et noſtrū te eſſe credito.Cli.nō ſūt hæc
parētis dicta.Chre.Nō(ſi ex capite ſis meo natus:itē vt aiūt miner
uam eſſe ex ioue)ea cauſa magis patiar clitipho,flagitiis tuis me in
famē fieri.Soſt.Dii iſtæc prohibeāt.Chre.deos neſcio. Ego(quod
potero)enitar ſedulo.quęris(id qd habes)parētis. quod abeſt: non
quæris:patri quō obſequare:et vt ſerues,qd labore inuenerit. Nō
mihi per fallacias ad lucere ante oculos.Pudet dicere hac p̄ſēte ver
bum turpe.at te nullomodo piguit facere.Cli.Eheu ꝗ ego nūc totus diſpliceo mihi?quā pudet? neꝗ qd p̄ncipiū incipiā ad placādū,
ſcio. ℂMenedemus ℂChremes ℂSoſtrata ℂClitipho.

Nimuero chremes nimis grauiter cruciat adoleſcentulū:
nimiſꝗ inhumāe.exeo ergo:ut pacē p̄ciliē.optime ipſos
video.Chre.Ehem menedeme.cur nō accerſi iubes filiā?
et quod dotis dixi firmas?Soſt. mi vir obſecro te,ne facias.Cli. Pater obſecro:ut mihi ignoſcas.Me. Da veniā chreme.ſine te exorē
Chre.Ego ne mea bona vt dem bachidi dono ſciens?nō faciā. Me
at nos nō ſinemus.Cli. Si me viuī vis pater:ignoſce. Soſtra. Age
chremes. Me.age ꝗſo ne tā offirma te chremes.Chre. Q uid iſtic?
video non licere(ut cœperam)hoc p̄tēdere. Me. Facis,ut te decet.
Chre.ea lege hoc adeo faciam:ſi id faciat:quod ego hunc ęquī cē
ſeo.Cli.Pater oīa faciam.impera.Chre. Vxorē vt ducas.Cli. Pater
Chre.Nihil audio.Me. At me recipio.faciet.Chre.Nihil etiam au
dio ipſum.Cli.Perii.Soſt.An dubitas clitipho?Chre. Immo vtrū
vult.Me.Faciet oīa.Soſt.hæc dū incipias:grauia ſunt: dūꝗ igno
res.vbi cognoris:facilia.Cli.Faciam pater.Soſ.Gnate mi ego pol

tibi dabo puellam lepidám: quã tu facile ames: filiã phãnocratę no
ſtri. Cli. ruſam ne illã virginẽ, ceſiã, ſparſo ore, adunco naſo? nõ poſ
ſum pater. Chre. eyã vt elegãs eſt? credas animũ ibi eſſe. Soſt. Aliã
dabo. Cli. quid iſtoc? qñquidẽ ducẽda eſt: egomet habeo ppemodũ
quã volo. Soſt. Nunc laudo gnate. Cli. Archonidis filiã. Soſt. Per
placet. Cli. Pater hoc nũc reſtat. Chre. Quid? Cli. ſyro ignoſcas vo
lo quæ mea cauſa fecit. Chre. Fiat. Valete et plaudite. Calopius re
cenſui.

¶ Incipit adelphœ acta ludis funebribus. quos fecere. Q. Fabi⁹
maximus. P. cornelius africanus emilii pauli egere. L. atilius præ-
neſtinus minutius. Protinus modos fecit flaccus claudi tibiis ſarra
nis facta græca menandri anitio. M. corlio conſulibus.

STORAX Non rediit hac nocte a cena Eſchinus. Hec fabula Adelphi
palliata: ut ipſũ indicat nomen: ex plurali numero: cũ ſit vna. ex maſcu
lino genere cum ſit comedia. et greca lingua cum ſit latina cenſeſ. Potuit eam Terentius fratres dicere: Sed et greci nois euphoniã pderet: et preterea
togata videreſ: ad ſummũ non ſtatim intelligereſ menãdri eſſe: ꝙ Terenti⁹ im-
primis lectorem ſcire cupit: minus exiſtimãs laudis ppria ſcribere q̃ greca tranſ
ferre. Eſt igitur menãdri et fratrũ a facto quibus argumentũ nitiſ nomen accipit. Huius tota actio cũ ſit mixta ex vtroꝗ genere vt fere Terentiane oẽs: preter
Heautontimorumenon tameũ maiori ex parte motoria eſt. Nã ſtatarios locos
ppaucos habet. prodeſt aũt et delectat actu z ſtilo. In hac prime ptes ſunt vt qui
dam putat Demevt quidã Syriã qõ ſi eſtvt primas ſyrus habeat. ſcõe deme erunt
tertie mitiõis: et ſic deinceps: q̃q̃ etiã ſunt qui putãt primas Mitiõi dãdas. ſecũ
das ſyro. tertias deme. Nam qõ ait Terentius ſenes qui primi venieſt nõ ad partes quas dicimus: ſed ad ordinẽ ptinet exeuntiũ pſonarũ. Hec etiã vt cetera huiuſmodi poemata quiꝗ actus habeãt: neceſſe eſt choris diuiſis a grecis poeſ: qõ
et ſi retinẽdi cauſa iã incõditi ſpectatoris minime diſtinguũt latini comici me-
tuentes: ſcilicet ne quis faſtidioſus finito actu velut admonitus abeundi relique
comedie fiat ꝓteptor et ſurgat: tamẽ a doctis veteribus diſcreti atꝗ diſiuncti ſũt
ut mox aperiemus poſt argumẽti narrationẽ. In hac plogus aliquãto lenior in-
ducitur: qui magis etiã in ſe purgando q̃ in aduerſariis ledendus eſt occupatus.
Protheſis eſt turbulẽta. Epithaſis clamoſa. Cataſtrophos lenis: quarũ partiũ ra
tione diligentius in principio ppoſuimus cum de comedia quedã dicerem⁹. Hec
ſane acta eſt ludis ſcenicis funebribus. L. Aemelii pauli. agentibus. L. ãbinio.
et. L. Turpiõe qui cum ſuis gregibus etiã tamẽ pſonati agebant. Modulata eſt
autẽ tibiis dextris: id eſt ludis ob ſeriã grauitatẽ: qua fere in oibus comediis vti
mur. Hic poeta ſepe tñ mutatis per ſcenã modis cãtica mutauit: qõ ſignificat titulus ſcene habens ſubiectis pſonis litteras. d. m. e. f. Item deuyrbia ab hiſtriõi-
bus crebro pnũciata ſunt: que ſignificanſ. d. et. m. litteris ſcõm pſonarũ noia pre

scriptis in eo locovbi incipit scena. Annotandũ sanè ꝙ hec fabula cum

non habeat:hoc est ꝓsonã que ad argumẽtũ nihil attineat: queꝗ
fit assumpta extrinsecus ut ẽ in Andria:Sofia. Hanc dicunt ex terentianis secun
do loco actam etiã cum rudi noĩe poete:itaꝗ sic,pnũciatã Adelphe terenti: non
terẽti adelphe:ꝗ adhuc magis de fabule noĩe poeta: ꝗ de poete noĩe fabula cõ
mendaꝶ. In hac quidẽ spectaꝶ quid intersit inter rusticã et ꝶbanã vitã:et inꝶ aspe
ram et oelibẽ:etveri mariti:ꝓsiꝗ per adoptionẽ factĩ.ꝗbus ꝓpositis ad exemplũ
vitanda perinde fugienda que terentius monstrans artificis poete per totam fa
bulam obtinet laudem.

X duobus atticis fratribus alter quidẽ Demea noĩe rus coluit:vxorẽ
duxit:filios suscepit duos Eschinũ et cthesiphonẽ. At alter mitio no
mine vxorẽ nõ duxit et filios,pcreare noluit:sed sibi filiũ Ꝼris Eschinũ
adoptauit:atꝗ ita indulgẽter eduxit a paruulo:ut effuse luxuriat⁹ ado
lescens ad postremũ ciuẽ Atticã virginẽvitiaret capt⁹ amore eius:quo facto etiã
matre puelle pepigit nuptias eiusdẽ quãvitiauit:cum rem gestã ad patris a quo
adoptatus fuerat ꝓscientiã iam iãꝗ platurus eẽt:ꝓcibus cthesiphonis fratris sui
qui cum apud durũ patrẽ atꝗ agrestẽ demeã pcius atꝗ arctius hareꝶ impul
sus est:ut idẽ a lenone raperet meretricẽ:quo facto multiplici errore cõpleꝶ fabu
la. Nam demea cum hoc ipso id est cumMitiõe litigabat. tanꝗ cum eo qui corru
perit adolescentẽ adoptatã in mores ꝓditos nesciẽs sibi filiũ cthesiphonẽ eẽ cor
ruptũ eludituꝗ a syro etMitiõe per totã fabulã: et matrẽ puelle iã decimo mẽ
se post raptũvirginis:et exactis a puero mẽsibus credit sibiꝑsi rapuisse meretri
cem:que pturbatio cito in trãquillũ redacta ẽ.Nam re cõpleta devitiovirginis,
Mitio dat ciuẽ Eschino quã ꝓcupierat eiusꝗ matrẽ accipit.deꝓhenso vo cthesi
phone in amorẽ meretricis,primo irasciꝶ demea.post leniꝶ atꝗ habẽde eius me
retricis licẽtiã ꝓbet. Primus actus hec ꝓtinetMitiõis solius verba:et post ei⁹ dẽ
et demee iurgiũ.Scõs actus hec ꝓtinet lenonis altera rixã aduersus eschinũ pro
puella. eiusdẽ apud syrũ ꝗrelas. letitiã cthesiphonis, obsessiõe amice: et eiusdẽ
gꝶarũ actiões apud eschinũ. Tertius actus hec ꝓtinet. trepidatiõe mꝶis Sostra
te,et canthare nutricis ob pturientẽ ꝑphilãvitiatã ab eschino.Getã nunciantẽ
dñe sue per errorẽ: ꝗ sibi rapuerit cthesipho meretricẽ:reditũ in scenã demee.ei⁹
déꝗ cum syro ludificãte ꝓsermotinationẽ interuentũ egionis cum ꝗrela apꝺ eũ
dem demeã de facto eschini et ꝓsolatiõe sostrate. Quartus actus hec ꝓtinet cthe
siphonis cũ syro colloquiũ:per eũ delusi demee eiusdéꝗ in scenã interuentũ:atꝗ
scõam frustratiõe per syrũ factã Mitionis cũ egione sermoñe: ꝗrelã eschini de
rebus suis:eiusdéꝗ cum mitiõe patre facetissimã disceptatiõe. Demee reditũ i
scenã ex errore in quẽ eũ ꝓiecerat syrus:ꝶ reuocatũ cũ fratre eiusdẽ,pcessiõe in
scenã temulẽti syri.Quintus actus hec ꝓtinet deꝓhensiõe cthesiphonis cũ mere
trice.tertiũ cum mitiõe iurgiũ demee eiusdéꝗvite pristine correptiõe:et per eũ
multa in comedia noua:hoc est blandimẽtũ circa eschinũ : et affabilitatẽ circa
getã,ꝓciliatiõe syri etvxoris eius:et veniã circa cthesiphonẽ pmissionẽꝗ habẽ
de meretricis.Seruaꝶ autẽ per totã fabulã mitisMitio.seuus demea. Leno aua
rus.callidus syrus.timidus cthesipho.liberalis eschimus. pauide mulieꝶ. grauis
egio. In diuidẽdis actibus fabule identidẽ meminerimus ꝑmũ. pagine dinume
ratiõe neꝗ grecos neꝗ latinos seruasse:cum eius distributio huiusmodi ratio
nẽ habeat:utvbi attentior spectator esse potuerit longior actus sit. vbi fastidiosi
or breuior atꝗ ꝓstrictior.Deinde etiã illud in eundem actũ posse coniici: et tres
et quattuor scenas introeuntium atꝗ exeuntium personarum.Facta autem hec
vna est de duabus eaꝗsAdelphi Menãdri:et commorientibus:difficilis.

g.ii.

Publii Terentii Afri poetæ Comici
comœdia Adelphos incipit feliciter.

ARGVMENTVM

Vos cũ haberet demea adolefcẽtulos: dat mitioni fratri
adoptandũ æfchinũ: fed tefiphonẽ retinet. hunc cithari
ftriæ lepore captũ/fub duro ac trifti patre : celauit frater
æfchinus: famãqʒ amoris in fe tranfferebãt . Deniqʒ fidicinã lenoni
eripuit.. Vitiauerat idẽ æfchinus ciuẽ atticã paupculã. fidemqʒ de-
derat.hãc fibi vxorẽ fore. Demea iurgare et grauiter ferre. Mox ta
men vt veritas patefacta eft, ducit æfchinus a feuitiatã ciuẽ atticam
virginẽ vxorẽ. potif́ tefipho cithariftria. exorato fuo patre duro demea.   (Prologus

Oftʠ poẽta fenfit fcripturã fuam ab iniquis obferuari: et
aduerfarios rapere in peiorẽ partẽ: quã acturi fumus/ inditio de fe ipfe erit. vos eritis iudices: laudin an vitio duci
factũ oporteat. Sinapothnes ꝑtefdiphili comœdia eft. eam cõmori
entes plautus fecit fabulã. In grẽca adolefcens eft: qui lenoni eripit
meretricẽ. In prima fabula eũ plautus locũ reliquit integrũ. eũ hinc
locũ fũpfit fibi in adelphos verbũ de verbo expreffũ extulit. Eã nos
acturi fumus nouã. Pernofcite furtũ ne factũ exiftimetis : an locũ
repĥenfũ: qui ꝓteritus negligentia eft. Nam quod ifti dicunt mali
uoli/hoĩes nobiles eum adiuuare affidueqʒ vna fcribere : qd́ illi male
dictũ vehemẽs effe exiftimãt: eam laudẽ hic ducit maximã : cũ illis
placet: qui vobis vniuerfis/et populo placet. quorũ opera in bello :
in ocio/in negotio fuo quifqʒ tꝓevfus eft fine fuperbia. Dehinc ve
expectetis argumẽtũ fabule. fenes qui primi venĩet: ii partẽ aperiẽt
in agendo partem oftendent. Facite æquanimitas/ poẽtæ ad fcribũ
dum augeat induftriam.
                    (Mitio   (Senex

Torax. nõ rediit hac nocte a cœna eſchinus, neq; ſuuloru
quiſq̃: q aduorſũ ierãt. pfecto hocvere dicũt. ſi abſis vſpiã:
aut ibi ſi ceſſes: euenire ea ſati°eſt, q̃ in te vxor dicit: et q̃ in
aio cogitat irata: q̃ illa q̃ parẽtes propicii. Vxor ſi ceſſes aut te ama
re cogitat: aut tete amari: aut potare, atq; aio obſeq et tibi bene eſſe
ſoli: cũ ſibi ſit male. Ego(qa nõ rediit filĩ q̃ cogito: et qb°nũc ſollici-
tor reb°?ne aut ille alſerit: aut vſpiã ceciderit: aut pfregerit aliquid.
Vah queq̃ ne hoíem inſtituere in aio: aut pararè, qd ſit carˀq̃ ipſæ
eſt ſibi: atq; ex me hic natus nõ ẽ: ſʒ ex fre. Is adeo diſſimili ſtudio
eſt. Iã inde ab adoleſcẽtia ego hãc clemẽtẽ vitã vrbanã, atq; ociũ ſe-
cut°ſũ: et qd fortunatũ iſti putãt vxorẽ nũq̃ habui. Ille ptra hec oĩa
ruri agere vitã. ſep parce ac duriſ ſe habere. vxorem duxit. nati filii
duo. ide ego hũc maiorè adoptaui mihi. eduxi a puulo. habui. ama
ui pro meo. in eo me oblecto. ſolũ id ẽ carũ mihi. ille ut itẽ ptra me
habeat: facio ſedulo. do. ptermitto. nõ neceſſe habeo oĩa pro meo
iure agere. poſtremo alii clãculũ pres q̃ faciũt: q̃ fert adoleſcẽtia: ea
ne me celet pſuefecit filiũ. Nã qui mẽtiri, aut fallere inſuerit patrẽ:
aut audebit: tãto magis audebit cæteros. Pudore et liberalitate liberos retinere: ſati°eſſe credo: q̃ metu. Hæc fratri mecũ nõ pueniunt
neq; placẽt. Venit ad me ſæpe clamitãs: qd agis mitio?cur perdis
adoleſcentẽ nobis?cur amat?cur potat?cur tu his reb° ſũptis ſugge
ris. veſtitu nimio indulges. nimiũ inept°es. Nimiũ ipſe dur° ẽ pter
æquũ et bonũ. et errat lõge qdẽ mea ſnia: qui iperiũ credat grauiˀ
eſſe aut ſtabilius vi quod ſit: q̃ illud qd amicitia adiũgiſ. Mea ſic eſt
ratio: et ſic aim induco meũ. malo coactus ſuũ officiũ faciт:dum id
reſcitũ iri credit: tãtiſp cauet. ſi ſperat fore clã: rurſũ ad ingeniũ redit. Ille quẽ brificio adiũgas: ex aio facit. ſtudet par referre præſens
abſenſq; idẽ erit. hoc patriũ eſt poti° pſuefacere filiũ ſua ſpõte recte
facere: q̃ alieno metu. hoc pater aut dñs intereſt. Hoc qui nequit ſa
teaſ ſe neſcire iperare liberis. Sed eſt ne hic ipſus de quo aiebam et

certe is eſt. Neſcio quid triſtem video. credo iam(ut ſolet)iurgabit,
ſaluum te aduenire demea gudeamus.

¶Demea ſenex   ¶Mitio

Em oportune:teipſum querito. Mi.quid triſtis es? De.
Rogitas me?vbi vobis eſchinus ſiet.quid triſtis ego ſim?
Miti.Dixin hoc fore?quid fecit?De.quid ille fecerit?quē
neꝗ pudet quicquā:nec metuit quēquā:neꝗ legē putat tenere ſe
vllam.nam illa que ante hac facta ſunt:omitto.modo qd deſigna
uit.Mi.Q uidnā ideſt?De.Fores effregit:atꝗ in ędis irruit alienas
ipſū dñm atꝗ omnē familiā mulctauitvſꝗ ad mortē erīpuit mulie
rem:quā amabat.clamāt oēs indigniſſime factū eē hoc : adueniēti
quod mihi mitio dixere.in ore eſt oī pplo.Deniꝗ(ſi ꝓferendū exē
plū eſt)nō fratrē videt rei dare operā.ruri eſſe parcū ac ſobriū.nul-
lū huīꝰfactū ſiſe?hec cū illi micio dico:tibi dico.tu illū corrūpi ſinis
Mi.hoīe imperito nunꝗ quicꝗ iniuſtiꝰ eſt : qui niſi quod ipſe fecit
nihil rectū putat.De.Q uorſū iſtuc?Mi.Q uia tu demea hęc male
iudicas.Non eſt flagitiū(mihi crede)adoleſcētulū ſcortari.neꝗ po
tare nō eſt.neꝗ fores effingere. Hęc ſi neꝗ ego neꝗ tu fecimꝰ:nō
ſmit ægeſtas facere nos . Tu nunc tibi id laudi ducis quod tūc feciſti inopia iniuriū eſt.Nam ſi eſſetvnde id fieret:faceremꝰ.Et tu illū
tuū(ſi eſſes homo)ſineres nunc facere: dū per ætatē licet potius,ꝗ
vbi te expectatū eieciſſet foras,alieniori ætate poſtfaceret tñ.Dem.
Proh iupiter?tu homo rediges me ad inſaniā. non eſt flagitiū face
re hęc adoleſcētulū?Mi.Ah auſculta:ne me obtūdas de hac re ſæ
pius.tuū filium dediſti adoptandū mihi.is meus eſt fact?.ſi qd pec
cat demea : mihi peccat.ego illi maximā partē ferā.obſonat.potat
olet vngenta.de meo.amāt dabiťa me argentū:dum erit cōmodū
vbi nō erit:fortaſſe excludeť foras.Fores effregit:reſtituenť. diſcidit veſtem:reſarcieť.eſt dis gratia:etvnde hęc fiāt.et adhuc nō mo
leſta ſunt.poſtremo aut deſine:aut cedo quē vis arbitriū . Te plu-

ra in hac re peccare oftêdã.De.Ei mihi,pater effe difce ab illis: qui
vere fciunt.Mi.Natura tu illi pater es:pfiliis ego.De.tu ne côfiliis
quicq̃?Mi.Ah fi pgis:abiero.De.ficcine agis?Mi.an ego totiens
de eadê re audiã?De.q̃re ê mihi. Mi.et m̃ihi cu̅re ê.Verũ demea
curem?æquã vterq̃ ptê tu alterũ.ego itê alterũ.nã ãbos curare pro
pemodũ repofcere eft illũ quê dedifti. De. Ah micio? Mi.mihi fic
videf.De.quid iftic?fi tibi iftuc placet: profũdat.pdat.pereat.nihil
ad me attinet.Iã fiverbũ vllũ poft hac:Mi.Rurfũ de mea irafcere?
De.an nõ credis?repeton quê dedi?egre eft alien?nõ fũ.fi obfto de
fino.Vnũ vis cure?curo.et eft dis gr̃a:cũ ita utvolo eft.ifte tu?ipfe
fentiet pofteri?:nolo in illũ graui?dicere. Mi.nec nihil nec oĩa hęc
funt q̃ dicit.tñ nõ nihil molefta hęc fũt mihi.fed oftêdere me ęgre
pati illi nolui.Nã ita eft hõ:cũ placo,aduerfor fedulo:et deterreo.
trñvix hũane patif. Verũ fi augeã:aut etiã adiutor fim ei?iracũdie:
ifaniã profecto cũ illo:aut etfi efchin? nõnullã in hac re nobis facit
iniuriã. Q uã hic nõ amauit meretricê?aut cui nõ dedit aliquid?po
ftremo nup(credo iã oĩum tedebat)dixt feuelle vxorê ducere:fpe-
rabã iam deferuiffe adolefcentiã.gaudebã.Ecce autem deintegro.
nifi quicquid eft:volo fcire:atq̃ hoiem ꝑuenire:fi apud forum eft

⟨Sannio leno   ⟨Efchinus adolefcens
Bfecro populares,fęrte mifero,atq̃ innocêti auxiliũ.fub-
uenite inopi.Efchi. Ociofe ilico nũc iam hic côfifte.quid
refpectas?nihil pericli eft.nũq̃(dũ ego adero)hic te tãget. San.ego
iftã inuitis oĩbus.Efch.Quãq̃ eft fceleft?:nõ cõmittet hodievnquã
iterũ vt vapulet.San.Efchine audi ne te ignarũ fuiffe dicas meorũ
morũ.leno ego fum.Efchi.fcio.San.at ita:ut vfq̃ fuit vide quifq̃
optima.tu quod te pofteri? purges,hanc iniuriã mihi nolle factã eê
hui? nõ faciã.crede hoc ego meũ ius pfequar.neq̃ tu verbis folues
vnquã:quod mihi re malefeceris.noui ego,veftra hoc nollê factũ.
iufiurandũ dabif te effe indignũ iniuria hac:indignis cum egomet

ſim acceptus modis. Eſchi. Abi preſtrennue:ac fores aperi. San.
ceterũ hoc nihil facis. Eſchi. I intro iam nunc tu. San. at enim non
ſinã. Eſch. accede illuc pmeno. nimiũ iſtuc abiſti. hic propter hunc
abſiſte. San. Hem. ſic volo. Eſchi. caue nũc iam oculos a meis ocu
lis quoꝗ demoueas tuos: ne mora ſit(ſi innuerim)quin pugnus cõ
tinuo in mala hereat. San. Iſtuc volo ergo ipſũ experiri. Eſch. hem
ſerua. omitte muliere. San. O miſerum facinus? Eſchi. Geminabit
niſi caues. San. Ei miſeriã. Eſchi. Non inuerã? verũ in iſtã partẽ po
tius peccato. tamẽ nunc iam. Sã. Quid hoc rei eſt? regnũ ne eſchi
ne hic tu poſſides? Eſch. ſi poſſiderẽ: ornatus eſſes ex tuis virtutibꝰ
San. Quid tibi mecũ rei eſt? Eſchi. nihil. San. Quid? noſtin ꝗ ſim?
Eſch. non deſydero. San. Tetigin tui quicꝗ? Eſch. Si attigiſſes: fer
res infortuniũ. Sann. qui tibi magis licet meã habere, pro qua ego
argentum dedi? reſponde. Eſchin. ante edis non feciſſe erit melius
hoc conuitiũ. nam ſi moleſtus perges eſſe: iam intro abripiere atꝗ
ibiuſꝗ ad necẽ operiere loris. San. Loris? liber. Eſchi. Sic erit. San
O hoiem impurũ. hiccine libertatẽ aiunt eſſe equã oĩbus? Eſch. Si.
ſatis debachatus iam es leno: audi ſi vis iam. San. ego ne debacha
tus ſum in te: an tu in me? Eſchi. Mitte iſta: atꝗ ad rem redi. Sã.
Quã rem? quo redeã? Eſchi. iã ne mevis dicere id quod ad me at
tinet? San. Cupio modo equi aliꝗd. Eſch. Vah leno in qua me nõ
vult loqui. San. Leno ſũ fateor. pnicies cõmunis adoleſcẽtiũ piurꝰ
peſtis. tamen tibi a me nulla eſt orta iniuria. Eſch. nã hercle etiã id
reſtat. San. Illuc queſo redi: quo cepiſti eſchine. Eſch. minis vigin
ti tu illã emiſti: que res tibi vertat male: argenti trã dabiſ. San. qd
ſi ego tibi illã nolo vendere? coges me? Eſchi. Minime. San. nanꝗ
id metui. Eſchi. neꝗ venũdãdã cenſeo, que libera eſt. nã ego illã li
berali aſſero cauſa manu. nunc vide vtrũ vis argẽtũ accipe: an cau
ſam meditari tuã. delibera hoc(dũ ego redeo)leno. Sã. proh ſupre
me iupiter: minime miror qui inſanire occipiunt ex iniuria. domo

me eripuit. verberauit me inuito abduxit meã. ob malefacta hæc:
tantidẽ emptã poſtulat ſibi tradier. hoi miſero plus qngētos cola-
phos infregit mihi. verũ eni quãdo bene ‚pmeruit: fiat. ſuũ ius po
ſtulat. Age iam cupio: ſi modo argentũ reꝺdat. ſed ego hoc ario-
lor. vbi me dixero dare tanti: teſtis faciet ilico vendidiſſe me. de ar
gento ſomniũ. mox cras redi. Id quoꝗ poſſum ferre: ſi modo red
dat: q̃q̃ iniuriũ eſt. Verum cogito id quod res eſt. quãdo eum quę
ſtum inceperis: accipienda et muſſitanda iniuria adoleſcentiũ eſt.
ſed nemo dabit. fruſtra ego mecum has rationes deputo.

　　　　(Syrus ſeruus　　　　(Sannio

Ace. egomet ꝑueniã ipſũ. cupide accipiat: iam faxo: atꝗ
etiã bñdicat ſecũ eſſe actũ. Quid iſtuc ſãnio eſt qꝺ te au
dio neſcio qd ꝛcertaſſe cũ hero? San. Nunꝗ vidi iniquius certatiõe
cõparatã: q̃ hæc quæ hodie inter nos fuit. ego vapulãdo: ille verbe-
rãdo vſꝗ ambo defeſſi ſumꝰSy. tua culpa. San. qd agerẽ? Sy. adoleſcẽti morẽ geſtũ oportuit. San. qui potui melius: qui hodie vſꝗ
os ꝑbui? Si. Age, ſcis quid loquar? pecuniã in loco negligere maxi
mũ interdũ eſt lucrũ. San. hui. Sy. metuiſti. ſi nũc de tuo iure con
ceſſiſſes paululũ: atꝗ adoleſcẽti eſſes morigeratus hoĩm hõ ſtultiſ
ſime: nenon tibi iſtuc feneraret. San. ego ſpem ꝑcio nõ emo. Sy.
Nunꝗ rem facies. abi. neſcis ineſcare hoies ſannio. Sã. credo iſtuc
melius eſſe. verũ ego nunꝗ adeo aſtutꝰfui: quin quicqd poſſẽ: mal
lem auferre potius in ꝑſentia. Sy. age. noui tuũ aĩm q̃ſi iam vſꝗ ti
bi ſint viginti minæ dum huic obſequare. Prꜩterea autẽ te aiũt pro
ficiſci cyprũ. San. hem. Sy. coemiſſe hinc quæ illuc veheres, multa. nauim ꝛductã. hic ſcio animꝰtibi pẽdet. vbi illinc ſpero redieris
tñ hoc ages. Sã. nuſquã pedẽ. Perii hercle. hac illi ſpe hoc iceperũt
Si. Timet. inieci. ſcrupulũ hoi. Sã. O ſcelera? illud videvt in ipo ar
ticulo opꝑſſit. emptꜩ mulieres cõplures: et itẽ hinc alia quæ porto
cyprũ. nſi eo ad mercatũ venio: damnũ maximũ eſt. nunc ſi hoc

ommittā:actū agam.vbi illinc rediero.nihil eſt.refrixerit res.nunc
demū venis?cur paſſus?vbi eras?ut ſit ſati⁹perdere ꞊ ꝙ aut hic nunc
manere tam diu:aut dum pſequi.Sy.Iam ne enumeraſti/id quod
ad te rediturū putes?San.Hoccine illo dignum eſt? hoccine incipe
re eſchinū:per oppreſſionē vt hanc mihi eripere poſtulet?Sy.Laba
ſcit.vnū hoc habeo ꞉ vide ſi ſatis placet(potius ꝙ venias in periculū
ſannio)ſerues:ne an perdas totū.diuiduū face.minas decem corra
det alicunde.San.Ei mihi:etiā de ſorte nunc venio in dubium mi
ſer.pudet nihil.oēs dentes labefecit mihi.prꞇterea colaphis tuber ē
totū caput.etiā inſuper defraudet.nuſꝙ habeo.Sy.Vt lubet.nūꝗd
vis:quin abeā?San.Immo hercle hoc queſo ſcire:vtut hꞇc ſūt fa
cta꞉potiuſ ꝙ litis ſequar.meū mihi reddat.ſaltē quātī empta eſt ſy
re.ſcio te nō eſſe vſū antehac amicitia mea.memorē me dices eē et
gratū.Sy.ſedulo faciā/ſed cteſiphonē video.lꞇtus eſt de amica.Sā
Quid quod te oro?Syrus.Pauliſper mane.

         ⓒCtheſipho adoleſcens   ⓒSyrus

Bs quiuis hoīe cum eſt opus beneficiū accipere gaudeas.
verū eniuero id demū iuuat꞉ ſi quē ꞇquū eſt benefacere
is benefacit.O frater.frater quid ego nunc te laudē?ſatis certe ſcio
nūꝗ ita magnifice quicꝙ dicā:id virtus.quin ſuperet tua.itaꝗ vnā
hanc rem me habere prꞇter alios p̄cipuā arbitror fratrē hoī neminē
eſſe p̄marū artiū magis principē.Sy.O cteſipho.Cte.O ſyre.eſchi
nusvbi eſt?Sy.ellū.te expectat domi.Cte.hem.Sy.quid eſt?Cteſi.
Quid ſit?illius opera ſyre nūciviuo.feſtiuū caput.qui oīa ſibi poſt
putarit eſſe pro meo cōmodo.maledicta/famā.meū amorē/et pec
catū in ſe trāſtulit.Nihil ſupra poteſt.Sed quiſnā fores crepuit?Sy
Mane.mane ipſe exit foras.

      ⓒEſchinus ⓒCteſipho   ⓒSyrus ⓒSannio

Bi eſt ille ſacrileg⁹?Sā.Mē ꝗrit?nūꝗd nā effert?occidi.ni
hil video.Eſch.ehē.oportune.te ipſū ꝗrito?qd ſit o ctheſi

pho:in tuto eſt ois res ommittevero triſtitiã tuam.Cte.ego illã fa-
cilevero ommitto: qui quidem te habeã fratrẽ.o mi eſchine.o mi
germane.ahvereor corã in os te laudare amplius:ne id adſentan-
di magis q̃ q̄ habeã gratũ/facere exiſtimes.Eſch.age inepte.quaſi
nunc nõ norimus nos inter nos cteſipho. Sed hoc mihi dolet nos
pene ſero ſciſſe:et pene in eum locũ rediſſe:ut ſi oẽs cuperẽt : tibi
nihil poſſent auxiliarier.Cte.pudebat.Eſchi.aha ſtultitia eſt iſtæc.
non pudor. Tam ob puulã rem pene ex patria.turpe dictu.Deos
queſo:ut iſtec prohibeant.Cte.peccaui.Eſch.quid ait tandẽ nobis
ſãnio?Si.Iam mitis eſt.Eſchi.ego ad forũ ibo:ut hunc abſoluã.tu
intro ad illã cteſipho.San.ſyre inſta.Sy.eamus.nãq̃ hic properat
in cyprũ.San.Ne tam quidẽ.q̃uis etiã maneo ocioſus hic.Si.Red
deſ:ne time.San.At/ut omne reddat.Si.Omne reddet.tace.mo
do.ac ſequere hac.San.ſequor.Cte.heus heus ſyre. Si.Ehẽ quid
eſt?Cte.Obſecro hercle te hoĩem iſtũ impuriſſimũ q̃primũ abſolui
tote:ne ſi magis irritatus ſiet: aliqua ad patrẽ hoc permanet : atq̃
ego tunc perpetuo perierim. Sy.non fiet.bono aĩo eſto. tu cũ illa
te intus oblecta interim.et lectulos iube ſterni nobis:et parari cete
ra. ego iam tranſacta re/conuertam me domũ cum obſonio.Cteſi
Ita quæſo.quãdo bene ſuccceſſit:hilarẽ hunc ſumamus diem

⟨ Soſtrata mulier   ⟨Cantara nutrix
OBſecro mea nutrix/quid nunc fiet?Can.Q uid fiet rogas
recte edepol ſpero.So.mõ dolores mea tu occipiunt pri
multi.Can.Iã nũc times:quaſi nũq̃ affueris:nũq̃ tute peperis. So.
miſerã me?neminẽ habeo.ſole ſum?geta aũt hic nõ adeſt. nec quẽ
ad obſtetricẽ mittã:nec qui accerſat eſchinũ. Can.pol is q̃dẽ iã hic
aderit.nã nũq̃vnũ infmittit diẽ:qn ſẽpveniat.So.ſol?mearũ ẽ mi
ſeriarũ remediũ. Can. Hære gnate melius fieri haud potuit: quã fa
ctum eſt hera.quãdovitiũ oblatũ eſt:quod ad illũ attinet potiſſimũ
talẽ/tali genere/atq̃ animo natũ/ex tãtæ familia.Soſtrata. Ita pol

eſt ut dicis. ſaluus nobis deos quæſo, ut ſiet.

¶Geta ſeruus　　¶Soſtrata　　¶Cantara

Vnc illud eſt: quod ſi oĩa oẽs ſua ꝓſilia conferãt atꝙ huic malo ſalutẽ quærãt: auxilii nihil afferãt: quod mihiꝗ hæreꝗ filieꝗ herili eſt. Ve miſero mihi. tot res repẽte circũuallãt: vnde emergi nõ poteſt. vis, egeſtas, iniuſtitia, ſolitudo, infamia. hoccine ſeclũ. o ſcelera. o genera ſacrilega. o hoiem ipĩu. So. Me miſerã: qdnã eſt quod ſic video timidũ, et properãte getã? Ge. quẽ neꝗ fides, neꝗ iuſiurãdũ, neꝗ illũ mia repſſit: neꝗ reflexit: neꝗ ꝙ partus inſtabat prope: cui miſerę indigne per vim vitiũ obtulerat. Soſt Nõ intelligo ſatis, ꝗ loquaꝝ. Can. Propiꝰ obſecro accedãꝰ ſoſtrata. Ge. Ah me miſerũ. vix ſũ cõpos animi: ita ardeo iracũdia. Nihil ẽ qd mallim: ꝗ illã totã familiã dari mihi obuiã: ut irã hãc in eos euo mã oẽm: dũ ægritudo eſt hæc recẽs. ſatis mihi id habeam ſupplicii dũ illos vlciſcar mõ. ſeni aĩam ꝓmũ extinguerẽ ipſi qui illud produxit ſcelꝰ. tũ aũt ſyrũ ipulſorẽ: vah qbꝰillũ lacerarem modis. ſublimẽ mediũ arriperẽ: et capite ꝓmũ in trã ſtatuerẽ: ut cerebro diſpergat viã. adoleſcẽti ipſi eriperẽ oculos. poſthac ꝓcipitẽ darẽ ceꝰos ruerẽ agerẽ. raperẽ. tũderẽ: et proſternerẽ. S₃ ceſſo herã hoc malo iptire prope. So. Reuocemꝰ. geta hẽ. Ge. qſqs es. ſine me. So. ego ſũ ſoſtrata. Ge Vbi ea ẽ?teipſã ꝙrito. te expecto. oppido oportune te obtuliſti mihi obuiã hera. So. qd ẽ?qd trepidas? Ge. Ei mihi. So. quid feſtinas mi geta? aĩm recipe. Ge. Prorſus. So. quid iſtuc prorſus ergo eſt? Ge. perimꝰ actũ eſt. Soſt. eloquere obſecro te, quid ſit. Ge. iã So. quid iam geta? Ge. eſchinꝰ. So. (Quid is ergo? Ge. alienꝰ eſt ab noſtra familia. So. hem perii. quate? Ge. Amare occepit aliam. So Ve miſere mihi. Ge. neꝗ id occulte fert. ab lenone ipſus eripuit palam. Soſtra. ſatin. hoc certe? Ge. Certe hiſce oculis egomet vidi ſoſtrata. So. ah me miſerã? qd iã credas? aut cui credas? nĩm eſchimũ noſtrarũ vitã oĩm? in quo noſtre ſpes opeſꝗ oẽs ſite erãt. ꝗ ſine hac

iurabat feunū nūq̄victurū diē qui fe in fui gremio pofiturū puerū
dicebat.patris ita obfecraturū:ut liceret hāc fibivxorē ducere.Ge.
Hera lachrymas mitte.ac poti⁹qđ ad hāc rē opus eft:porro ɔfule.
Patiamur ne/an narrem⁹ cuipiā?So. au au mi hō ſanⁿe es?an ɔfe
rendū hoc tibi videſ eē vl q̄?Ge. mihi qdē nō placet. Iā p̄mū illū alie
no aīo ab nobis eē/res ipſa indicat. nūc fi hoc palā ɔferem⁹: ille infi
cias ibit:fat fcio:tua fama et gnatę vita in dubiū veniet.tū fi maxīe
fateaſ:cū amat aliā:nō ē vtile hāc illi dari.Qua ɔpſ quoquo pacto
celato eft op⁹.So.ah mime gētiū nō faciā.Ge.Quid agis? So.Pro
ferā.Ge.Hem mea foſtrata/ vide quā rē agas.Soſt. peiore loco res
nō poteſt effe:q̄ in quo nunc fita eft.p̄mū indotata eft.tū preterea
quæ fecunda ei dos erat:periit. pro virgine dare nuptū nō poteſt.
hoc reliquū eft:fi inficias ibit:teſtis mecū eft anulus:quē ipſe ami
ferat.poſtremo quādo ego ɔfcia mihi fum:a me culpā eē hāc pro-
cul:neq̄ preciū/neq̄ rem vllā interceffiffe.Illā aut me indignā geta
experiar.Ge. quid iſtic?accedo/ut melius dicas. So.Tu(q̄tū potes)
abi atq̄ hegioni cognato huius rem enarrato oēm ordine. nā is no
ſtro fimulo fuit fummus:et nos coluit maxime.Ge.nā hercle alius
nemo refpicit nos.So. propera tu mea cantara.curre.obſtetricem
accerfe:ut cum opus fit:ne in mora nobis fiet.

(Demea

Iſperii.cteſiphonē audiui filiū vna affuiffe in raptione: cū
æſchino.id miſero reſtat mihi mali: fi illū poteſt qui ali-
cui rei eft:etiā ad nequitiā adducere. Vbi ego illū querā?
credo abductū in ganeū aliquo.pſuafit ille ipurus : fat fcio.Sed ec
cū fyrū ire video.hinc fcibo iam vbi fiet.atq̄ hercle hic de grege illo
eft.fi me fenferit eum queritare:nunq̄ dicet carnifex.nō oſtēdam
id mevelle.   (Syrus (Demea

Mnem rem modo feni (quo pacto haberet) enarra
mus ordine.nihil vidi quicq̄ lętius.Dem. proh iupiter

hominis ſtultitiã?Sy.ɔlaudauit filiũ.mihi(qui id dediſſem conſiliũ)
egit gratias.De.Diſrumpor.argentũ adnumerauit ilico. dedit pre
terea in ſumptũ dimidiũ minę id diſtributũ ſane eſt ex ſentẽtia. De
Hem.huic maꬶdes:ſi quid recte curatum velis.Sy.Hem demea,
haud aſpexerã te.quid agitur?De.Q uid agatur? veſtrã nequeo mi
rari ſatis rationẽ.Sy.eſt hercle inepta(ne dicam dolo)atꝗ abſurda.
Piſces cæteros purga dromo.congrũ vero iſtum maximũ in aqua
ſinito ludere pauliſper.vbi egovenero:exoſſabitur.prius nolo.De.
Heccine flagicia.Sy.mihi quidem non placent.et clamo ſepe.ſal-
ſamenta hec ſtephanio fac maceretur pulchre.De.Diuoſtram fidẽ
vtrum ſtudio ne id ſibi habet? an laudi putat fore ſi pdiderit gnatũ
ve miſero mihi.viderevideor iam diẽ illũ:cũ hinc egens profugiet
aliquo militatũ.Sy.o demea iſtuc eſt ſapere:non quod ante pedes
modo eſt videre:ſed etiã illa que futura ſunt proſpicere.De.Q uid
iſtęc iam penesvos pſaltria eſt?Sy.Eſt iam intus.De.Eho,an domi
eſt habiturus?Sy.Credo:ut eſt dementia.De.heccine fieri flagicia?
Sy.inepta lenitas patris:et facilitas praua.De.fratris me quidẽ pi-
get:pudetꝗ.Sy.Nimiũ intervos demea(ac non quia ades preſens
dico hoc)pernimiũ intereſt.tu quãtuſquãtus nihil niſi ſapientia eſt.
ille ſõniũ.ſineresvero illum tu tuũ facere hęc?De.ſinerẽ illũ?aut nõ
ſex totis menſibus prius olfeciſſem:ꝗ ille quicꝗ cœperit?Sy. vigilã
tiã tuã tu mihi narras.De.Sic fiet modovt nunc eſt quęſo.Sy.Vt
quiſꝗ ſuumvult eſſe:ita eſt.De.Q uid?eũvidiſtin hodie? Sy.Tuũ
ne filiũ?Abiit iam hinc rus.iãdudũ aliquid ruri agere arbitror.De.
ſatin ſcis ibi eſſe?Sy.Oh qui egomet produxi?De.optime ẽ.metui
ne hereret hic.Sy.atꝗ iratum admodũ.De.qd autẽ? Sy.Adortus
eſt iurgio fratrẽ apud forũ de pſaltria iſtac.De.ain vero.Sy.Vah
nihil reticuit.Namvt numerabaꞇ.forte argentũ : interuenit hõ de
iprouiſo.cœpit clamare.o eſchine hęccine flagicia facere te?hæc te
admittere indigna genere nɼo?De.oh oh.lachrymo ꝑ gaudio.Sy.

nõ tũ hoc argẽtũ pdis:ſedvitã tuã. De.ſaluus ſit. ſpero eſt ſilis ma
iorũ ſuũ.Si.HuiꝗDe.Syre ꝓceptorũ plenus eſt iſtorũ ille.Si.Philo
ſophos domi habuit,vnde diſceret.De.Fit ſedulo. nihil ꝓtermitto
ꝓſuefactio.deniꝗ inſpicere tãꝗ in ſpeculũ vitas hoĩm iubeo:atꝗ
ex aliis ſumere exẽplũ ſibi.hoc facito.Si.recte ſane. De. Hoc fugi
to.Si.callide.De.Hoc laudi eſt.Si.iſtec res eſt.De.hocvitio datur
Si.probiſſime.De.porro aũt.Si. nõ hercle ociũ eſt nũc mibi auſcul
tãdi.Piſces ex ſentẽtia nactus ſũ.hi mihi ne corrũpanꝑ, cautio eſt .
nã id nobis tam flagiciũ eſt:ꝗ illa demea non facerevobis:ꝗ modo
dixti.et qd queo.ꝓſeruis ad eundẽ iſtunc ꝑcipio modũ. hoc ſalſũ ẽ
hoc aduſtũ eſt.hoc lautũ eſt parũ.illuc recte.iterũ ſic memento. ſe
-dulo moneo,ꝗue poſſũ:pro mea ſentẽtia.Poſtremo tãꝗ in ſpecu
lũ in patinas o demea inſpicere iubeo:et moneo:qd facto opꝰſiet .
Inepta hẹc eſſe(nos ꝗ facimꝰ)ſẽtio. verũ qd facias:ut hõ eſt:ita mo
rẽ geras.NunqdvisꝗDe.mentẽvobis meliorẽ dari.Sy. tu rus hinc
abisꝗDe.recte. Si. nam quid tu hic agas꞉ vbi ſi quid bene ꝑcipias :
nemo obtemperatꝗDe.Egovero hinc abeo:qñ is ꝗobrẽ hucvene-
rã)rus abiit.illũ curovnũ. ille ad me attinet:quãdo itavult frater.de
iſtoc ipſeviderit.Sed qs illic eſt,pcul quẽvideoꝗ eſt ne hegio tribulis
noſterꝗſi ſatis cerno:is hercle eſt.vah.hõ amicus nobis iam inde a
puero.Di boni,ne illiuſmodi iam magna nobis ciuiũ pœnuria eſt.
homo antiqua virtute ac fide.haud cito mali qd ortũ ex hoc ſit pu
blice.ꝗ gaudeo:vbi etiã huius generis reliquias reſtare video ꝗ vah
viuere etiam nunc libet.operiar hoĩem hic vt ſalutem:et colloquar

❡Hegio ❡ Geta ❡Demea

Roh di immortales facinus indignum : geta quid nar-
rasꝗGe.ſic eſt factum.He.ex illan familia tam illiberale
facinus eſſe ortumꝗO eſchine pol haud paternum iſtuc
dediſti.De.Videlʒ de pſaltria hoc audiuit . it illi nũc do
let alieno.pater is nihilipendit : ei mihi : vtinam hic prope adeſſet

alicubi :atq; audiret hæc.He. nifi faciēt, que illos æquū eſt: haud fic
auferrent.Ge.In te ſpes oīs hegio nobis fita eſt. te ſolū habem'. tu
es patronus . tu pater ille tibi moriēs nos cōmēdauit ſenex.fi deſe
ris tu: perim'. He. caue, dixeris.neq; faciam: neq; me fatis pie poſ
ſe arbitror.De.abibo, ſaluere hegionē plurimū iubeo.He.O te q̄re
bam ipſū. ſalue demea.De.Quid autē? He.Maior filius tu' eſchi-
nus(quē fratri adoptandū dediſti)neq; boni, neq; liberalis funct' offi
ciū eſt viri.De. Q uid iſtuc eſt? He.nēm amicum noras fimulū, atq;
æqualē? De. Q uidni.Heg. Filiā eius virginē vitiauit. De.Hem. He
Mane.nōdū audiſti demea: quod eſt grauiſſimū . De.An quicq̄ ē
etiā amplius? He. Vero amplius. Nam hoc quidē ferēdum aliquo
modo eſt. pſuafit nox.amor, vinū, adoleſcētia.humanū ē. Vbi ſcit
factū: ad matrē vriginis venit ipſus vltro lachrymās, orans, obſecrās
fidē dans, iurans ſe illā ducturū domū.ignotū eſt.tacitū eſt.creditū
eſt. virgo ex eo cōpreſſu grauida facta eſt. menſis hic decimus eſt.
Ille bonus vir nobis pſaltriā(fi dis placet) pauit: qui cum viuat. illam
deſerat.De.Pro certon tu iſtec dicis? He. mater virginis in medio ē
ipſa virgo. rēs ipſa.hic geta p̄terea vt captus eſt ſeruuolorū: non ma
lus neq; iners alit illas. ſolus oēm familiā ſuſtētat. hūc abduce. vin-
ci.quere.rem.Ge.immo hercle extorque: nifi ita factū eſt demea.
poſtremo nō negabit.corā ipſo cedo.De.pudet. nec quid agā : nec
quid huic reſpōdeā : ſcio. ⦅ Pāphila   Hegio   Geta   Demea .
M   Iſeram me. differor doloribus. iuno lucina. fer opē ſerua
me obſecro. He. hem. numnā illa q̄ſo p̄turit? Ge. certe he
gio. He. hem illec fidē nunc n̄rāz implorat demea. quod
vos ius cogit: id volūtate impetret. hæc primū vt fiant: de
os q̄ſo, ut vos decet. ſin aliter anim' voſter eſt : ego demea ſuma vi
defendā hanc: atq; illū mortuū. cognat' mihi erat vna a pueris per
uulis ſumus educati. vna ſemp militiē et domi fuimus. pauptatem
vna p̄tulimus grauē. quapropter nitar. faciā. experiar. deniq; aiam

relinquā potius: q̃ illā deserā. Quid mihi rrīdes?De.Fratrē ꝑueniā
hegio.is qd̄ mihi de hac re dederit ꝓsiliū: id sequar.He.sed demea
hoc tu facito.tecū aio cogites.q̄vos facillime agitis: q̃ estis maximi
potētes:dites,fortunati,nobiles:tāmaximᵫ,vos æq̄uo aio equa noscere oportet:sivosvultis ꝑhiberi probos.De.redito.fiēt(quæ fieri
equū ē)oĩa.Heg.decet te facere:geta duc me ad sostratā. De.Nō
me indicête,hæc fiūt. vtinā hoc sit mō defunctū. verū nimĩa illec li
centia profecto euadet in aliqd̄ magnū malū. Ibo:et requirā frēm
ut in eū hæc euomā.He.bono aĩo fac sis sostrata:et istā(qd̄ potes)
fac ꝓsola re.Ego mitionē(si apud forū est)ꝑueniā:atꝗ vt res gesta ē
narrabo ordine.si est facturus:vt sit officiū suū faciat.sin aliter de
hac re est eius sentêtia:respōdeat mihi:ut quid agā,q̄primū sciam

       ([Ctesipho   ([Syrus.

In patrē hinc abisse rus?Sy.Iādudū.Ctesi.dic sodes. Sy.
Apudvillā ē.nūc aūt maxie opis aliqd̄ facere credo.Cte.
Vtinā qdē(qd̄ cū salute ei꜒fiat)ita se defatigarit,velim:ut t̃duo hoc
ꝑpetuo prorsū e lecto nequeat surgere.Sy.Ita fiat:et istoc(siqd̄ po
tis ē)recti꜒.Cte.Ita.nā hūc diē misere nimis cupio(ut cœpi)ꝑpetuū
in lætitia degere.et illud rus nulla alia causa tā male odi:nisi quia
prope est.qd̄ si abesset lōgi꜒:ꝓus nox oppꝛssisset illic:q̃ huc reuerti
posset iterū.nuncvbi me illic nō videbit:iā huc recurret,sat scio.ro
gabit me,vbi fuerim:quē ego hodie toto nōvidi die.quid dicā?Si.
Nihil ne in mente est?Cte.Nūq̃ quicq̃.Si.Tāto neqor.cliens,ami-
cus,hospes nemo estvobis?Cte.sunt.quid postea?Si.Hisce opera
ut data sit.Cte.Quæ nō data sit?nō potest fieri.Si.potest.Cte.Int̃
diu.sed si hic ꝑnocto:cause quid dicā syre?Si.Vah q̃ vellē etiā no-
ctu amicis operā mos esset dari.Quin tu ociosus es?ego illi꜒sensū
pulchre calleo.cum feruet maxime:tam placidū,q̃ ouē reddo.Cte
Quō?Sy.Laudarier te audit libenter.facio te apud illum deū.vir-
tutes narro.Cte.Meas.Si.Tuas.homini ilico lachryme cadūt,qua
                                   h.i.

fi puero gaudio.hem tibi autem.Cte. Quidnàm eſt.Si. Lupus in
fabula.Ctefi. Pater adeſt.Si. Ipſus eſt.Ctefi.Syre quid agimus. Sy
Fuge modo intro.ego videro.Cte.ſi quid rogabit: nuſq̃ tu me. au
diſtin?Si. Pot ineyt deſynas.

      ❦Demea   ❦Cteſipho '   ❦Syrus.

E egomet homo ſum infœlix.primū fratrē nuſquā inuenio gentiū.Preterea autē dum illum quero:a villa merce
nariū vidi.is filiū negat eſſe ruri.nec quid agā,ſcio. Cte.
Syre.Si. Quid agis?Cteſi.Men querit?Si. Verum.Cte. Perii.Si.
Quin tu aio bono es.De.Quid hoc malū infœlicitatis?nequeo ſa
tis decernere: niſi me credo huic eſſe natū rei,ferendis miſeriis.Pri
mus ſentio mala noſtra. primus reſciſco oīa. primus porro obnū-
tio.ægre ſolus(ſiquid fit)fero.Si. Rideo hunc. primū ait ſe ſcire. is
ſolus neſcit oīa. De.Nunc redeo. ſi forte frater redierit: viſo.Cte.
Syre obſecro,vide: ne ille huc prorſus ſe inruat. Si.etiā taces.ego
cauebo.Cteſip.nunq̃ hercle ego hodie iſtuc cōmittā tibi. Nam me
in cellā aliquā cum illa cōcludā.id tutiſſimū eſt.Si. Age,tamē ego
hunc āmouebo.De. Sed eccū ſceleratū ſyrū.Si. Nō hercle hic quidem durare quiſquā(ſi ſic fit)poteſt. ſcire quidē volo:quot mihi ſūt
dñi.quæ hęc eſt miſeria?De. Quid ille gannit?quid vult?qd ais bo
ne vir?eſt frater domi?Si. Quid?malū.bone vir mihi narras?qui-
dem perii.De. Quid tibi eſt?Si.rogitas?cteſipho me pugnis miſerum,et iſtam pſaltriā vſq̨ occidit.De.Hem quid narras?Sy. Hem
vide: ut diſcidit labrum.De. q̃obrē?Si.Me impulſore hanc emptā
eſſe ait. De. num tu eum rus hinc dixtin abiſſe?Si.factū eſt. verum
venit poſt inſaniēs.nihil pepcit.nū puduiſſe verberare hoīem ſenē
quē ego modo puerū tantillū in māibus geſtaui meis? De. Laudo
cteſipho patriſas.abi. virū te iudico. Si. laudas ne?ille ꝑtinebit poſt
hac(ſi ſapiet)manus. De. Fortiter.Sy. Perq̃. qui miſerā mulierē et
me ſeruulū(qui referire non audebā)vicit. hui ꝑfortiter.De.Nō po

tuit melius.idem qd ego senſit: te eſſe huic rei caput.Sed eſt ne fra
ter int?Sy.Nõ é.De.Vbi illĩ q̃rã,cogito.Sy. Sciovbi ſit: verũ ho
die nũq̃ mõſtrabo.De.Hḗ qd ais?Sy.Ita.De.Diminueſ tibi q̃dē iã
cerebrũ.Si.At nomē neſcio illi°hois:ſʒ loqi vbi ſit.De.Dic er
go locũ. Si.Noſti pořticũ apd macellũ ħac deorſũ?De.q̃dni noue
rim?Si.Pretẽrito ħac recta platea ſurſũ. vbi eoveneris:cliu°deorſũ
vorſũ é.ħac te p̃cipitato.poſtea ḗ ad ħãc manũ ſacellũ: ibi ãgipor
tũ.pp̃ ́é.De.Q uodnã?Sy.Illicvbi etiã caprific° magna ●noſtin?
De.Noui.Si.Hac pgito.De.Id q̃dē ãgiportũ nõ é puiũ.Si.Verũ
hercle.vah?cenſen hoiem me eé?erraui.in porticũ rurſũ redi.ſane
ħac multo propi°ibis: et minor ḗ erratio.Scin cratini hui°ditis ędis?
De. Scio. Sy. Vbi eas p̃terieris:ad ſiniſtrã ħac recta platea. vbi ad
dianeveneris:ita ad dextrã: p̃uſq̃ ad portã aduenias. Apud ipſũ lo
cũ ḗ piſtrilla: et ex aduerſũ fabrica. ibi eſt.De.Q uid ibi facit?Si.lec
tulos in ſole ligneis pedib°faciũdos dedit: vbi potetis vos.De.Be
ne ſane.ſed ceſſo ad eũ pgere.Si.I.ſane ego te exercebo hodie(ut
dign°es)ſilicerniũ.Eſchin°odio ſe ceſſat.prandiũ corrũpiſ.cteſipho
aũt ḗ in amore tot°ego iã p̃ſpiciã mihi.Nã iã àdibo:atqʒ vnũ qcqd
(qd q̃dē erit belliſſimũ)carpã:et ciathos ſorbillãs paulatim ħũc pro
ducã diem. ___ ¶ Mitio   ¶ Hegio

Go in hac re nihil reperio:q̃obrē lauder tãtope hegio. me
um officiũ facio. qd pctrũ a nobis ortũ eſt corrigo. niſi ſi
me in illo credidiſti eſſe hoim numero : qui ita putãt ſibi
fieri.iniuriã vltro ſiquã fecere:ipſi expoſtulãt:et vltro accuſant.Id
qa nõ eſt a me factũ:agis g̃ras? He.Ah minime.nũq̃ te aliter atqʒ
es:in aim induxi meũ.Sed q̃ſovtvna mecũ ad matrē virginis eas
mitio.atqʒ iſtęc eadē(q̃ mihi dixti)tute dicas mulieri:ſuſpitiõeʒ ħãc
.pp̃ fratrē eius eſſe,et illam pſaltriã.Mi.Si.ita ęquũ cenſes:aut ſi
ita opus eſt facto:eamus.He.Benefacis.nam et illi animũ iam re
uelabis:quę dolore ac miſeria tabeſcit : et tuo officio fueris fũctus
                                    h.ii

sed si aliḗ putas:egomet narrabo:quæ mihi dixti. Mi. Immo ego
ibo. Heg. Benefacis. Oẽs quibus res sunt minus scde: magis sunt
(nescio quō)suspiciosi.ad ꝑtumeliā oia accipiũt magis. propter suā
impotentiā se seꝰp credunt negligi , Quapropter teipsũ purgare
ipsis corā placabilius est. Mi. Et recte, et verûm dicis. He. Sequere
me ergo hac intro. Mi. Maxime.

ⰓEschinus

Iscrutior animi. hoccine de improuiso mali mihi obici trĩ
ut neꝗ quid me faciā:nec quid agam certũ siet? membra
metu debilia sunt. anim̃timore obstupuit. pectore ꝑsistere nihil cō
silii quid. Vah quō me ex hac expediā turba? tanta nũc suspitio de
me incidit. neꝗ ea immerito. Sostrata credit mihi me psaltriā hanc
emisse. id anus mihi indiciũ fecit. Nam ut hinc forte ea ad obstetri
cem erat missa: vbi vidi eam:ilico accedo. rogito: pāphila qd agat.
iam partus adsiet. eo ne obstetricē accersat. illa exclamat . abi abi iā
ꝗschine. satis diu dedisti verba nobis. satis adhuc tua nos frustrata ē
fides. hem qd istuc obsecro(inꝗ)est? valeas. habeas illā: que placet.
Sensi ilico ad illas suspicari. sed me rephendi tamē: ne quid de fra
tre garrule illi dicerē:ac fieret palā. Nunc quid faciā? dicā fratris eē
hanc:id quod minime est opus vsꝗ efferri? age. mitto fieri. potis est
ut ne qua exeat. Ipsũ id metuo: ut credant. tot ꝑcurrũt verisilia. ego
met rapui. ipse egomet solui argētũ. ad me abducta est domũ. hæc
adeo mea culpa fateor fieri. nõ me hanc rem patri(ut erat gesta)in
dicasse? exorassē:ut eam ducere. cessatũ vsꝗ adhuc est. Nunc porro
ꝗschine expgiscere. nunc hoc est primũ. ad illas ibo: ut purgē me.
accedā ad fores. perii. horresco semp: vbi pulsare hasce occipio fo
res miser. heus heus ꝗschinus ego sum. aperite aliquis ac tutũ ostiũ
prodit ne scio quis. concedam hoc. ⰓMitio ⰓEschinus.
i Ta(ut dixi)sostrata facito. ego eschinũ ꝑueniā:ut quō acta
hec sunt: sciat. sed quis ostiũ hoc pulsauit? Esch. Pater her

cle eſt.perii.Mi. eſchine. Eſchi.quid huic hic negotii ē?Mi. Tu ńe
has pepuliſti fores?tacet.Cur non ludo hūc aliquātiſp?melius eſt .
qñquidē hoc nunq̄ mihi ipſevoluit credere. Nihil mihi reſpondes?
Eſchi.Nō equidē iſtas:quod ſciā.Mi.Ita.ṗam ṃirabar:qd hic ne
gocii eſſet tibi. erubuit.ſalua res eſt.Eſchi.Dic ſodes pater.tibivero
quid iſtic rei eſt?Mi. Nihil mihi quidē. amicus quidē me a foro ab
duxit modo huc aduocatū ſibi. Eſch. Q uid?Mi. ego dicā tibi. habi
tant hic q̄dā mulieres paupcule. ut opinor has nō noſſe te:et certo
ſcio. neq̄ eni diu huc cōmigrarunt. Eſchi. Q uid tum poſtea?Mi.
Virgo eſt cū matre.Eſchi.Perge. Mi. Hæc virgo orba eſt ṗre.hic
meus amicus illi genere eſt proxim⁹.huic leges cogūt nubere hāc.
Eſchi.Perii.Mi.Q uid eſt?Eſchi.nihil.recte.pge.Mi.Isvenit : ut
ſecū adueheat. nā habitat mileti.Eſchi.Hem. virginē vt ſecū adue
hāt?Mi.Sic eſt.Eſchi.Miletūvſq̄ obſecro?Mi. Ita.Eſchi. Animo
male eſt. quid ipſe?qd aiunt?Mi. Q uid iſtas cēſes?nihil eni. cōmē
ta mater eſt eſſe ex alioviro(neſcio quo)puerū natū. neq̄ eū noiat.
priorē eſſe illū. nō oportere huic dari.Eſchi. eho ńone hæc iuſta ti
bi videnſ poſtea?Mi.nō. Eſch. Obſecro nō?an illā hinc abducet ṗ
Mi. Q uid:illā ni abducat?Eſchi.Factū avobis durit́,immiſericor
diterq̄,atq̄ etiā(ſi eſt páter dicēdū magis apte)illiberaſr. Mi.q̄obrē
Eſchi.Rogas me?quid illi tandē creditis fore animi miſero:qui cū
illa p̄ſueuit prius: qui infœlix haud ſcio͵an illā miſere nunc amat.
cū hanc ſibividebit p̄ſens p̄ſenti eripi.abduci ab oculis?facinus indi
gnū pater. Mi. qua ratiōe iſtuc?quis deſp̄ōdit?quis dedit?cui?quan
do nupſit?auctor his rebus qui eſt?cur duxit alienā?Eſchi.ain ſede
re oportuit domi virginē tam grandē:dum cognat⁹huc illincveni
ret ͵ expectantē? hec mi pater te dicere equū fuit:et̄,id defendere.
Mi.Ridiculū.aduorſū me illum cauſā dicerē:cui v̄ḡnerā aduocat?⁹
ſed quid iſta æſchine noſtra :aut quid nobis cum illis?abeamus.qd
eſt?quid lachrimas?Eſchi.pater obſecro auſculta. Mi. Eſchine au

diui oĩa: et ſcio.nam te amo.quo magis que agis,cure ſunt mihi.
Eſchi.ita velim,me promerēte ames:dum viuas o mi pater:ut me
hoc delictũ amiſiſſe in me id mihivehemenť dolet:et me tui pudet
Mi.credo hercle,nam ingeniũ noui tuũ liberale.ſed vereor:ne in-
diligēs nimiũ ſies.In qua ciuitate tandē te aſbitrare viuere?Virginē
vitiaſti:quã te ius nõ fuerat tãgere.iam id peccatũ pmũ magnũ.at
humanũ tamē.fecere alii ſepe itē boni.at poſtæ id euenit: cedo nũ
quid circũſpexiſti?aut nũquid tute,pſpexiſti tibi quid fieret?qua fie
ret?ſi te mihi ipſũ puduit dicere qua reſciſcerē hæc dũ dubitas. mē
ſes abierunt decē.Prodidiſti te,et illã miſerã,et gnatũ: quod quidē
in te fuit.Q uid credebas?dormiēti hæc tibi cõfecturos deos: et illã
ſine tua opera in cubiculũ iri deductũ domũ?nolim ceterarũ rerum
te ſocordē eodē modo.Bono aĩo es.duces vxorē hãc.Eſchi.Hem
Mi.Bono aĩo es inq.Eſchi.pater obſecro nũ ludis tu nũc me? Mi
Ego te?qobrē?Eſchi.neſcio.quia tam miſere eſſe cupio.verũ ideo
vereor magis.Mi.abi domũ.ac deos cõprecare:ut vxorē accerſas.
abi.Eſch.Q uid?iam ne vxorē ducã?Mi.Iam.Eſch.Iam?Mi.Iam
ætũ poteſt.Eſc.Di me pater oēs oderint:ni magis te q̃ oculos nũc
ego amo meos.Mi.Q uid?q̃ illã?Eſchi.Aeque.Mi.Perbenigne.
Eſchi.quid ille?vbi eſt mileſius? Mi.Abiit.periit.nauē aſcēdit.ſed
cur ceſſas?Eſchi.Abi pater.tu potius deos cõprecare.nam tibi eos
certo ſcio(quo vir melior multo es,q̃ ego)obtēpaturos magis.Mi.
ego eo intro:ut que opus ſunt parenť.tu fac:ut dixi:ſi ſapis.Eſch
Q uid eſt hoc negocii?hoc eſt patrē eſſe?aut hoc eſt filiũ eſſe?ſi frať
aut ſodalis eſſet:qui magis morē gereret?hic nõ amandus? hiccine
nõ geſtandus in ſinu eſt?hem.itaæ adeo magnã mihi iniecit ſua co
moditate curã:ne imprudēs forte faciã,qđ nolit.ſciēs cauebo.Sed
ceſſo ire intro:ne mora meis nuptiis egomet ſiem.   Demea

D Efeſſus ſum ãbulando.ut ſyre te cũ tua mõſtratiõe magnus perdat iupiter.preptaui vſæ omne oppidũ ad por-

tam,ad lacū. quo nõ? nec fabrica illicvlla erat: nec fratrē hõ vidiſſe
ſe aiebat quiſq̄. nūcvero domi certū obſidere eſt vſqꝫ donec redierit

Bo.illis dicā nullā eſſe in nobis mora.De.ſed eccum ipſū,
te iamdudū quęro mitio.Mi.Q uidnā?De.Fero alia flagicia ad te ingentia boni illius adoleſcentis.Mi. Ecce aūt.De.No-
ua,capitaliā.Mi.Ohe iam?De.Ah neſcis quivir ſit. Mi.ſcio.De.
Ah ſtulte.tu de pſaltria me ſomnias agere?hoc peccatū in virginē
eſt ciuē.Mi.ſcio.De.Eho ſcis et patere?Mit.Q uid ni patiar?De.
dic mihi non clamas?nõ inſanis?Mi.Non.malim quidē. De.Pu-
er natus eſt.Mi.Di benevortant.De.Virgo nihil habet.Mi.Au-
diui.De.et ducenda indotata eſt?Mi.ſcilicet.De.Q uid nūc futurum eſt?Mi.Id enim,quod res ipſa fert.Illinc huc tranſferet?virgo
De.O iupiter iſtoccine pacto oportet.Mi.Q uid faciā ampli’?De.
Q uid facias,rogitas?ſi nõ ipſa re tibi iſtuc dolet: ſimulare certe eſt
hois.Mi.Q uin iam virginē deſpondi.res cōpoſita eſt fiūt nuptie.
dempſi metū oēm. hæc magis ſūt hois.De.cęterū placet tibi factū
mitio?Mi. non:ſi queā mutare.nunc cum non queo:ęquo aīo fe-
ro.itavita ē hoim:q̄ſi cū ludas teſſeris.ſi illud quod maxime op’ ē
iactu:nõ cadit:illud quod forte cecidit:id arte ut tu corrigas. De.
Corrector.nempe tua arte viginti mine pro pſaltria periere. q̄(q̄tū
poteſt)aliquo abicienda ē:ſi nõ precio: vel gratis.Mi.neqꝫ ē neqꝫ
illā ſane ſtudeovendere.De.Q uid igiſ facias? Mi.domi erit.De.
proh diuū fidē meretrix et matꝫfamilias erit vna in domo.Mi.Cur
non?De.Sanū ne te credis eſſe?Mi.Equidē arbitror.De.Ita me di
ament:ut video tuā ego ineptiā.facturū te credo:ut habeas,qui cū
cātices.Mi.Cur nõ?Dę.et noua nupta eadē hæc diſcet?Mi.Scꝫ.
De. Tu inter eas reſtim ductans ſaltabis. Mi.Probe.et tu nobiſ cū
vna:ſi opus ſit.De.Ei mihi. non te hæc pudent?Mi.Iā vero omit
te demea tuā iſtanc iracūdiā:atqꝫ itavti decet hylarē,ac lubentē fac

h. iiii.

te in gnati nuptiis.ego hos couenia. post huc redeo.De.O iupiter,
hanccine vitã?hoscine mores?hanc dementiã? vxor sine dote veni-
et.intus psaltria est.domus sumptuosa.adolescēs luxu pditus. senex deliras.Ipsa (& cupiat) salus seruare prorsus nõ potest hanc fa-
miliam.　　　　⟨Syrus　　　　　　⟨Demea

Depol syrisce te curasti molliter: lauteqȝ munus ammini
strasti tuũ.abi.sed postȝ intus sum oim rerũ satur:p de-
ambulare huc libitũ est. De.Illud sis vide exemplũ disci-
plinȩ. Sy.ecce aũt hic senex noster,quid sit?quid tu es tristis? De.
Ohe scelus.Sy.Eho.iam tu verba fundis hic sapientia.De.Tum si
meus esses.Sy.Dis quidẽ esses demea:ac tuã rẽ stabilisses.De.Exẽ
plũ oĩbus curarẽ ut esses.Sy.Q uãobrẽ?Q uid feci? De. Rogas in
ipsa turba atqȝ in peccato maximo(quodvix sedatum est)satis po-
tasti scelus?quasi re bene gesta.Sy. sane nollem hunc exitũ.

　　　　⟨ Dromo puer　　　⟨Syrus　　　⟨Demea

Eus syre rogat te ctesipho:ut redeas.Sy.Abi.De. Q uid
ctesiphonẽ hic narras?Sy.Nihil.De.eho carnifex est cte-
sipho intus?Sy.Non est.De.Cur hic nominat?Si.Est ali
us quidã parasitaster puulus.nostin?De.Iam scibo. Sy. Q uid ais?
quo abis?De.mitte me.Sy.noli inȝ.De. Non manũ abstines ma-
stigia?an tibi mauis cerebrũ dispargi hic. Sy.abiit.edepol cõmessa-
torem haud sane cõmodũ,psertim ctesiphoni. quid ego nunc agã
nisi dum hec silescunt turbe interea in angulum aliquo abeã : atqȝ
edormiscam hocvini.sic agam.

　　　　⟨Mitio senex　　　　　　⟨Demea.

A rata a nobis sũt(ita vt dixi)sostrota. vbi vis. quisnã a me
pepulit tam grauiter fores?De.ei mihi quid faciã? qd cla-
mẽ:aut querar?o celũ.o terra.o maria neptuni. Mi.hem tibi resci
uit oẽm rem.id nunc clamat. scȝ parate lites succurrendũ est. De.
Eccum adest cõmunis corruptela nostrorum liberũ.Mi.Tandẽ re

prime iracundiã : atq; ad te redi. De . repreſſi. redii . mitto maledicta oĩa . rem ipſam putemus . dictũ inter nos hoc fuit . ex te adeo or
tum eſt : ne tu curares meũ : neve ego tuũ . reſponde . Mi . Factũ ē
non nego . De . Cur nunc apud te potat? cur recipis meũ ? cur emis
amicã mitio? nunquid minus mihi idē ius ęquũ eſt eſſe quod mecũ
eſt tibi? qñ ego tuũ nõ curo ne cura meũ . Mi . Non ęquũ dicis . De .
Non? Mi . Nam vetus quidē hoc verbũ eſt : cõmunia eſſe amicorũ
inter ſe oĩa . De . Facete . nũc demũ iſtęc nata oratio ē . Mi . Auſculta paucis (niſi moleſtũ eſt) de mea . Principio ſi id te mordet : ſũptũ
filii quē faciunt q̃ſo facito . hæc tecũ cogites . Tu illos tuos olim pro
re tollebas tua . q̃ ſatis putabas tua bona ãbobus fore . et me tũ vxo
rem credidiſti ſc3 ducturũ . eandē illã rationē ãtiquã obtine . ꝑſerua
quere . parce . fac q̃plurimũ illis relinquas . gloriã tu iſtanc tibi obtine . Mea (que p̃ter ſpē euenere) vtãt̃ : ſine . De ſũma nihil decidet .
quo hinc acceſſerit : id de lucro putato eē . oĩa hæc ſi voles in aĩo vere cogitare de meã : et mihi, et tibi et illis dēpſeris moleſtiã . De . mit
to rem . ꝑſuetudinē ipſorum . Mi . mane . ſcio . iſtuc ibam . multa in
hoïe de mea ſigna inſunt : ex quibus ꝑiectura facile ſit . Duo, cũ idē
faciũt ſepe : ut poſſis dicere, hoc licet impune facere huic : illi non li
cet . Non q̃ diſſimilis res ſit : ſed q̃ is, qui facit . quæ ego in illis eē vi
deo . ut confidã fore ita ut volumus . Video eos ſapere . intelligere .
in loco vereri . inter ſe amare . ſcire eſt liberũ ingeniũ atq; aĩm . quo
vis illos tu die reducas . at eñ metuas : ne ab re ſint tamen omiſſio
res paulo . o nr̃ de mea ad oĩa alia ętate ſapimuſ rectius . Solũ vnum
hoc vitiũ ſenect? affert hoïb . attētiores ſumus ad rē oēs q̃ ſat ē . q̃d
illos ſat ætas acuet . De . Ne nimiũ mõ bone tuę iſtę nos rões micio,
et tuus iſte animus ęquos ſubuortãt . Mi : Tace non fiet . mitte iam
iſtæc . da te hodie mihi . exporge frontē . De . ſcilicet ita tempus fert
faciundũ eſt . ceterũ rus cũ filio cũ prima luce ibo hinc . Mi . Immo
de nocte cenſeo . hodie modo hylarē te fac . De . et iſtã pſaltriã vna

illuc mecũ hinc abſtrahã.Mi. Pugnaueris.eo pacto prorſũ illic alli
garis filiũ. mõ facito: ut illam ſerues.De. Ego iſtuc videro.atqɜ illi
fauille plena fumi/ac pollinis coquẽdo ſit ſaxo et molẽdo. p̃ter hæc
meridie ipſo faciã꙰ ut ſtipulã colligat.tam excoctã reddã atqɜ atrã:
q̃ carbo eſt. Mi.Placet nũc mihi videre ſapere. Atqɜ equidẽ filiũ tũ
(etiã ſi nolit)cogam:ut cum illa vna cubet.De.derides? fortunatus
qui iſtoc aĩo ſies: ego ſentio. Mi. Ah pergis ne?De. Iamiam deſi-
no.Mi.I ergo intro et cui rei eſt꙰ ei rei hunc ſumamus diem.

Demea   ꙰Syrus.

Vnq̃ ita quiſq̃ bene ſubducta ratiõe ad vitã fuit:quin res/
ętas/vſus ſemp aliqd apportet noui.aliquid moneat : ut
illa q̃ue te ſcire credas:neſcias.et que tibi putaris prima:in experiũ
do repudies.Quod nunc mihi euenit. Nã ego vitã durã(quã vixi
vſqɜ adhuc)ppe iã excurſo ſpacio mitto. id q̃obrẽ꙰ re ipſa repperi.
Facilitate nihil eſſe hoĩ meli⁹/neqɜ clemẽtia.id eſſe verũ:ex me atqɜ
ex fratre cuiuis facilⁱ⁹ ẽ noſcere. Ille ſuã ſemp egit vitã in ocio in cõ
uiuiis clemẽs placidus.nulli ledere.os adridere oĩbus.ſibi vixit.ſibi
ſũptũ fecit.oẽs benedicũt.amãt.Ego ille aggreſtis ſeuus triſtis par
cus truculent⁹tenax duxi.Quam ibi miſeriã vidi?nati filii alia cura
Porro aũt dũ ſtudeo illis vt q̃plurimũ facerẽ: p̃triui in querẽdo vitã
atqɜ ętatẽ meã. Nũc exacta ætate/ hoc fructi pro labore ab his ſero
odiũ.ille alter ſine labore patria potiꝰ cõmoda.illũ amãt.me fugi-
tãt.illi credũt p̃ſilia oĩa.illũ diligũt.apud illũ ſũt ãbo.ego deſert⁹ ſũ
illum vt viuat/optant. meã autẽ morte expectãt.ſcɜ ita eos meo labore eductos maximꝰ hic fecit ſuos paulo ſumptu. Miſeriã oẽm
ego capio.hic potitur gaudia.age.age.nũc experiamur cõtra hæc
quid ego poſſiẽ blande dicere:aut benigne facere:qñ eo prouocat
Ego quoqɜ a meis me amari/et magnipendi poſtulo.ſi id ſit dãdo/
atqɜ obſequendo:poſt hec non poſteriores ſerã.deerit.id mea minime refert:qui ſum natu maximꝰ. Si.Heus demea rogat frať ne

abeas lōgius.De.Quis hō?o ſyre nr̄ ſalue.qd ſit?qd agit?Sy.Rec-
te.De.Optime eſt.iam nunc hęc tria p̄mū addidi p̄ter naturā o nr̄
qd ſit qd agiſ.Seruū haud illiberalē p̄bes te:et tibi libens bn̄ faxim
Sy.Gratiā habeā.De.Atqui ſyre hocverū g̱ſt:et ipſa re experiere
propedię.   ℂGeta   ℂDemea.

Era ego hinc ad hos prouiſā:q̄ mox virginē accerſāt.Sed
eccū demea,ſaluus ſies.De.Oh quivocare?Ge.geta.De.
geta?hoiem maximi precii eſſe te hodie iudicaui aio meo
Nam is mihi eſt profecto ſeruus ſpectatus ſatis:cui dn̄s cure ē ita:
ut tibi ſenſi geta.Et tibi ob eam rem ſi(quid vſus venerit)lubens be-
nefaxim.meditor eſſe adfabilis:et bene procedit.Ge.Bonus es.cū
hęc exiſtimas.De.Paulatim plebem primolū facio meam.

ℂEſchinus ℂDemea ℂGeta ℂSyrus.

Ccidūt me quidē:dū nimis ſāctas nuptias ſtudent facere,
in apparādo totū cōſumūt diē.De.qd agiſ eſchine?Eſch
ehem p̄r mi tun hic eras?De.Tuus hercle vero et aio, et natura p̄r
qui te amat pluſq̄ hoſce oculos.S₃ cur nō domū vxorē q̄ſo accerſis
Eſchi.cupio.verū hoc mihi mora ē tibicina,et himenæū qui canat
De.Ehovin tu huic ſeni auſcultare?Eſch.Quid?De.Miſſa hæc ſa
ce turbā,himeneū,lāpadas,tibucinas:atq₃ hanc in orto macheriem
iube dirui quātū pōt.hac trāſſer.vnā fac domū.trāſduce et matrē,
et familiā oēm ad nos.Eſch.Placet p̄r lepidiſſime.De.Euge iā lepidus vocor.fratris ędes ſient p̄uie.turbā domū adducet:et ſūptū
admittet.multa.qd mea?ego lepid’in eo gratiā. ube nūc iam dinu
meret ille babylo viginti minas.ſyre ceſſas ire, ac facere?Sy.Quid
ago?De.Dirue tu illa.abi.et traduce.Ge.Di tibi demea bn̄faciant:
cū te video noſtre familie tā ex aio factū velle.De.dignos arbitror:
qd tu eſchine ais?Eſch.Sic opinor.De.Multo rectius:eſt:q̄ illam
puerperā hac nunc duci perviam egrotā.Eſch.Nihil enim melius
vidi mi pater.De.Sic ſoleo.Sed eccum,micio egredit foras.

Vbet frater?vbi is eſt?tu ne iubes hoc demea?De.ego ve
ro iubeo.et hac re,et aliis oîbus q̃maximevnã facere.nos
hanc familiã colere.adiuuare, adiungere.Eſch:Ita q̃ſo pater.Mi.
Haud aliter cenſeo.De.imo hercle ita nobîs decet.p̃mũ huiꝰ vxoris ẽ mater.Mi.Q uid poſtea?De.proba et modeſta.Mi. Ita aiũt
De.Natu grandior.Mi.ſcio.De.Parere iã diu hec p ãnos nõ pôt.
nec qui eã reſpiciat:quiſq̃ eſt.ſola ẽ.Mi.Q uã hic rẽ agit?De.Hâc
te equũ eſt ducere.et te operã(ut fiat)dare.Mi.Me ducere aũt? De
Te.Mi.me?De.Te inq̃.Mi.Ineptis.De.Si tu ſcis hõ: hic faciat.
Eſchi.Mi pr̃.mi.Q uid tu autẽ huic aſine auſcultas?De.nihil agis
fieri aliter nõ pôt.mi.Deliras.Eſchi.Sine:te exorẽ mi paɫ.mi.In-
ſanis.De.Age.da veniã q̃ſo filio.mi.Satinſanus ẽ?ego nouꝰ mari
tus anno demũ quinto et ſexageſimo fiã:atq̣ anũ decrepitã ducã?
id ne eſtis auctores mihi?Eſchi.Fac.promiſi ego illis.mi.Promiſi-
ſti autẽ?de te largitor puer.De. Age.qd ſi quid te maius oret?mi.
quaſi hoc non ſit maximũ.De.da veniã.Eſchi.Ne grauare.De.fac
promitte.mi.Non omittis?Eſchi.Non : niſi te exorẽ.mi.Vis eſt
hęc quidẽ.Dę.Age prolixe micio.mi.Et ſi hoc mihi praui,ineptũ
abſurdum,atq̣ alienũ a vita mea videtur:ſi vos tantope iſtuc vultis
fiat.Eſchi.Benefacis.merito amo te.De.Verum quid ego dicam
hoc cum ſit:quodvolo.quid nũc quod reſtat?Hegio eſt his cogna
tus proximus.affinis nobis.paup.bene nos aliquid facere illi decet
mi.Q uid facere?De.Agelli eſt hic ſubvrbe paululũ: quod locitas
foris.huic demus:qui fruaɫ.mi.paululũ id aũt ẽ.De.ſi multũ ſit:
faciũdũ eſt.pro patre huic ẽ.bonꝰeſt nr̃ ẽ.recte daɫ.Poſtremo non
meũ illud verbũ facio:quod tu micio bñ et ſapiẽɫ dixti dudũ.vitiũ
cõmune oium eſt:cp nimiũ ad rem in ſenecta attẽti ſumꝰ.hâc ma-
culã nos decet effugere.dictũ eſtvere : et ipſa re fieri oportet.mi.
Q uid iſtuc?dabiɫ quidẽ:qñ hic vult.Eſchi.mi pr̃.De.Nũc mihi es

germanus pariter et aio et corpe.gaudeo. et fuo fibi'gladio hũc iu-
gulo. ⸿Syrus ⸿Mitio ⸿Efchin⁹ ⸿Demea

Actum eft,quod iuffifti demea.De.Frugi homo es.ergo
edepol hodie mea qdē fentētia iudico fyrũ fieri effe ęquũ
liberũ.Mi.iftunc liberũ?qdñ ob factũ?De.Multa.Si.O
nofter demea:edepol vir bonus.Ego iftos vobis vſ̵ a pueris cura-
ui ambos. fedulo docui.monui.bene p̄cepi femp q̄ potui oĩa. De.
Res apparet.et quidē porro hęc obfonare cũ fide fcortũ abducere.
apparare de die p̃uiuiũ. Nõ mediocris hoĩs hęc fuit officia.Sy.O lepidũ caput.De.poftremo hodie in pfaltria iftac emũda hic adiutor
fuit.hic curauit,pdeffe ęquũ eft.alii meliores erunt.Deniꝗ hic vult
fieri.Mi.Vin tu hoc fieri?Efchi.cupio.Mi.Siqdē tu vis:fyre eho
accede huc ad me.liber efto.Si.Benefacis.oĩbus gratiã habeo:et fe
orfum tibi preterea demea.De.Gaudeo.Efchi.et ego.Si.credo vti
nam hoc ppetuũ fiat gaudiũ:fugiã vt vxorē meã vna mecum vide-
am liberam.De,optimã quidē mulierem.Sy.et quidem tuo nepo
ti,huius filio hodie primã mammã dedit hęc.De.herclevero'ferio.
fiquidē prima dedit:haud dubiũ eft quin emitti ęquũ fiet.Mi. Ob
eam rem?De.Ob eam.poftremo a me argentũ(q̄ti eft)fumito.Sy.
Di tibi demea oês femp oĩa optata ferãt.Mi.Syre proceffifti hodie
pulchre.De.Siquidē potro micio tu tuũ officiũ facies. atꝗ huic ali
quid paululũ pre manu dederis:vnde vtatur.reddat tibi cito. Mi.
iftoc vilius.Efchi.Frugi hõ eft.Sy.reddã hercle.da modo.Efchi.
Age p̄r.Mi.Poft ꝓfulã.De.Faciet.Sy.o vir optime.Efch.O mi p̄r
feftiuiffime.Mi.Quid iftuc?q̄ res tã repente mores mutauit tuos?
qd̄ pluuiũ?q̄ ifta fubita eft largitas?De.dicã tibi.ut id oftēderē,c̄p te
ifti facilē et feftiuũ putãt:id nõ fieri ex vera vita:neꝗ adeo ex æquo
et bono : fed ex adfentãdo,indulgendo,et largiendo micio.Nunc
adeo fi ob eã rem vobis mea vita inuifa ęfchine eft:qa non ifta iniu
fta prorfus oĩa oĩo obfequor:miffa facio.effundite. emitte.facite:

quod vobis lubet. sed si id vultis potius que vos propter adolescentiam minus videtis: magis impense cupitis: consulitis parū: hęc re prehendere, et corrigere me et obsecūdare in loco : ecce me qui id faciam vobis. Eschi. Tibi pater pmittimus. plus scis: quid opus facto est. Sed de fratre quid fiet? De. sino. hābeat. in istac finē faciat. Eschi. istuc recte. Valete. Plaudite. Caliopius recensui. Incipit ecyra feliciter acta ludis romanis sexto iulio Cesare Gn. cornelio ædilibus curulibus. non est pacta. modos fecit flaccus claudi tibiis parilibus gn. octauio tito manlio cōsulibus. relata est iterū. l. emilio paulo ludis funebribus. relata tertio. Q. fuluio. l. marco edilib⁹ curulib⁹

ARGVMENTVM.

Xorē duxit Pamphilus Philomenā. cui quondā ignorans virgini vitiū obtulit. eiusꝗ per vim quē detraxit anulū dederat amice bachidi meretricule. Dein profectus in imbrū est. nuptam haud attigit. hanc mater vtero grauidā (ne id sciat socrus) ut ægrā ad se transfert. reuertitur pamphilus. deꝓhendit. partum celat. vxorē tamē recipere noluit. Pater incusat bachidis amorem. Dum se purgat bachis: anulum mater vitiate forte agnoscit myrrhina. Vxorem recipit pamphilus cum filio.

Cyra est huic nomē fabule. Hec cum data est: hec fabula Apollodri dicitur esse greca. Nam et ipsa et Phormio ab eodē dicunt esse trāslate: cum relique quattuor sint Menandri. Ecyra autē dicif ideo: qa per socrus et soceros in ea aguntur multa. Nam et ecyros et ecyra soceri nomē socrusq significat. Est autē mixta motoriis actibus: ac statariis: multaq sententiarū et figurarū ptinet in toto stilo. Vndeq cum delectet plurimum: nō minus vtilitatis affert spectatoribus. Atq in hac prime partes sunt Lachetis secunde pamphili. tertie philippi. quarte parmenonis: et deinceps aliarū psonarum que his adiūcte sunt. Diuisa est autvt cetere quinq actibus legitimis: quos in subditi distinguemus. In hac plogus est et multiplex: et rhetoricus nimis: propterea sepe exclusa hec comedia diligentissima defensiōe indigebat. Atq in hac ptalis turbulēta est. Epitasis mollior. Lenis catastrophe. Acta sane est ludis Megalēsibus: sexto Iulio. C. Rabirio edilibus curilibus. Egitq. L. Ambiuius Modulatus est eā Flaccus Claudius tibiis paribus. Tota greca est facta et edita: quinto loco Cn. Octauio. TM. anlio cōes. cantica et deuerbia summo in hac fauore suscepta sunt   id est persone extra argumentū due sunt Philotidis et Syre. In tota comedia hoc agitur: ut res noue fiant. nec tamen abhorreant a psuetudine. Inducuntur eni beniuole socrus: verecunda nurus: Lenissimus invxorem maritus: et item deditus matri sue meretrix bona.

Tiatā in tenebris ante nuptias cui anulū extorserat meretricē amās dum ignorat pāphilus duxit vxorē grauidā ex cōpressu suo quā peregre pfectus: quum reliquisset domi rediens: parientē offendit furtim: et apud matrē suam. Quare cōmotus dum repudiū inuitis parētibus et causam repudii nesciētibus parat: per meretricē apud quā anulus inuētus est: cognoscit tandē et a seuitiatā vxorē: et ex se natū filiū. Primus actus colloquiū ptinet meretricis Philotidis ac lene Syre cū Parmenone: ut per harū psonas que   dicuntur argumentū spectator discat. Secundi actus tenor in hoc est immeritā vxorē veluti malā socrū accusat Laches: et puenit Phidippū de eadē causa statim post quarū colloquiū cōquestio inducif Sostrate: quod falsum crimē inuidiosūq sustineat. Tertio actui hec ascribunt: Conquestio pāphili peregre redeuntis de amore suo circavxorē: paritudo philomene: Sostrate verba super egritudine nurus quā morbo credit afflictā. Fletus pāphili erranti quū putat nō ex se filiū natū esse. Colloquiū Parmenonis cum pueris a naui venientibus: ut mox loquantur cum ipso pāphilo a quo in arce mittitur. Item Lachetis Phidippiq et Pamphili verba de recōcilianda illi coniuge: et eorū inuicē litigiosa dissensio. Quartū actū hec cōplent: pturbatio Mȳrrine ex interuētu mariti: et eiusdē cum eo nimis callida ac muliebris astutie disceptatio: Sostrate Pāphili Lachetisq colloquiū. Inclamatio patris et soceri aduersū pāphilū vxorē recusātem: puentione meretricis pmittētis se iusiurandū matronis exhibiturā de non admisso ad se Pamphilo. In quinto actu bachidis narratio de nuptiis gestis: et colloquiū cum pmenone inducif: quē nuntiū mittit ad pāphilū: pāphiliq advltimū actio gratiarū apud ipsam Bacchidē. Docet autē Varro neq in hac fabula: neq in aliis esse mirandum q actus impares scenarū paginarūq sint numero: cum hec attributio in rerum descriptione: nō in numero versuū pstituta sit: non apud latinos modo: verum etiam apud grecos ipsos.

¶Prologus hecyræ.

Ecyra eft huic nomē fabulæ. hæc cū data eſt noua : nouū
interuenit vitiū, et calamitas : ut neq̃ ſpectari, neq̃ cogno
ſci potuerit. ita pp̄lus ſtudio ſtupidus in funabulo aīm occuparat.
Nunc hec plane eſt pro noua. et is qui ſcp̄ſit hanc : ob eā rem nolu
it iterū referre : ut iterū poſſit vēdere. alias cognoſtis eius. q̃ſo nunc
hāc noſcite. Orator ad vos vēio ornatu prologi. ſinite exorator ſim
eodē vt iure vti ſenē liceat quo iure ſū vſus adoleſcētior. Nouas qui
exactas feci : ut inueteraſcerēt : ne cū poeta ſcp̄tura euaneſceret. In
his quas primū cecilii didici nouas p̃tim ſū earū exact⁹ : partim vix
ſteti. qa ſciebā dubiā fortunā eſſe ſcēnicā. Spe incerta certū mihi la
borē ſuſtuli. eaſdē agere cepi : ut ab eodē alias diſcerē nouas ſtudio
ſe : ne illū a ſtudio abducerē : p̃feci ut ſpectarēt. Vbi ſūt cognite :
placite ſūt. ita poetā reſtitui in locū prope iā remotū iniuria aduer-
ſariū ab ſtudio, atq̃ ab labore, atq̃ ab arte muſica. Quod ſi ſcp̄turā
ſpreuiſſē in p̃ſentia : et id deterrēdo voluiſſem operā ſumere : ut in
ocio eēt poti⁹ q̃ in negotio : deterruiſſē facile : ne alias ſcriberet. Nūc
qd petā : mea cauſa equo aīo attēdite. hecyrā ad vos refero : quā mi
hi per ſilentiū nūq̃ agere licitū eſt. ita eā oppreſſit calamitas. eā cala
mitatē veſtra intelligētia ſedabit : ſi erit adiutrix nr̄æ induſtriæ. Cū
primū eā agere cœpi : pugilū glia funabuli eodē acceſſit expectatio
comitū. ꝑuentus, ſtrepit⁹, clamor mulierū fecere : ut āte tp̄s exirem
foras. vetere in noua cepi vti p̃ſuetudine : in experiūdo ut eſſē. refe
ro denuo. primo āctu placeo. cū interea rumor venit datū iri gladia
tores : pp̄lus cōuolat. tumultuāt̄. clamāt. pugnāt de loco. ego inte
rea meū nō potui tutari locū. nunc turba nulla eſt. ociū, et ſilentiū
eſt. agendi mihi tp̄s datū eſt. vobis datur poteſtas p̄decorādi ludos
ſcēnicos. Nolite ſinere per vos artē muſicā recidere ad paucos. faci
te, ut veſtra auctoritas mee auctoritati fautrix : adiutrixq̃ ſit. Si. nū
quā auare p̄ciū ſtatui arti mee : et eū eſſe quæſtū in aīm induxi ma

ximū: q̄ maxime ſeruireueſtris cōmodis: ſinite impetrare me : qui
in tutelā meā ſtudiū ſuū, et ſe inueſtrā cōmiſit fidē: ne eum circum
uentū inique iniqui irrideāt. Mea cauſa cauſam hāc accipite. et date ſilentium: ut lubeat ſcribere aliis. mihiq̄, vt diſcere nouas expedi
at poſthac p̄cio emptas meo.   ⟨Phylotis meretrix ⟨Syra leno.

Er pol q̄ paucos reperias meretricib⁹ fideles euenire amatores ſyra. Vel hic pāphilus iurabat quotiēs bachidi q̄ſan
cte (vti quiuis facile poſſe credere) nūq̄ illa viua vxorē duc
turū domū. hem. duxit? Si. Ergo propterea te ſedulo et moneo: et
hortor: ne cuiuſq̄ miſereat te: quin ſpolies inutiles. laceres: quēquē
nacta ſis. phy. vtin eximiū neminē habeā? Si. Neminē. nam nemo
quiſq̄ illorū (ſcito ad te venit: quin ita p̄pararet ſeſe: abs te vt blandi
ciis ſuis q̄ minimo p̄cio ſuā voluptatē expleat. hiſcine tu amabo nō
cōtra inſidiabere. Phy. Tamē pol eādē iniuriū eſt eſſe oĩbus. Sy. In
iuriū autē eſt vlciſci aduerſarios? aut qua via te captent illi eādē ipſos
capi. eheu me miſerā. cur non iſtæc mihi ætas et forma eſt: aut tibi hæc ſententia.   ⟨Parmeno ſeruus ⟨Phylotis ⟨Syra

Enex ſi quęret me modo, iſſe dicito ad portū p̄contatū ad
uentū pāphili. Audin quid dicā ſyre? ſi queret me: ut itū
dicas. ſi non queret: nullus dixeris: alias vt vti poſſim cau
ſa hac integra. Sed videon ego phylotium vnde hęc aduenit? phylo
tis ſalue multū. Phy. O ſalue p̄meno. Si. ſalue mi ecaſtor p̄meno.
Par. et tu edepol ſyrā. dic mihi phylotis vbi te delectaſti tādiu? Phy
Minime equidē me oblectaui. quæ cū milite corinthū hinc ſū p̄fe-
cta inhumaniſſimo. biēniū ibi p̄petuū miſera illū tuli. Par. Edepol
te deſyderiū athænarū arbitror phylotiū cepiſſe ſæpe: et te tuū con
ſilium p̄tēpſiſſe. Phi. Non dici poteſt: q̄cupida erā huc redeūdi: abeundi a milite: voſq̄ hicvidendi: antiqua ut p̄ſuetudine agitarē inter vos libere conuiuiū. Nam illic haud licebat: niſi p̄finito loqui, q̄
illi placerēt. Par. Haud opinor cōmode finē ſtatuiſſe oratiōi militē
.i.

Phy. Sed quid hoc negocii eſt? mō quæ narrauit mihi hic intus bachis? quod ego nunq̃ credidi fore: ut ille hacviua poſſet aīam indū
cere vxorē habere. Par. Habere autem? Phy. Eho tu: an nō habet?
Par. Habet. ſed ꝫrme ꝫæ vereor ut ſunt nuptię. Phy. Ita di, deæꝗ
faxint: ſi in rem eſt bachidis. Sed qui iſtuc credam ita eſſe? dic mihi
parmeno. Par. Non eſt opus prolato. hoc ꝑcontarier deſiſte. Phy.
Nempe ea cauſa: ut ne id fiat palā. Ita me di bene amēt: haud pro
pterea te rogo ut hoc proferā: ſed ut tacita mecū gaudeā. Par. nūꝗ
tam dices cōmode vt tergū meū tuā in fidē cōmittā. Phy. Ah noli
parmeno. q̃ſi tu nō multo malis narrare hoc mihi: q̃ ego quæ pꝫo
ter ſcire? Par. Vera hæc ꝑdicat. et illud mihi vitiū eſt maximū. Si
mihi fidē das te taciturā: dicā. Phy. Ad ingeniū redis. fidē do. loq̃
re. Par. Auſculta. Phy. Iſtic ſum. Par. Hanc bachidē amabat ut cū
maxime tū pāphilus cū pater vxorē ut ducat orāre occipit. Et hæc
cōmunia oīm que ſunt patrū ſe ſenē eſſe dicere. illū autē eē vnicū.
ꝑſidiū velle ſe ſenectuti ſuæ. Ille primo ſe negare. ſed poſtq̃ acrius
pater inſtat: fecit, animi vt incertus foret: pudori an ne amori obſe
querer magis. Tundēdo, atꝗ odio effecit deniꝗ ſenex. deſpōdit ei
gnatā huius vicini proximi. vſꝗ illud viſū pāphilo neutiū graue: do
nec iam in ipſis nuptiis. poſtquā videt paratas nec morā vllā qn du
cat dari: ibi demū ita ægre tulit : ut ipſam bachidē (ſi adeſſet) crēdo
ibi eius cōmiſereſceret. vbicūꝗ datū erat ſpaciū ſolitudinis: ut colloqui mecū vna poſſet: parmeno perii. quid ego egi? in qd̃ me cōie
ci malū? non potero ferre hoc parmeno. perii miſer. Phy. At te di
dęeꝗ ꝑdunt cum iſto odio laches. Par. At ad pauca redeā : vxorē
deducit domū. nocte illa prima virginē non attigit. quæ ꝑſecuta eſt
nox: eam nihil magis. Phy. quid ais? cum virgine vna adoleſcēs cū
buerit plus potis ſe illa abſtinere ut potuerit? Nō veriſiſe dicis: neꝗ
verū arbitror. Par. Credo ita videri tibi. nam nemo ad te venit: niſi
cupiēs tui. ille inuitus illā duxerat. Phy. Quid deinde fit? Par. Die

bus ſane pauculis poſt pāphilus me ſolū ſeducit foras. narratq̓: ut
virgo ab ſe integra etiā tum ſiet. ſeq̓ anteq̓ eamvxorē duxiſſet domum: ſpeꝛaſſe eas tolerare poſſe nuptias. Sed quā decreuerim me
non poſſe diutius habere: eā ludibrio haberꝛi pmeꝛio(qn integrā itidem reddā ut accepi aſuis)neq̓ honeſtū mihi: neq̓vtile ipſivirgini
eſt. Phy. Piū et pudicū ingeniū narras pāphili. Par. Hoc ego ꝓferꝛ
re incōmodū mihi eſſe arbitror. reddi patri autē(cui nihil dicasvitii)
ſuperbū eſt. Sed illā ſpero(vbi hoc cognouerit: nō poſſe ſe mecum
eſſe)abiturā deniq̓. Phy. quid interea?ibat ne ad bachidē?Par. quotidie. ſed(vt ſit)poſtq̓ hunc alienū ab ſevidet: maligna multo et ma
gis procax facta ilico eſt. Phyl. Non edepol mirū. Par. Atq̓ ea res
multo maxime diſiunxit illū ab illa poſtq̓ et ipſe ſeſe/et illā/et hanc
(quæ domi erat)cognouit ſatis/ad exemplū ambarum mores earū
exſtimās. Hæc(itavti liberali ingenio eſſe decet)pudēs modeſta in-
cōmoda/atq̓iniurias viri oēs ferre: et tegere cōtumelias. Hic anim?
ꝑtimvxoris miſericordia deuictus/ꝑtim victus huius iniuria paulatim elapſus eſt a bachide: atq̓ huic trāſtulit amorē: poſtq̓ par inge
niū nactus eſt. iterea in imbro morit̕ cognatus ſenex horū. ad hos
redibat lege hereditas. eo amātē inuitū pāphilū extrudit pater. reli
quit cum matre hicvxorē. Nam ſenex rus abdidit ſeſe. huc raro in
vrbē cōmeat. Phy. Q̓uid adhuc habēt iſirmitatis nuptiæ?Par. Nūc
audies. Primū dies per cōpuſculos bene ꝓueniebat ſane intˀ eas. In
terim miris modis odiſſe cœpit ſoſtratē. neq̓ litesvllæ inter eas. po
ſtulatio nunq̓. Phy. qd igit̕?Par. Si qn acceſſerat ad eam ꝓfabulatū:
fugere ilico e ꝓſpectu. videre nolle. Deniq̓vbi nō quiuit pati: ſimu
lat ſe a matre accerſi ad rem diuinā. abiit. Vbi illic dies eſt cōpluris
accerſi iubet. Dixerūt tunc cauſā/neſcio quā. iterū iubet. nemo re-
miſit. Poſtq̓ accerſunt ſæpius: ægrā eſſe ſimulant mulierē. Noſtra
ilico itviſere. ad eā admiſit nemo. hocvbi ſenex reſciuit: heri ea cau
ſa rure huc aduenit. patrē ꝓtinuo ꝓuēit philomenæ. Q̓uid egerint

inter se:nondũ etiã scio. ni sane mihi cure ē:quorsũ euenturũ hoc
fiet.habes oēm rem.pgam/quo cœpi hoc iter.Phy.equidem ego .
nam ꝓstitui cum quodã hospite me esse illũ ꝓuenturã.Par. Divor-
tant bene:quod agas.Phy.Vale.Par.Et tu benevale phylotium .

¶Laches   ¶Sostrata.

PRoh deũ/atꝗ hoim fidē. quod hoc genus est? quæ hæc ē
piuratio:ut oēs mulieres eadē eque studeãt?nolũtꝗ oïa ?
neꝗ declinatã quicꝗ ab aliarũ ingeniovllã reperias.Itaꝗ adeo vno
aïo ois socrus oderũt nurusviris esse aduersas/æque studiũ est.siliſ
ptinacia est.in eodēꝗ oēs mihi videnſ ludo docte ad malitiã. Et ei
ludo(sivllus est)magiſtrã hanc esse satis certo scio. So.me miſerã:
quæ nunc ꝗobrē accuſer/nescio.La.hem tu nescis?So.Nõ ita me
di amēt mi laches.itaꝗ vna inter nos agere etatē liceat.La. Di mala prohibeãt.So.Meꝗ abs te immerito esse accusatã postmodũ re
scisces.La.Scio te ïmerito . an quicꝗ pro istis factis dignũ de te dici pōt:quæ me et te et familiã dedecoras?filio luctũ paras? Tũ aũt
ex amicis inimici ut sint nobis affines:facis.qui illũ decreuerunt di-
gnũ:suos cui liberos cõmitterēt tu sola exorere:quæ pturbes hæc
tua impudētia.So.Ego ne?La. Tu inꝗ mulier:que me oïno lapi-
dem/nõ hoiem putas.an quia ruri crebro eē soleo:nescire arbitra-
mini:quo quisꝗ pacto hicvitã vestrarũ exigat?multo melius hic ꝗ
fiũt/ꝗ illic:vbi sum assidue:scio.ideo quiavtvos mihi domi eritis.
proinde ego ero fama foris.Iampridē equidē audiui cœpisse odiũ
tui philomenã.minimeꝗ adeo mirũ.et ni id fecisset : magis mirũ
foret.Sed nõ credidi adeo:ut etiã totã hanc odisset domũ. Quod
si scissem:illa hic maneret potius.tu hinc isses foras.Atvide ꝗïme-
rito egritudo hæc oritur mihi abs te sostrata.rus habitatũ abii/ꝓce-
densvobis/et rei seruiēs.Sũptus vestros ociũꝗvt nostra res posset
pati:meo labori haud parcēs ꝓter æquũ/atꝗ ꜩtatē meã.Nõ te pro
his curasse rebus:ne quid egre esset mihi?So.Nõ mea opera neꝗ

pol culpavenit. La. Immo maxime. Sola hic fuifti, in te ois hæret
culpa. fola foftrata que hic erant curares: cum ego vos folui curis
ceteris. Cum puella anü fufcepiffe inimicitias non pudet?illi?dices
culpa factü?So. haud equidē dico mi laches. La. Gaudeo(ita me di
ament)gnati caufa. Nām de te quidē fatis fcio: peccādo detrimē
ti nihil fieri pöt. So. Qui fcis an ea caufa mi vir me odiffe fe adfi-
mulauerit: ut cū matre plusvna effet?La. Quid ais?nö figni fat ē:
quod heri nemovoluitvifentē ad eam te admittere?So. eni laffam
eam oppido tum aiebāt. eo ad eam nö āmiffa fum. La. Tuos eē il
li mores morbū magis q̃ vllā aliā rē arbitror. et merito adeo. nā ve
ftrarū nulla eft: qn gnatūvelit ducere vxorē. et quę vobis placita ē
ꝑditio, dać. Vbi duxere impulfu vro: veftro impulfu eafdē exigüt
       ❧Phidippus fenex   ❧Laches   ❧Softrata.

Tfi fcio ego philomena meü ius effe: vt te cogā que ego
     imperē, facere: ego tñ patrio aīovictus faciā : ut tibi cöce-
dam. neq̃ tuæ libidini aduerfabor. La. atqꝫ eccü phidippü optime
video. iam fcibo ex hoc, quid fiet. Phidippe et fi ego meis me oīb⁹
fcio effe adprime obfequētē: fed nö adeo, ut mea facilitas corrūpat
illorū anios. Quod fi tu idē faceres: magis in rē et veftrā et noftrā
id eēt. Nūc video in illarū poteftate effe te. Phi. Heia vero. La. adii
te heri de filia. utveni: itidē incertū amififti. haud ita decet(fi perpe
tuā hancvis effe affinitatē)celare te iras. fi qd eft pctm̃ a nobis: pro
fer. aut ea refellendo, aut purgandovobis corrigem⁹ te iudice ipfo.
Sin ea eft cā retinēdi apudvos: qa ęgra eft. te mihi iiuriā facere arbitror phidippe. Si metuis: fatis ut meę domi curet́ diligent́: at(ita
me di ament)haud tibi hoc ꝑcedo: et fi illi pr̃ es: ut tu illā faluā ma-
gisvelis q̃ ego. id adeo gnati caufa. quē ego intellexi illā haud minus q̃ feipfū magnificare neq̃ adeo id clam me eft: q̃ effe eū latu-
rū grauiter credā : hoc fi refcierit. eo domū. ftudeo hęc prius q̃ ille
huc redeat. Phi. Laches et diligētiā veftrā, et benignitatē noui, et q̃

dicis oĩa effe ut dicis:aĩm induco. et te hoc mihi cupio credere. illã
advos redire ftudeo:fi facere poffim ullo mõ.La. quę res te id face
re prohibet?eho nũquidnã accufat virũ? Phi. Minime. nã poftǫ at
tendi magis: et vi cœpi cogere ut rediret:fancte adiurat/ non poffe
apudvos pãphilo fe abfente pdurare. aliud fortaffe alii vitii ẽ . Ego
fum aio leni natus. nõ poffē aduorfari meis.La.hem foftrata. So.
heu me miferã.La.Certũ ne eft iftuc? Phi.Nũc quidē ut videt. S3
nunquid vis?nã eft qd me trãfire ad forũ iam oportet.La . Eo tecũ
vna.   ⟨Softrata

Depol ne nos fumus mulieres ęque oẽs inuifæ viris/ propter paucas:que oẽs faciũt:digne ut videamur malo? nã
ita me di ament:qd me accufat nuncvir.fũ extra noxiã.
Sed nõ facile eft expurgatu. ita aĩm induxerũt/focrus oẽs effe ini-
quas. haud pol me quidē.Nã nũǫ fecus habui illã : ac fi ex me eēt
nata.Nec ǫ hoc mihi eueniet/fcio: nifi pol filiũ multis modis iã ex
pecto:ut redeat domũ. ⟨Pãphilus   ⟨Parmeno.

Emini plura ego acerba credo effe hoĩ vnǫ oblata: ǫ mihi. Heu me infelicē. hanccine ego vitã parfi pdere ? hacci
ne caufa ego erã tantope cupidus redeũdi domũ cui ǫto
fuerat pftabilius vbi vis gentiũ agere etatē:ǫ huc redire: atǫ hęc ita
effe/miferũ me refcifcere?Nã nos oẽs qbus eft alicũde aliquis obie
ctus labos omne quod eft interea tp̃s priufǫ id refcitũ eft/ lucro ẽ .
Par.At fic citius qui te expedias his erũnis reperias. Si nõ rediffes
hę irę facte effent multo ãpliores . Sed nũc aduētũ tuũ ãbas pam
phile fcio reuerituras.Rem cognofces. iram expedies. rurfũ in gra
tiã reftitues. leuia funt:quę tu pergrauia effe in aĩm induxti tuum
Pam.Quid pfolare me? an quifǫ gētiũ eft ęque mifer? priufǫ hãc
vxorē duxi:habebã alibi aĩm/amori deditũ.Iam in hac re (ut taceã
cuivis facile fcitu eft:ǫ fuerim mifer. tamē nunǫ aufus fim recufa
re eam:quã mihi obtrudit pater. vix me hinc abftraxi: atǫ impedi

tum in ea expediui aīm meū. Vixꝗ huc ꝓtulerā. hem noua res orta est porro: ab hac que me abstrahat. tum matrē ex ea re, aut vxorem in culpa inuēturū arbitror. Quod cum ita esse inuenero. quid
restat: nisi porro ut fiam miser? Nam matris ferrę iniurias me parmeno pietas iubet. Tum vxori obnoxius sum. ita me olim suo ingenio ꝓtulit. tot meas iniurias: que nūꝗ in vllo patefeci loco. sɜ magnū (nescio qd) necesse est euenisse pmeno : vnde ira inter eas inter
cessit: que tam pmāsit diu. Par. Haud quidē hercle paruū est. si vis
verouerā rationē exequi : non maximas quę maxime sunt interdū
irę iniurias faciunt. Nam sæpe est qbus in rebus alius ne irat⁹ qdē
est cum de eadem causa est iracūdus factus inimicissimus. Pueri in
ter sese ꝗ pro leuibus noxiis iras gerunt? Quapropter? quia eni qui
eos gubernat animus: infirmū gerunt. Itidem illę mulieres sūt ferme ut pueri leui snīa. fortasse vnū aliquod verbū inter eas iram hāc
ꝓciuerit. Pam. Abi. pmeno intro. ac meuenisse nūtia. Par. hē quid
hoc est? Pā. Tace. Par. Trepidari sentio. et cursari sursū prorsū. Pā
Agedū: ad fores accede propius. Par. hem sensistin? Pā. noli fabu-
larier. proh iupiter clamorē audio. Par. tute loqueris. mevetas.

⟪Myrrhina   ⟨Pamphilus   ⟨Parmeno

Ace obsecro mea gnata. Pā. Matris vox visa est philomenę. nullus sum. Par. Qui: dum? Pam. quia perii. Par. ꝗ-
obrem? Pā. Nescio quod magnū malū profecto pmeno me celant
Par. vxorē philomenā pauitare nescio quid dixerunt. id si forte est
nescio. Pam. interii. cur id mihi non dixti? Par. quia nō poterā vna
oia. Pam. quid morbi est? Par. nescio. Pam. quid? nemon medicū
adduxit? Par. nescio. Pam. Cesso hinc ire intro ut hoc ꝗprimū (ꝗc-
quid est (certū sciā. quonā mō philomena mea te nunc offendā af-
fectam? nam si periculū vllū iñ te est: perisse me vna haud dubiū est
Par. nōvsus facto est, mihi nūc hunc introsequi. nā inuisos ois nos
esse illis sentio. heri nemo voluit sostratā intromittere. si forte mor-

i. iiii

bus amplior factus fiet qd fane noli maxie heri ca mei: feruu ilico
introiffe dicet foftrate. aliqd tuliffe cominifcet mali: capiti, atq eta
ti illoru morb⁹q auct⁹fiet. hera in crimeveniet. ego vero in magnu
malum. ⟨Softrata ⟨Parmeno ⟨·Pamphilus

Efcio qd iadudu audio hic tumultuari mifera. male metuo ne philomene magis morbus adgrauefcat. Quod te
efculapi et te falus(ne qd fit hui⁹)oro. nuc ad ea vifa. Par
Heus foftrata. So. Hem. Par. Iteru iftinc excludere. So. ehem par
meno tun hic eras? perii. qd facia mifera? no vifa vxore paphili: cu
in proximo hic fit ægra? Par. no vifas: nec mittas qdevifedi ca que
qua. nam qui amat: cui odio ipfus eft: bis facere ftulte duco. Labo
re inane ipfus capit: et illi moleftia affert. tum fili⁹tuus introiit vide
re utvenit: qd agat. So. qd ais? an venit paphil⁹? Par. venit. So. Dis
gras habeo. Hem iftoc verbo anim⁹mihi rediit: et cura ex corde ex
ceffit. par. Iam ea te ca maxie nuc huc introire nolo. na fi remittut
quippia philomena dolores: oem re narrabit fcio cotinuo fola foli:
que int vos intuenit: vnde ortu eft initiu iræ. atq eccu video ipfum
egredi. qtriftis e? So. o mi gnate. Pa. Mea mat falue. So. Gaudeo
veniffe faluu. Saluan philomena eft? Pa. Meliufcula e. So. Vtina
iftuc di ita faxint. qd tu igif lachrymas: aut qd es ta triftis? Pa. Rec
te mr. So. Quid fuit tumulti? dic mihi. an dolor repete iuafit. pa:
Ita factu e. So. Quid morbi eft? Pa. Febris. So. quotidianan? pam
Ita aiunt. I fodes intro. pfequar ia te mea mr. So. Fiat. pa. Tu pue
ris curre pmeno obuia: atq his onera adiuta. par. Quid? no fciut
ipfi via domu q redeat? pa. Ceffas.   ⟨ pamphilus.

Equeo mearu reru initiu vllu inuenire idoneu, vnde exor
diar narrare, quæ nec opinati accidut: parti q pfpexi his
oculis: parti q accepi aurib⁹. Quapropter exaiatu me ci
tius eduxi foras. nam mo intro me ut corripui timidus, alio fufpi-
cas morbo mevifuru affecta: ac fenfi vxore effe(hei mihi)poftq me

aſpexere âcille aduenisſe:ilico oês ſiſ lete exclamât. venit. id qd̃ me
de repête aſpexerât. S3 cõtinuo vultũ earũ ſenſi immutati oĩm. q̃a
tam incõmode illis fors obtulerat aduêtum meũ. Vna illarũ forte
interea propere p̃currit, nũtians me veniſſe. Ego eius videndí cupidus recta cõſequor. Poſtq̃ introii : extemplo eiũs morbũ cognoui
miſer. Nam neq;(ut celari poſſet)tp̃s ſpaciũ vllum dabat. neq;voce
alia ac res monebat, ipſa poterat cõqueri. Poſtq̃ aſpexi. o facin’indignum. inq̃. et corripui ilico me inde lachrymâs incredibili re, atq;
atroci pcitus. Mater conſequiſ. Iam ut limen exirê:ad genua acci
dit lachrymans miſera. miſertũ eſt. profecto hoc ſic eſt, vt puto. oĩ
bus nobis ut res dant ſeſe:ita magni atq; humiles ſumuſ. hanc ha
bere oratiõe mecũ a p̃ncipio inſtitit. O mi pãphile abs te q̃obrê
hęc abierit:cauſā vides. Nam vitiũ eſt oblatum virgini olim ab neſcio quo improbo. nunc huc confugit:te, atq; alios partũ vt celaret
ſuũ. Sed cum orata eius reminiſcor:nequeo, quin lachrymê miſer
Q ueq; fors fortuna eſt(inquit)nobis que te hodie obtulit:per eam
te obſecramus ambæ, ſi vis, ſi fas eſt: vti aduerſa eius per te tecta ta
citaq; apud oês ſient. Si vnquã erga te aĩo eſſe amico ſenſiſti eã:mi
pãphile ſine labore hãc gratiã te vti ſibi des:pro illa nũc rogat. Ceterũ de reducêda id facias: quod in rem ſit tuã. Parturiere eã, neq;
grauidam eſſe ex te ſolus cõſcius. Nam aiũt tecum poſt duobus ,
pcubuiſſe eam menſibus. Tũ poſtq̃ ãd te venit:mêſis agiſ hic iã ſe
ptimus. qd̃ te ſcire ipſa indicat res. Nũc ſi potis eſt pãphile:maxie
volo:doq; operã:ut clã eueniat part’patrê, atq; adeo oĩs. Sed ſi ſie
ri nõ põt qn ſêtiãt:dicã abortũ eê. Scio nemini aliter ſuſpectũ fore
qn qd̃ veriſiſe ê ex te recte eũ natũ putêt. Cõtinuo expõeſ. Hic tibi
nihil ê qcq̃ incõmodi : et illi miſere indigne factã iiuriã ptexeris. Po
licitus ſũ. et ſeruare in eo certũ eſt(quod dixi)fidê. Nã de reducen-
da:id vero neutiq̃ honeſtũ eê arbitror. nec faciã : et ſi amor me gra
uiter, pſuetudoq; me tenet. lachrymo:q̃ poſthac futura êvita cũ in

mentē venit, solitudoqɜ. O fortuna ut nunɋ es perpetuo bona. Sed
iam prior amor me ad hanc rem exercitatū reddidit: quē ego tum
ꝑfilio miſſū feci. Idē nunc huic operā dabo. Adeſt pmeno cū pueris. hūc minime eſt opus in hac re adeſſe. Nam olim ſoli credidi ea
me abſtinuiſſe in ꝑncipio cum data eſt. Veꞇeor: ſi clamorē eius hic
crebro exaudiat: ne parturire intelligat. aliquo mihi eſt hinc ablegā
dus: dum parit philomena.

       Ⅽ Parmeno   Ⅽ Sofia feruus Ⅽ Pamphilus

In tu tibi hoc incōmodū eueniſſe iterꝶ So. Non hercle verbis pmeno dici pōt tm̄ ɋ re ipſa nauigare icōmodū ē. par.
Ita ne ēꝶ So. o fortunate: neſcis qd mali ꝑterieris: qui nūɋ es igreſ-
ſus mare. Nā (alias ut mittā miſerias) vnā hāc vide. Dies trigīta aut
plus eo in naui fui: cū inꞇea ſēp mortē expectabā miſer. ita vſɋ aduerſa tēpeſtate vſi ſumꝰ. par. Odioſū. So. haud clā me ē. deniɋ hercle aufugerim potiꝰquā redeā: ſi eo mihi redeūdū ſciā. Par. oli qdē
te cauſe īpellebāt leues: qd nūc minitare facere: ut faceres ſofia. S₃
pāphilū ipſū video ſtare āte oſtiū. ite intro. ego hūc adibo. ſi qd me
velit. here etiā nūc tu hic ſtasꝶ Pā. Etqdē te expecto. Par. qd ēꝶ Pā.
In arcē trāſcurſo opus eſt. Par. Cui hoiꝶ Pā. tibi. Par. In arcē qd eo
Pam. Callidemīdē hoſpitē miconiū (qui mecū vna aduectus eſt (cō
ueni. Par. perii. vouiſſe hunc diēꝶ ſi ſaluus domū rediſſet vnquā vt
me ābulando rūperet. Pam. quid ceſſasꝶ par. quidvis, dicāꝶ an ꝑueniā mōꝶ pam. Immo quod ꝑſtitui me hodie ꝑuenturū eum, nō poſ
ſe: ne me fruſtra illic expectet. vola. par. At non noui hois faciem
pam. At faciam, ut noueris. magnus rubicundus, criſpus, craſſus
ceſius. par. Cadaueroſa facies. di illum perdant. quod ſi nonveniet
maneā ne vſɋ ad veſperiūꝶ pam. maneto. curre. par. non queo: ita
defeſſus ſum. pā. Ille abiit. qd agā infœlix: prorſus neſcio. quo pa
cto hoc celēꝶ qd me orauit myrrhina ſuę gnate ptū. nā me miſeret
mulieris. Q d̄ poꞇo faciā tm̄: ut pietatē colā. Nā me parenti potiꝰ, ɋ

amori obſequi oportet. Atat eccum phidippũ/et patrẽ video. horſum pergunt. quid dicam hiſce: incertus ſum.

(Lachès   (Phidippus   (Pãphilus.

Ixtin dudũ illã dixiſſe expectare filiũ? Phi. Factũ. La. Ve
niſſe aiũt. redeat. Pam. Q uã cauſã dicã pri/ q̃obrẽ nõ reducã: neſcio. La. Q uẽ ego hic audiui loq? Pã. Certũ obfirmare eſt
viã me: quã decreui pſequi. La. Ipſus eſt: de quo hoc agebã tecũ .
Pã. Salue mi př. La. gnate mi ſalue. Phi. Bñfactũ te adueniſſe pãphile. et adeo(qd maximũ eſt)ſaluũ/atꝗ validũ. Pam. Crediſ. Lac.
Aduenis mõ? Pã. Admodũ. La. Cedo: quid reliquit ſania cõſobri-
nus noſter? Pam. Sane hercle homo voluptati obſequẽs fuit: dum
vixit. et qui ſic ſunt: haud multũ heredẽ iuuant. Sibi vero hãc laudem relinquũt. Vixit(dum vixit)bene . La. Tum tu igiť nihil attuli
ſti huc plus vna ſnia? Pam. quicqd eſt id quod reliquit : pfuit. La.
Immo obfuit. Nã illũ viuũ/et ſaluũ vellẽ. Phi. Impune optare iſtuc
licet. Ille reuiuiſcet iã nunꝗ: et tñ vtrũ malis/ſcio. La. heri philome
nã ad ſe accerſi hic iuſſit. dic iuſſiſſe te. Phi. Noli fodere. iuſſi. Lac.
Sed eã iã remittet. Phi. Scꝫ. Oẽm rẽ ſcio: ut ſit geſta. Adueniẽs au
diui oĩa modo. La. At iſtos inuidos di perdant: qui hꝗc libenť nũ-
tiant? Pam. Ego me ſcio cauiſſe: ne villa merito cõtumelia fieri avo
bis poſſet. Idꝗ ſi nunc memorare hic velim: quã fideli aĩo in illã/et
clementi fui: vere poſſum: ni te ex ipſa hꝗc magis velim reſciſcere
Nanꝗ eo pacto maxime apud te meo erit ingenio fides : cũ illa(ꝗ
in me nunc iniqua eſt)ꝗqua de me dixerit . neꝗ mea culpa hoc di
ſcidiũ eueniſſe/id teſtor deos. Sed quãdo ſeſe indignã deputat mři
meꝗ: cui pcedat: cuiuſꝗ mores toleret ſua modeſtia: neꝗ alio pacto cõponi põt inter eas gratia: ſegreganda aut mater a me eſt phi
dippe/aut philomena. Nunc me pietas matris potius cõmodũ ſua
det ſeq. La. pãphile haud inuito ad aures ſermo mihi acceſſit tu⁹ :
cũ te poſt putaſſe ois res p parẽte itelligo. verũ vide: ne ipulſus ira

praue infiftas pāphile . Pam. qbus iris impulfus nũc in illã iniquus
fim q̃ nũq qcq̃ erga me cōmerita eft pat̃ : qd nollē : et fepe meritã
qd vellē?fcio amoq; et laudo, et vehementer defydero. nã fuiffe erga me miro ingenio : exptus fum. illiq; exopto : ut reliq̃ vitã exigat
cũ eoviro : me qui fit fortunatior : qñqdē illã a me diftrahit neceffi-
tas.Phi. Tibi id in manu eft : ne fiat.La. Si fanus fatis fies : iube illam redire.Pã.Nō eft pfiliũ pr̃.matris feruibo cōmodis. La. Q uo
abis?mane mane inquã. quo abis? Phi. Q ue ē hęc ptinacia.La.di
xtĩ phidippe hãc rē egre laturũ effe eũ?quãobrē te orabã : ut filiã re
mitteres. Phi. nō credidi edepol adeo inhumanũ fore. ita nũc is fibi me fupplicaturũ putat. Si ē, ut velit reducere vxorē : licet . fin alio
ē aio : renumeret dotē. huc eat.La.Ecce aũt tu q̃; pterue iracũd⁹ es
Phi. pcōtumax redifti huc nobis pamphile.La.Decedet ira hæc: et
fi merito irat⁹ eft.Phi. qa paululũ vobis acceffit pecunie : fublati ani
mi fũt.La.Etiã mecũ litigas?Phi.Deliberet. renũtietq; hodie mihi
velit ne an non?ut aliis (fi huic non fit)fiet.La.Phidippe ades.audi
paucis. Abiit.quid mea?poftremo inter fe tranfigãt ipfi : ut lubet :
quãdo nec gnatus, neq; hic mihi quicquã obtēperãt. quę dico par
uipendũt. porto hoc iurgiũ advxorē : cuius hic fiũt cōfilio oĩa.atq;
in eam hoc omne(quod mihi ægre eft)euomã.

        (Myrrhina.   (Phidippus.

Erii. qd agã?quo mevertã?quid viro meo rñdebo mifera?
     nã audiuiffe vocē pueri vifus eft vagientis. ita corripuit de
repēte tacitus fefe ad filiã. Q d fi refcierit pepiffe eã : id q̃ caufa clã
me habuiffe dicã : nō edepol fcio. Sed oftiũ pcrepuit. credo ipfũ venire ad me. nulla fum.Phi.Vxor vbi me ad filiã ire fenfit : fe duxit
foras. atq; eccam video. Q uid ais myrrhina? heus tibi dico.Myr.
Mihi ne vir?Phi. Vir ego tuus fum. tu ne virũ me, aut hominē de
putas adeo effe?Nam fivtrũuis horum mulier vnquã tibi vifus fo-
rem : non fic ludibrio tuis factis habitus effem. Myrrhi. Q uibus?

Phi. At rogitas? peperit filia. hē taces? ex quo? Myr. Istuc patrē rogitare est ē quī. perii. ex quo censes: nisi ex illo cui data est nuptū
obsecro? Phi. Credo. neq́ adeo arbitrari patris est āliter. Sed demiror quid sit: q̄obrē tantopere hoc ois nos celare volueris partū: p̄-
sertim cum et recte, et tp̄e suo pepererit adeon puicacı esse aı̄o : ut
puerū p̄optares perire: ex quo firmiorē inͭ nos fore amicitiā posthac scires : potius q̄ aduersū animi tui libidinē esset cū illo nupta ?
ego etiā illorū esse hanc culpā credidi: quae te est penes. Myr. Mi-
sera sum. Phi. Vtinā sciā esse istuc. Sed nūc mihi in mētē venit ex
hac re quod locutā est olim : cū illū generū cepimus. Nā negabas
nuptā filiā posse tuā te pati cum eo: qui meretricē amaret. qui per
noctaret foris. Myr. quāuis causā hunc suspicari: q̄ ipsā verā malo
Phi. Multo prius sciui q̄ tu, illū habere amicā myrrhina. verū id vitiū nūquā decreui esse ego adolescentię. nā id oīb⁹ innatū . At pol
iam aderit tp̄s: se quoq́ ociam cum oderit. Sed vt olim te ostēdisti
eādē esse nihil cessauistivsq̄ adhuc: ut filiā ab eo abduceres: ne q̄d
ego egissem: esset ratū. Id nunc iudiciū res hec facit: quo pacto factum volueris. Myr. adeon me esse pnicacē censes: cui mater siem:
ut eo essem aı̄o: si exvsu ꝗet nr̄o hoc mr̄imoniū: tū p̄spicere, aut iudicare nostrā in rē q̄d sit, potes. Phi. Audisti ex aliquo fortasse qui
vidisse eū diceret exeūtē. aut introeūtē ad amicā. Q uid tū postea?
si modeste ac raro hec facit: nōne dissimulare nos magis hūanū ē:
quā dare operā id scire, q̄ nos oderit? Nā si ipse posset ab ea sese de
repēte auellere: q̄ cū tot p̄suesceret ānos: nō eū hoīem dicere: nec
virū satis firmū gnate. Myr. Mitte adolescētē obsecro: et que me
peccasse ais. abi. solus solū p̄ueni. roga, velit ne an nō vxorē. Si est
ut dicat velle se: redde. sin est aūt vt nolit: recte p̄sului meę. Phi. Siquidē ille ipse nō vult: et tu sēsisti in eo esse myrrhina ꝑtrū. aderā:
cui p̄filio fuerat ea par p̄spici. q̄obrē icēdor ira, te eē ausā facere hęc
iiussu meo. inͭdico: ne extulisse extra ędes puerū vsq̄ velis. S₃ ego

ſtultior:meis dictis parere hac qui poſtulē.Ibo intro.atꝗ edicā ſer-
uis:ne quoꝗ efferri ſinat.Myrrhi.Nullā pol credo mulierē me mi
ſeriorē uiuere.namvt hic laturus hoc ſit:ſi ipſã rem(ut ſiet reſciue-
rit:nõ edepol clam mę eſt:cum hoc quod leuius eſt:tam aīo iracū
do tulit.nec qua via ſētētia eius poſſit mutāri ſcio.hoc mihivnũ ex
plurimis miſeriis reliquũ fuerat malũ.ſi pueriũ vt tollam cogit: cuῐ
nos qui ſit neſcimus pater.Nam cum cõpreſſa eſt gnata forma in
tenebris noſci nõ quita eſt.neꝗ detractũ ei tum quicꝗ eſt:qui poſt
poſſit noſcier,qui ſiet.Ipſe eripuit vi in digito(quem habuit)virgini
abiens anulũ.Simul vereor pamphilũ:ne orata noſtra diutῐneque
at celare:cum ſciet alienũ puerum tolli pro ſuo.

       ⅭSoſtrata   ⅭPamphilus   ⅭLaches

On clam me eſt gnate mi tibi me eē ſuſpectā :vxorē tuã
ppter meos mores hinc abiſſe : et ſi ea aſſimulas ſedulo.
Verũ ita me di amēt:itaꝗ obtingāt ex te ꝗ opto mihi: vt nũꝗ ſciēs
cõmerui:merito ut caperet odiũ illa mei.Teꝗ anteꝗ me amare re-
bar:ei rei firmaſti fidē.Nã mihi tuῐpr intῐ narrauit mõ: quo pacto
habueris ppoſitã amori tuo.Nunc tibi me certũ eſt cõtra gratiã re-
ferre:ut pmiũ apud me eē poſitũ pietati ſcias mi pãphile.hoc etvo
bis,et meę cõmodũ fame arbitror.Ego rus abiturã hinc cũ tuo me
eſſe certe decreui patre:ne mea pſentia obſtet.neu cã vlla reſtet re
liqua:quin tua philomena ad te redeat.Pã.quæſo qd iſtuc pſilii eē
illius ſtultitia victa ex vrbe tu rus habitatũ migres?haud facies.neꝗ
ſinã.ut qui nobis mater maledictũ velit:mea ptinacia eſſe dicat fa-
ctũ:haud tua modeſtia. Tum tuas amicas te,et cognatas deſerere,
et feſtos dies mea cã nolo.So.Nihῐl pol iã iſtec mihi res voluptatis
ferũt.dũ ętatis tṗs tulit:pfuncta ſatis ſũ.Satias me iã tenet ſtudio-
rũ iſtorũ.Hec mihi nũc cura eſt maxima : ut ne cui mea lõginqtas
ætatis obſtet:mortēve exoptet meã.Hic video me eſſe inuiſã ime-
rito.tṗs eſt cõcedere.Sic optime(ut ego opinor)oēs cauſas predicã

oĩbus.et me hãc fufpitiõe pfoluã:et illis morem geffero. Sine me
obfecro hoc effugere: vulgus qd male audit mulieri.Pã.q̃fortuna
tus fũ ceteris rebus abfq̃ vna heæ foret,hãc mátrẽ habẽs, talẽ illã ãt
vxorẽ.So.Obfecro mi pãphile : nõ tu te incõmodã rem (ut queq̃
eft)in aĩm inducas pati.Si cẹtera ita fũt,ut tuvis: itaq̃ ut effe ego il
lam exiftimo:mi gnate daveniã hãc mihi.reduce illã. Pã. Ve mifero mihi.So.Et mihi qdẽ.nã hec res nõ minus me male habet: q̃
te gnate mi. ⟨Laches ⟨Softrata ⟨Pãphilus.

Vem cum iftoc fermonẽ habueris: procul hinc ftans accepi vxor.Iftuc eft fapere qui vbicũq̃ opus fit, aĩm poffis
flectere:quod fi faciundũ poft fortaffe: idẽ hoc nũc fi fe-
ceris.So.Fors fiat pol.La.abi rus ergo hinc.ibi ego te, et tu me fe
res.So.Spero ecaftor.La. I ergo intro.et cõpone q̃ tecũ fif feranf
dixi.So.Ita ut iubes faciã.Pã.Pater.La.quid vis pãphile?Pã.hinc
abire matrẽ minime.La.Q uid ita iftuc vis?Pã.Q uia de vxore incertus fum:etiã qd fim facturus.La.Q uid eft?quid vis facere,nifi
reducere?Pam.Equidẽ cupio:et vix ptineor:fed nõ minuã meum
pfiliũ.ex vfu quod eft id pfequar.credo ea gratia pcordes (fi nõ re-
ducam)fore.La.Nefcias.nequeas.verũ id tua refert nihil:vtrũ ille fecerint:qñ hẹc abierit. Odiofa hec ẽ etãs adolefcẽtulis.e medio
ẹquũ excedere eft.Poftremo iam nos fabule fumus pãphile fenex
atq̃ anus.Sed video phidippũ egredi per tempus.accedamus.

  ⟨Phidippus ⟨Laches ⟨Pamphilus.

Ibi quoq̃ edepol fũ iratus philomena.grauiter quidẽ.nã
hercle abs te eft factũ turpit:et fi tibi cã eft de hac re ma-
ter:q̃ te impulit.Huicvero nulla ẽ.La.oportune te mihi phidippe
in ipfo tp̃e oftẽdis.Phi.Q uid ẽ?Pã.qd rñdebo his: aut quo pacto
hoc aperiã?La.Dic filiã rus pceffurã hinc foftratã:nevereaf:min’
iã quo redeat domũ.Phi.Ah.nullã de his reb’ culpã cõmeruit tua
A myrrhina hæc funt mea vxore exorta omia.mutatio fit.ea nos

pturbat laches. Pam. dum ne reducã: turbent porro, q̃ velint. Phi.
ego pãphile esse inter nos(si fieri põt)affinitatẽ hanc sane ppetuam
volo. Sin est, ut aliter tua siet sentẽtia: accipias puerũ. Pã. Sẽsit pe-
perisse. occidi. La. puerũ: quẽ puerũ? Phi. Natus est nobis nepos.
nam abducta a vobis pregnãs fuerat filia. nec fuisse pregnãtem vnq̃
ante hunc sciui diem. La. Bene(ita me di ament)nũtias. et gaudeo
natũ tibi illum: et illã saluã. Sed quid mulieris vxorẽ habes: aut qui
bus moratã moribus? nos ne hoc celatos tãdiu? neq̃o satis q̃ hoc mi
hi videt̃ factũ praue, ploqui. Phi. Nõ tibi illud factũ minus placet:
q̃ mihi laches. Pam. Etiã si dudũ fuerat ambiguũ hoc mihi: nũc nõ
est: cũ eam p̃sequit̃ alienus puer. La. Nulla tibi pãphile hic iã cõsul
tatio est. Pã. perii. La. Hunc videre sepe optabamus diẽ: cum ex te
esset aliquis: qui te appellaret patrẽ. euenit. habeo gratiã dis. Pam.
Nullus sum. La. reduc vxorẽ: ac noli aduersari mihi. Pam. pater si
illa liberos ex me vellet sibi: aut esse mecũ nupta: satis certo scio, nõ
clam me haberet: quẽ celasse intelligo. Nunc cùm eius alienũ a me
esse animũ sentiã: neq̃ p̃uenturũ inter nos posthac esse arbitror: q̃
obrẽ reducã? La. Mater qd suasit sua: adolescens mulier fecit. Mi
randũ ne id est? ceses ne te vllã posse repire mulierẽ: que careat cul
pa? an quia non delinquũt viri? Phi. vosmet videte iam laches, et tu
pamphile: remissã opus sit vobis: an reducta domũ. vxor quid faci
at: in manu nõ est mea: neutra in revobis difficultas a me erit. Sed
quid faciemus puero? La. Ridicule rogas? quicquid futurũ est: huic
reddas suũ: sc; vt alamus nostrũ. Pam. Q̃ uẽ ipse neglexit pat; ego
alam? La. quid dixti? Eho an nõ alemus pãphile? p̃demus potius.
quæ hæc dementia est? Eniuero prorsus iam tacere nequeo. Nam
cogis ea que nolo: ut p̃sente hoc loquar. ignarũ censes tuarũ lachri
marũ esse me? aut quid sit hoc id quod sollicitere ad hũc modũ? pri
mũ hanc vbi dixti causã: te propter tuã matrẽ nõ posse hãc habere
vxorem domi: pollicita est ea se p̃essurã ex edibus. Nunc postquã

ademptã hanc quoq; tibi caufã vides: puer quia clam te eſt nat⁹ nactus alterã es. Erras; tui animi ſi me eſſe ignarũ putas. Aliqñ tandē
huc animũ ut adducas tuũ. q̃longũ ſpatiũ amandi amicã tibi dedi?
Sumptus quos feciſti in eam: q̃ aio æquo tuli? Egi, atq; oraui: tecũ
vxorē ut duceres. Tempus dixi eſſe. impulſu duxiſti meo. Q uę tũ
obſecutus mihi feciſti: ut decuerat. Nũc aim rurſũ ad meretricē in
duxti tuũ. cui tu obſecutus, facias huic adeo iniuriã. Nam in eandē
vitã te reuolutũ denuo video eſſe. Pam. Me ne? Lach. teipſũ. et facis iniuriã. pfingis falſas cauſas ad diſcordiã: ut tu cum illa viuas; te
ſtem hanc cum abs te amoueris. ſenſit quoq; adeo. vxor. Nã ei ca
alia quæ fuit: q̃obrē abs te abiret? Phi. Plane hic diuinat. nam id eſt
Pam. Dabo iuſiurãdũ nihil eſſe iſtorũ tibi. Lach. Ah reducvxore.
aut q̃obrē non opus ſit: cedo. Pam. Non eſt nũc tp̃s. Lach. Puerũ
accipias. nam is quidē in culpa nõ eſt. poſt de matre videro. Pam.
Oĩbus modis miſer ſum. nec quid agã ſcio. tot me nunc rebus miſerũ pcludit pater. Abibo hinc: pſens qñ promoueo parũ. nã puerum in iuſſu (credo) non tollet meo. pſertim in ea re cũ ſit mihi adiutrix ſocrus. Lach. Fugis? hem nec q̃cq̃ certi ̃rides mihi? nũ tibi videtur eſſe apud ſeſe? ſine puerũ phidippe mihi. cedo. ego alã. Phi.
Maxime. nõ mirũ fecit vxor mea: ſi hoc ægre tulit. Amare mulieres ſunt. nõ facile hæc ferunt propterea hæc ira eſt. nam ipſa narra
uit mihi. id ego hoc pſente tibi noluerã dicere. neq; illi credebã pri
mo, nũc vero palã eſt. Nam oino abhorrere animũ huic video a nu
ptiis. Lach. Q uid ergo agã phidippe? qd das pſilii? Phi. Q uid agas
meretticē hanc primũ ad eundē cenſeo. oremus, accuſemus. graui
us deniq; minitemur: ſi cum illo habuerit rem poſtea. Lach. Faciã
ut mones. eho puer, curre ad bachidē hãc vicinã noſtrã. huc euoca
verbis meis. Et te oro porro in hac re adiutor ſis mihi. Phi. Ah iã-
dudũ dixi idē: que nunc dico lache. manere affinitatē hãc inter nos
volo: ſi vllo modo eſt: ut poſſit. quod ſpero fore. Sed vis ne adeſſe
                                                          k.i.

mevna:dum iftã puenis?La. Immo abi.aliquã puero nutricẽ para

(Bachis meretrix   (Laches

On hoc de nihilo eft:qued laches me nũc puentã effe ex
petit.nec pol me multũ fallit:qn qd fufpicor fit:qd velit
La.Videndũ eft ne minus ppt irã hãc ipettẽ:q poffim.aut ne qd
faciã plus:qd me poft minofeciffe fatius fit.aggrediar.bachis falue
Bach.Salue laches.La.Credo edepol te nõnihil mirari bachis:qd
fit/qpropt te huc foras puerũ euocare iuffi.Ba.Ego pol q etiam ti
mida fum:cũvenit mihi in mentẽ/quæ fim:ne nomẽ mihi qftus
obftet.Nã mores facile tutor.Lac.Si vera dicis:nihil tibi ẽ pericli a
me mulier.Nã iam ætate ea fũ:ut nõ fiet pctõ mihi ignofci æquũ:
quo magis res oẽs cautius(ne temere faciã)accurro.Nã fi id nũc fa
cis:facturave es/bonas qd par eft facere:infcitũ offerre iniuriã tibi
me imerenti iniquũ eft.Ba.Eft magna e caftor grãa:de iftac re quã
tibi habeã.nã qui poft factã iniuriã fe expurget:parũ pihipfit. Sed
qd iftuc eft?La.Meũ receptas filiũ ad te pãphilũ.Ba.Ah.Lac.Si
ne dicã.vxorẽ pus q hãc duxit:voftrũ amorẽ ptuli.Mane nondũ
etiã dixi id:qd volui.hic nũcvxorẽ habet.qre aliũ tibi firmiorẽ ami
cũ:dũ tps pfulendi eft.nã neq ille hoc aĩo erit:neq pol tu eadem
iftac ætate.Ba.Quis id ait?La.Socrus.Ba.Me ne?La.Teipfã.et
filiã abduxit fuã.pueruq ob eã rẽ clã voluit(natoqui eft)extinguere.
Ba.Aliud fi fcirẽ(qui firmare meã apudvos poffẽ fidẽ)fanctiãq iuf
iurandũ:id polliceret tibi laches:me fegregatũ habuiffe(vxorẽ ut
duxit)a me pãphilũ.La.Lepida es.S3 fcin qdvolo potiofodes faci
as?Ba.quidvis?Cedo.La.Eas ad mulieres huc intro.atq iftuc iuf
iurandũ idẽ polliceare illis.exple aĩm his.teq hoc crimine expedi.
Ba.faciã qd pol fi effet alia ex hoc quæftu:haud faceret/fcio:ut de
tali cã nupte mulieri fe oñderet.Sed nolo effe falfa fama gnatũ fu
fpectũ tuũ.nec leuiorẽvobis qbus eft minime æquũ viderier imeri-
to.Nã meritode me eft:qd queã/illi ut cõmodẽ.La.Facilẽ/beniuo

lūqʒ lingua tua iam tibi me reddidit. Nam nõ sunt solę arbitratę hę
ego quoqʒ etiã hoc credidi. Nunc cũ ego te esse p̄ter noſtrã opinio
nem cõperi. fac: eadẽ ut sis. Poꝗro n̄rãvtere amicitia: ut voles. Alit̄
si facias: sed repꝛma me: ne ægre quicꝗ ex me audias. Verũ hoc te
moneovnũ. ꝗlis sim āmic̄: aut qd possiẽ: poti̾ꝗ inimic̄ periclũ fa
cias. Ba. Faciã sedulo. ❲ Phidippus   ❲ Laches   ❲ Bachis.

Ihil apud me tibi desieri patiar: quin qd opus sit: benigne
p̄beaſ. sed cũ tu satura ,atqʒ ebria eris: puer ut saſ̄ sit, facito. La. Noſter socer(video) venit. puero nutricẽ adduxit.
Phidippe bachis deierat p̄sancte. Phi. Heccine ea eſt? La. Hæc eſt.
Phi. nec pol iſtæ metuũt deos: nec has reſpicere deos opinor. Ba.
Ancillas dedo. quolibet cruciatu per me exꝗre ,licet. hec res hic agi
tur. pãphilo me facere ut redeatvxor oportet: Q d si p̄sicio: nõ pœ
nitet me famæ: solã fecisse id ,qd aliæ meretrices facere fugitãt. La
Phidippe n̄ras mulieres suſpectas fuisse falso nobis in re ipsa inue-
nim̾. Porro hanc nũc experiamur. Nam si cõpererit crimini tua se
vxor falso credidisse: missã irã faciet. sin autẽ eſt ob eã rẽ irat̾gna-
tus: ꝗ pepitvxor clã: id leue eſt. cito ab eo hæc ira abſcedet. profecto in hac re nihil mali ẽ: qd sit diſcidio dignũ. Phi. velim qdẽ her
cle. La. Exquire. adeſt. qd satis sit: faciet ipsa. Ba. Faciã. Phi. Q uid
mihi iſtæc narras? an qa nõ tu teipse dudũ audiſti: de hac re anim̾
meusvt sit laches? illis mõ exple aĩm. La. Q ueso edepol bachis qd
mihi es pollicita: tute ut serues. Ba. Ob eã rêvis ergo intro eã? La.
I atqʒ exple animũ his: ut credãt. Ba, Eo: et si scio pol his fore meũ
p̄spectũ inuiſũ hodie. Nã nupta meretrici hoſtis eſt: a virovbi segre
gata eſt. La. At hę amice erũt: vbi ꝗobrẽ adueneris reſciſcẽt. at eaſ
dem amicas fore tibi promitto: rêvbi cognouerint. Nã illas errore
et te siſ suſpitiõe exolues. Bac. Perii. pudet me philomenę. Seqmi
ni me intro huc ãbæ. La. Quid eſt qd mihi malim: ꝗ qd huic intel
ligo euenire: ut gratiã ineat sine suo diſpendio: et mihi proſit? nã si

eſt ut hęc nūc pāphilū vere ab ſe ſegregarit: ſcit ſibi nobilitatē ex eo
et rem natā: et gloriā eē. referetꝙ gratiā ei. vnaꝗ nos ſibi opa amicos iunget. ⟨Parmeno ⟨Bachis

Depol ne meā herus eſſe operā deputat parui precii: qui
ob rem nullā miſit: fruſtra vbi totū deſedi diem: mi coniū
hoſpitē dum expecto in arce callidemidē. itaꝗ inept? hodie dū illic ſedeo: ut quiſꝗ venerat accedebā. adoleſcēs dic dū: quę
ſo es tu miconius? nō ſum. At callidemides? nō. hoſpitē ecquē pāphilū hic habes? oēs negabāt. neꝗ eū quēꝗ eſſe arbitror. deniꝗ her
cle iā pudebat. abii. Sed quid bachidē ab noſtro affine exeūtē video
qui huic hic eſt rei? Bac. Parmeno oportune te offers. propere curre ad pāphilū. Par. quid eo? Bac. Dic me orare: ut veniat. Par. Ad
te? Ba. Immo ad philomenā. Par. quid rei eſt? Ba. Tua ꝙd nihil re
fert: pcōctari deſinas. Par. Nihil aliud dicā? Ba. Etiā cognoſſe anulū illū myrrhinā gnatæ ſuę fuiſſe: quē ipſe olim mihi dederat. Par.
ſcio tn̄ ne eſt? Bac. Tantū. aderit ꝯtinuo: hoc vbi ex te audierit: ſed
ceſſas? Par. Minime equidē. Nā hodie mihi poteſtas haud data eſt
ità curſando atꝗ ābulando. totū hunc ꝯtriui diē. Ba. Q uātā obtuli
ad uentu meo lętitiā pāphilo hodie? quot cōmodas res attuli. quot
autē ademi curas. gnatū ei reſtituo: qui pene harū ipſiuſꝗ opa pe
riit. vxorē quā nūꝗ eſt poſt hac ratus ſe habiturū, reddo. Q uare ſu
ſpectus ſuo patri et phidippo fuit: exolui. Hic adeo his rebus anulus fuit initiū inueniūdus. Nā memini ab hinc menſes decē fere ad
me nocte prima ꝯfugere anhelantē domū, ſine comite, vini plenū
cum hoc anulo. Extimui ilico. mi pāphile (inꝗ) amabo. Q uid es ex
aminatus obſecro? aut vnde anulū iſtū nact? dic mihi. Ille alias res
agere ſe ſimulare. poſtꝗ video neſcio ꝙd, ſuſpicarier magis cepi iſta
re, ut dicat. hō ſe fatet' vi in via virginē neſcio quā cōpreſſiſſe. dicitꝗ
ſeſe illi anulū (dum luctat) detraxiſſe. eū hec cognouit myrrhina in
digito mō. me habentē rogat: vnde ſit. narro oīa hęc. inde ē cognī

tio facta, philomenã effe cõpreffã ab eo: et filiũ inde hunc natũ hęc
tot propter me gaudia illi ꝑtigiffe lætor: et fi hoc meretrices alie no
lunt. neꝗ enī eſt in rem noſtrã, ut quifꝗ amator nuptiis lætet'. Ve
rum ecaſtor nũꝗ animũ queſti gratia ad malas adducã partes. ego
dum illo licitum eſtuſa fum benigno, et lepido et comi. Incõmode
mihi factũ nuptiis euenit. fateor. ac pol feciffe me arbitror: ne merito mihi euenerit. Multa ex quo fuerunt cõmoda: eius incõmoda
æquũ eſt ferre.   ꝃPãphilus   ꝃParmeno   ꝃBachis

Ide mi parmeno etiã fodes ut mihi hęc certa et clara attu
feris: ne me in breue hoc ꝑicias tꝑs gaudio hoc falfo frui.
Par. Vifũ eſt. Pam. certe ne? Par. certe. Pam. Deus fum
fi hoc ita eſt. Par. Verũ reperies. Pã. Manedũ fodes. timeo ne ali
ud credã: atꝗ aliud nũties. Par. Maneo. Pã. Sic te dixiffe opinor.
inueniffe myrrhinã bachidē anulũ fuũ habere. Par. factũ. Pã. Eum
quē olim ei dedi. Eaꝗ hoc te mihi nũtiare iuſſit. ita ne ē factũ? Par.
Ita inꝗ. Pam. qs me eſt fortunatior: venuſtatifꝗ adeo plenior? ego
ne pro hoc te nũtio quid donē? quid quid? nefcio. Par. At ego fcio
Pam. quid? Par. Nihil enī. nam neꝗ in nũtio, neꝗ in memetipfo ti
bi qd fit boni: fcio. Pã. egon qui ab orco mortuũ me reducē in lu
cem feceris finã fine munere a me abire? ah nimiũ me ingratũ pu
tas. Sed bachidē eccã video ſtare ante oſtiũ. me expectat, credo. adi
bo. Ba. Salue pãphile. Pam. O bachis, o mea bachis, feruatrix mea
Ba. Bene factũ, et volupe. Pã. Factis ut credã, facis. antiquãꝗ adeo
tuã venuſtatē obtines: ut voluptati obitus, fermo aduentꝰ tuus (quo
cunꝗ adueneris) femp fit. Ba. At tu e caſtor morē antiquũ, atꝗ in
geniũ obtines: ut vnus hoim hõ te viuat nunꝗ quifꝗ blandior. Pã.
Ha ha he. et tum mihi iſtuc? Bac. Recte amaſti pãphile vxorē tuã,
nam nunꝗ ante hunc diem meis oculis eam (quod noffē) viderã. ꝑ
liberalis vifa eſt. Pã. Dixtin verũ? Ba. Ita me di amet pãphile. Pam
dic mihi harũ rerum nũquid dixti iam patri? Ba. nihil. Pam. neꝗ

opus eſt adeo. mittito. Ba. Placet nõ fieri hoc itidẽ ut in cõmœdiis:
oĩa oẽs vbi reſciſcũt. Hi quos par fuerat reſciſcere ſciunt. Quos nõ
aũt eſt equũ ſcire: neqʒ reſciſcẽt: neqʒ ſcient. Immo etiã qui hoc oc
cultari facilius crẽdas: dabo. Myrrhina ita phidippo dixit iureiurã
do meo ſe fidem habuiſſe: et propterea te ſibi purgatũ. Pam. Opti
me eſt ſperoqʒ hãc rem eſſe euenturã nobis ex ſentẽtia. Par. here
licet ne me ſcire ex te hodie, quid ſit: quod feci boni: aut quid iſtuc
eſt quod vos agitis? Pam. Nõ licet. Par. Tamẽ ſuſpicor. egon hũc
ab orco mortuũ, quo pacto? Pam. Ne ſcis parmeno quantũ hodie
profueris mihi: et ex quãta erũna extraxeris. Par. Immo vero ſcio.
nec hoc imprudens feci. Pam. ego iſtuc ſatis ſcio. Par. An temere
quicquã parmenonẽ ptereat: quod facto vſus ſit? Pam. Seqre me
intro parmeno. Par. Sequor. Equidẽ plus hodie boni feci iprudẽs
q̃ ſciens ante hunc diem vnquã.   ❧Plaudite: Caliopius recenſui

Incipit phormio Acta ludis romanis. L. poſtumio albino
.L. cornelio merula ẽdilibus curulibus. Egere. L. ambiuius turpio. L. attilius preneſtinus. Modos fecit flaccꝰ Clau
di tibiis imparibus tot greca appollodori epidicazomenos
facta. quarto. G. fannio. M. valerio conſulibus.

ARGVMENTVM

Hremetis frater aberat peregre Demipho: relicto athenis
antiphone filio. Chremes clam habebat lẽni vxorẽ ãc filiam. athenis aliã coniugẽ: et amantẽ vnice gnatũ fidicinã. Mater e
lemno aduenit athenas moritur. virgo ſola. aberat chremes. fumus
procurat. Ibi eam viſam antipho (cum amãret) opera paraſiti vxorẽ
accipit. pater, et chremes reuerſi fremere. dein minas triginta dãt
paraſito: ut illam coniugem haberet ipſe. argento hoc emitur fidicina: vxorem retinet antipho a patruo agnitam.

Oftq̃ poeta vetus poetã nõ poteſt. Hanc comediã:manifeſtũ eſt:prius
ab Appollodoro ſub alio noïe: hoc eſt ſub epidicaʒomene grece ſcri
ptã eſſe quã latine a terẽtio Phormione. q̃obrẽ nulla dubitatio ẽ hãc
ſolã eſſe cui nomẽ poeta mutauerit:et errare eos qui in hãc phormio
nem pãraſitũ putant a formula litis quã intenderit noïatũ:cum greca lingua fe
ſtus ſpartheus:et ſtramẽ nauticũ ſic dicatur:a cuius rei vel capacitate vel vilitate
etiã ab Apollodoro paraſitus Phormionis noïe nũcupaẽ.Hec igiẽ tota motoria
eſt quaſi et in affectibus pſtituta pene maioribus:q̃ comicus ſtilus poſceret: niſi
q̃ arte poete oïa moderata ſunt.Primas in ea partes(ut ipſe poeta pfeſſus ẽ)te
net phormio.Secũdas geta.Tertias demipho.ſubinde ceteri prout in pceſſu oſtẽ
dit.Prologus phormionis nimis pcitatus eſt:adeo ut ipſe ſemet veluti reprehen
dat ob hãc ipſã puicaciã:et ſimul argumentũ ſue purgatõis inducat.Atq̃ in ea
cum et protaſis:et epitaſis.et cataſtrophe magni moliminis et negotii ſint:itaua
riis leporibus aſpergunẽ:ut etiã rerũ triſtiũ grauitatẽ poeta lepidus comica ſere
nitate tranquillet.Hec acta eſt ludis Megaleſibus Lucio Cornelio Merula edi
li Curruli et.L.poſthumio Albino agentibus Lucio caſſio Atulio et.L.Am
biuio:modos faciente Flacco claudii filio tibiis ſerranis:totaq̃ deverbis facetis
ſimis:et geſtã deſiderãtibus ſcenicũ et ſuauiſſimis ornata cãticis ſunt:editaq̃ eſt
quarto loco.M.valerio et Cn.fannio cons.Perſona etiã in huius ptaſi non vna
eſt:ſed due:q̃rũ altera extra argumentũ poſita eſt cui narrat fabula:altera in ar
gumẽto que narrat fabulã.Argumentũ quoq̃ nõ ſimplicis negotii habet necvnꝰ
adoleſcentis:ut in Ecyra:ſed duorũ vt in ceteris fabulis.Scire eñ conuenit vno
die tranſigi phormione:non ut Heauton.duob.prologus correpte
       dicitur non producte   Nam officiũ pro
logi ãte narrationẽ rei quidẽ ſemp eſt.verũtamẽ et poſt pncipiũ fabule inducit:
ut apud plautũ in milite glſoſo:et apud ceteros magne auctoritaẽ veteres poetas
Vm chremes demiphonis frater adſcito ſibi ad fallaciã noïe q̃ Stilpho
nem ſe dici fecerat duas eodẽ tpẽ habuiſſe vxores athenis diuïtẽ:paupe
rem Lẽni.Ex diuite ſubſtulit filiũ qui dictus eſt phedria:ex paupe fur
tim ſuſcepit atq̃ educauit filiã phaniũ noïe:eãq̃ pſilio cũ fratre habito deſtina
uit filio ſuo Antiphoni vxore dare:quibus cõplacitis vno tpẽ pfecti Athenis ſe
nes:Demipho in Siciliã:chremes Lemnũ ad accerſendã filiã:que iam illinc cũ
matre nauigauerat:occaſione dederunt amãdi adoleſcentibꝰ nã ſtatim phedria
cithariſtriã ſub lenone cepit ardere.Antipho illã filiã patruï phaniũ deſponſa
tam ſibi neſciens neſcientẽ mox ut athenas venit:nec patrẽ repperit falſo dupli
ci eius noïe matre mortuã dum lamentaẽ adamauit:pſilioq̃ et opera paſiti ſedᷓ
leges athenienſiũ quãq̃ ſibi cognata eſſet tanq̃:tñ in iure victus et velut coactus
eam accepit vxore per abſentiã patris:qui cũ veniſſet et vellet eã expellere.pmo
pfutaẽ per impudentiã paraſiti:poſt cũ ſuo fratre ſic decipiẽ:ut dũ eam credidit
ab Antiphõe poſſe diſiũgi:eam paraſitus ipſe ducat vxore et dat ductuto.xxx.
minas pñtis dotis puelle noïe:quas phormio acceptas phedrie dedit:ille leno
ni ad cithariſtriã redimendã:quibus geſtis tandẽ chremes agnoſcit filiã ſuã piũ
ctã eſſe fratris filio.Ꝙuare dũ mutato pſilio,xxx.minas a phormione per rixã
conaẽ exigere.per eundẽ pditus vxori ſue Nauſiſtrate eſt:et ante libidinis reus
nõ ante veniã meruit a matrefamilias quã et.xxx.minarũ:ᵶ amoris cithariſtrie
veniã dediſſet filio.Primus actus eſt in colloquio Daui et Gete:per quos diſcit
pplus argumentũ.Scõs actus pricipit aduentũ ſenis turbulẽtũ ᵶ eiuſdẽ iurgiũ ad
uerſus Getã et phedriã.Tertio actui attribuiẽ litigiũ ſenis et phormiõis:tũ cõ
ſulatio cum aduocatis.tum Antiphonis in ſcenã reditus colloquiũq̃ cum geta:
tum lenonis ᵶ phedrie colluctatio:tum adhoratio Gete de inueniẽdo argẽto ad
redimẽdã phedrie cithariſtriã.Quartũ actũ iſta pcelebrant aduẽtus Chremetis

                                                k.iiii.

eiufdē cū fratre deliberatio per errorē deiiciēda phanio Geteverba de fallēdis
fenibus: Antiphonis oratio apud femetipfū de amore tractātis. Gete rurfus cū
fenibus callida ꝫ mox cum antiphone de eadē cā fimplex difputatio fenū inter
fe colloquiū de expulfiōe mulieris et ad extremū verba chremetis agnofcēꝭ nutricē: ac per eam filiā fuā cum Antiphorœ ꝑiunctā. In qnto actu per Demipho
nis errorē phormio accipit argentum dotis noīeꝫet cōuenit Naufiftratavt exire
domo cōpellat phanꝭū ꝑmiſſāꝗ utvxor habeaꝭ per getā Antiphoni et phormio
ni nūtiaꝭ que cum ita nupta fit expofciꝭ argentū a phormionę. per rixā fenū a
qūibus ille oppreſſus rem oēm aperit Naufiftrate ad qᵈ primū iratavt in tali re
vxor mox leniꝭ in fine fabule et tutiſſimum a patꝭis iracundia ꝑſtat phedriam

⟨Prologus ⟩

Oſtquā poꝗtā vetus poꝗtā non poteſt retrahere a ſtudio
et tradere hominē in ocium: maledictis deterere(ne ſcri-
bat)parat. Qui ita dictitat: quas antehac fecit fabulas te-
nui eſſe oratione et ſcripturā leui. quia nuſquā infanū ſcripfit ado-
lefcentulū. ceruā videre fugere: et fectari canes. et eam plorare/ora
re: ut fubueniat fibi. Quod fi intelligeret cum ſtetit olim noua/ac-
toris opera magıs ſtetiſſe ꝗ fua: minus multo audacter ꝗ nunc le-
dit/lederet. et magis placerent/quas feciſſet fabulas. Nunc fi qs eſt
qui hoc dicat: aut fic cogitet: vetus fi poꝗta nō laceſſet prior: nullū
inuenire prologū potuiſſet nouus/quē diceret:nifi haberet cui male diceret.is fibi refponfū hoc habeat in medio oībus palmā eſſe po
fitam: qui artem tractant mufica. Ille ād famē hunc ab ſtudio ſtu-
duit reicere. Hic refponderevoluit non laceſſere. Būdictis fi certaſ
fet:audiſſet bene. Quod ab ipfo allatū eſt: fibi eſſe id relatū putet
De illo iam finem faciam dicendi mihi: peccandi cum ipfe de fe fi
nem non facit. Nunc quidvelim. animū attendite. Apporto nouā
epidicaꝫomenon quā vocant comediā grꝗci. latini phormione no-
mināt. quia primas partes qui aget: is erit phormio parafitus: per
quē res geritur maxime. Volūtasveſtra fi ad poꝗtā acceſſerit:date
operā.adeſte æquo aīo per filentiū: ne fifivtamur fortuna: atꝗ vfi
fumus: cum per tumultū nr̄ grex motus loco eſt. quē actoris virtᵒ
nobis reſtituit locum: bonitaſꝗveſtra adiutāns/atꝗ æquanimitas.

Micus fumus meus, et popularis Geta heri àd me venit.
erat ei de ratiūcula iā pride apud me reliquū pauxilulum
nūmorū: id ut ꝓficerē. ꝓfeci. affero. Nam herilerỹ filiū eius duxiſſe
audio vxorē. Ei (credo) munus hoc cōradit. Qῥinique cōpatū eſt: hi
qui minus habêt: ut ſemp aliqd addant diuitioribus? Q uod ille vn
tiatim vix de dimenſo ſuo, ſuū defraudās geniū cōparſit miſer ⁚ id
illa vniuerſū abripiet: haud exiſtimās q̃to labore ſit partū. Porro āt
geta ferieꝰ alio munere: vbi hera pepererit. Porro alio aūt: vbi erit
puero natalis dies. Vbi initiabunt? omne hoc mater auferet. Puer
cauſa erit mittundi.   ⟪Sed videon getam.

⟪Geta seruus   ⟪Dauus

I quis me queret rufus. Da. Preſto eſt. deſine. Ge. oh. at
ego obuiā conabar tibi daue. Da. Accipe. hem, lectū ê. cō
ueniet numerꝰ: q̃tū debui. Ge. Amo te: et nō neglexiſſe habeo gra
tiā. Da. Preſerti ut nūc ſūt mores: adeo res redit. ſi q̃s quid reddit ⁚
magna habêda ê gᷓa. ſȝ es triſtis? Ge. ego ne? neſcis quo i me
tu et q̃to in piculo ſim? Da. Q uid iſtuc ê? Ge. Scies: mō ut tacere
poſſis. Da. Abi ſis inſciês. cui ꝰtu fidê in pecunia pſpexeris: verere
verba ei credere? vbi qd mihi lucri eſt te fallere? Geta. Ergo auſcul
ta. Da. Hâc operā tibi dabo. Ge. ſenis nr̄i daue fratrê maiorê chre
mê noſtin? Da. Q uid ni? Ge. Q uid? Ei gnatū phedriā? Da. Tā q̄ te
Ge. Euenit ſenibus ãbobus ſiſ iter. Illi in lemnū ut eſſet: nr̄o in cili
ciā ad hoſpitê antiquū. Is ſenê per epĭas pellexit mō nō mōtes au
ri pollicens. Da. cui tãta erat res: et ſuperat? Ge. Deſinas. ſic eſt in
geniū. Da. Oh regem me eſſe oportuit. Ge. Abeuntes ambo hinc
tum ſenes me filiis relinquunt quaſi magiſtrum. Da. O geta pro
uintiam cœpiſti duram. Ge. Mihi vſu venit hoc ſcio. memini relin
qui me deo irato meo. cœpi aduerſari primo. Q uid verbis opꝰeſt?
ſeni fidelis dū ſum: ſcapulas pdidi. Da. Venere in mêtê mihi iſtec

nãcp inícitia eſt aduerſus ſtimuliſ calces.Ge.Cępi his oía facere obſequi queuellent.Sciſti vti foro.Ge.Noſter mali nihil quicꝗ primo
Hic phedria ꝓtinuo quandã nactus eſt puellã cithariſtriã.hanc ama
re cępit ꝑdite.EꝊſeruiĕbatĕ lenoni impuriſſimo.necꝗ quod daretur
quicꝗ:id curarãt patres.reſtabat aliud nihil niſi oculos paſcere.ſec
tari in ludũ.ducere et reducere.Nós ocioſi operã dabamꝰphedrię.
In quo hec diſcebat ludo:ex aduerſo ei loco tonſtrina erat quedã.
Hic ſolebamꝰ fere plerũꝗ eã operiri:dũ inde iret dómũ.Inꞇea dũ
ſedemus illic:intuĕnit adoleſcĕs ꝗdã lachrimans.Nos mirarier.ro
gamus,ꝗd ſit.Nũꝗ ęque(inquit)ac mŏ paupꞇas mihi onus viſũ eſt
et miſerũ et graue.mŏ quãdã vidi virginĕ huicviciueĕ miſerã,ſuam
matrĕ lamĕtari mortuã.Ea ſita erat ex aduerſo.Necꝗ illi bñuolens
necꝗ notus necꝗ cognatus extra vnã aniculã ꝗ̃ꝗ aderat:qui adiuua
ret funus.miſeriũ eſt.virgo ipſa facie egregia.Quid verbis opꝰ eſt
cõmorat oĕs nos.ibi ꝓtinuo antipho vultis ne eamus viſere?ali ꝯ en
ſeo.eamus.duc nos ſodes.Imusvenimꝰ.videmꝰ virgo pulchra.et
quo magis diceres nihil aderat adiumĕti ad pulchritudinĕ.capillus
paſſus,nudus pes.Ipſa horrida.lachryme.veſtitus turpis.ut niuis
boñi ipſa ineſſet forma:hec formã extingueret.Ille qui illam ama
bat fidicinã:tantũmodo ſatis ſcita inquit.ní vero.Da.lã ſcio ama
re cępit.Ge.Scin quã?quo euadat:vide.Poſtridie ad ãniſ recta per
git.obſecrat ut ſibi eius faciat copiã.Illa eni ſe negat.necꝗ eũ equũ
facere.ait illã ciuĕ eſſe aꞇicã,boni boni ꝓgnatã.Siuxorĕ velit:le
geid licere facere.Sin aliter:negat.noſter quid ageret:neſcire.Et
illam ducere cupiebat:et metuebat abſentĕ patrĕ.Da.Nũ ſi rediſſꝫ
ei pater veniã daret?Ge.Ille ne indotatã virginĕ,atꝗ ignobilĕ daret
illi,nũꝗ faceret.Da.ꝗd ſit deniꝗ?Ge.ꝗd fiat?ĕ paſiꞇ?ꝗdã phormio
hŏ ꝑfidĕs qui illũ di oĕs pꝺant.Da.Quid is fecit?Ge.Hoc cõſiliũ
(quod dicã)dedit.Lex eſt vt orbę qui ſint genere ꝓximi eis nubĕt:
et illos ducere eadem hęc lex iubet.Ego te cognatũ dicam:et tibi

scribā:dicā.paternū amicū me assimulabo virginis. ad iudices venie
mus.qui fuerit pater:quę mater:qui cognata tibi sit: oīa hęc cōsin
gam . Q uod erit mihi bonū,atꝗ cōmodū.cū tu horū nihil refelles
vincā scȝ. paꞇ aderit. mihi parate lites.Q uid meꜳilla quidē noſtra
erit.Da.Ioculare audaciā.Ge.pſuasit hoī.factū ē.vetū ē.vincimur
duxit.Da.Q uid narras?Ge.Hoc qd audis.Da. O geta qd te futu
rū eſt?Ge.Neſcio hercle.vnū hoc ſcio.qd fors fert : feremus equo
aīo.Da.Placet. hem iſtuc viri eſt officiū. Ge.In me ois ſpes mihi ē
Da.Laudo.Ge.Ad ꝑcatorē abeam:credo,qui mihi ſic oret.Nunc
omitte queſo hunc.Ceterū poſthac ſi quicꝗ:nihil ꝑcor.trīmō non
addit:vbi ego hinc abiero:vel occidito.Da.Quid pedagogus ille :
qui citharistriā?qd rei gerit?Ge.Sic tenuiter.Da.Nō multū habet :
quod det fortaſſe.Ge.Immo nihil:niſi ſpē merā.Da.Pater eius re
diit,an nō?Ge.Nondū.Da.Q uid?ſenē quoad expectatis vrm.Ge.
Non certū ſcio.ſed epiſtolā ab eo allatā eſſe audiui mō: et ad porti
tores eſſe latam.hanc petā.Da.Nunquid geta aliud me vis?Ge.vt
bene ſit tibi.puer heus.nemon huc prodit?cape.da hoc dortio.

     ⱢAntipho.   ⱢPhedria

A Deon rem rediſſe : ut qui mihi conſultū optime velit eſſe
phedria:patrē ut extimeſcā:vbi in mentē eius aduētꝰ ve
nit?qd ni fuiſſe incogitās:ita eū expectarē:ut par fuit. Phe.Q uid
iſtuc eſt?An.Rogitas:qui tā audacis facinoris mihi cōſcius ſis?qd
vtinā ne phormioni id ſuadere in mentem incidiſſet:neu me cupi
dum eo impuliſſet:quod mihi ꝑncipiū eſt mali.Nō potitus eſſem.
fuiſſet tum illud mihi egre per aliquot dies.at nō quotidiana cura:
hęc angeret aīm. Phe.(Audio).An.dū expecto:ꝗ mox veniat:ꝗ
hāc mihi adimat ꝑſuetudinē.Phe.Aliis ꝗa deſit,qd amāt:ęgre eſt
tibi.quia ſupeſt:dolet.amore abundans antipho. Nam tua quidē
hercle certo vita hęc expectāda,optādaꝗs eſt. Ita me di bñ ament:
ut mihi liceat tandiu(quod amo)frui.Iam depaciſci morte cupio·

tu conícito cetera. quid ego ex hac inopia nũc capiã: et quid tu ex
ista copia:ut ne addam: quod fine fũptu ingenuã liberalẽ nact⁹ es.
Quod habes(ita ut voluisti)vxorẽ fine mala fama palã. Beatus:ni
vnũ hoc defit: animus,qui modeste istæc ferat. Q₂ fi tibi res cũ eo
lenone fit,quo cũ mihi est:tum fentias. Ita plericz ingenio fumus
oẽs noftris nofmet pœnitet.An. At tu mihi contra nũc vídere for
tunatus phedria:cui de integro est poteftas etiã cõfulendi,quid ve
lis. Retinere.amare.amittere.Ego infœlix in eum incidi locum: ut
necz mihi eius fit amittendi,nec retinendi copia. Sed quid hoc eft?
vídeon ego Getam currentẽ huc aduenire?Is eft ipfus. et timeo mi
fer:quam mihi nunc nuntiet rem.

¶Geta. ¶Antipho adolefcens ¶Phedria

Vllus es geta: nifi iam aliquid tibi cõfiliũ celere reppereris
ita nunc imparatũ fubito tanta te impedẽt mala: ḡ necz
vti deuitẽ fcio:nec quõ me inde abftrahã. Nã nõ pot celari nra diu
tius iã audacia.quẽ fi nõ aftu prudent: me haud herũ peffũdabunt
An.quidnã ille cõmotùs venit? Ge. Tũ tpis mihi pũctũ ad hanc rẽ
eft. Herus adeft. An. Quid iftud mali ẽ?Ge. Quod cũ audierit:qd
eius remediũ inueniã iracundie?loquar ne? incendã.tacea.inftigẽ.
purgẽ me.laterẽ laue.Eheu me miferũ: cũ mihi paueo tũ antipho
me excruciat animi.eius me miferet.ei nunc timeo?is nũc me reti
net. Nam abfcz eo effet recte:egomet mihi vidiffem: et fenis eẽm
vltus iracundiã.aliquid pũafaffem. atcz hinc me cõicerã protin⁹ in
pedes.An. Quã hic fugam,aut furtũ parat?Ge.Sed vbi antipho
nem querã?aut qua ḡrere infifta vias? Phe. Te nomiat. An. Nefcio
quod magnũ hoc nũtio expecto malũ.Phe.Sanus es.Ge. Domũ
ire pgã.ibi plurimũ eft.Phe. Reuocem⁹hoiem.An.Sta ilico.Ge.
Hẽ fatis.p iperio ḡfcz es.An.Geta.Ge.Ipẽ ẽ:quẽvolui obuiã.An
Cedo quid portas obfecro.atcz (fi potes)verbo expedi vno. Ge.fa
ciã.An.Eloḡre.ge.mõ apud portũ.An.meĩ ne?ge. Intellextin?

An.Occidi.Ge.Hem.An.Quid agã?Phe.quid ais?Ge.Huius pa
trẽvidiſſe me,patruĩ tuũ.An.Nã quod ego huic nunc ſubito exi
cio remediũ inueniã miſer?Quod ſi eo meę fortunæ redeũt: pha
niũ abs te ut diſtrahar:nulla eſt mihi vita expetenĉta.Ge.Ergo iſtec
cum ita ſit antipho:tãtõmagis te aduigilare æquũ eſt. Fortis fortu
na adiuuat.An.Non ſum apud me.Ge.Atqui opus eſt nũc cum
maxime ut ſis ãtipho.Nam ſi ſenſerit te timidũ pater eſſe:arbitrã
bitur cõmeruiſſe culpã.Phe.Hocverũ eſt.An.Nõ poſſũ immuta
rier.Ge.Quid faceres:ſi aliud quid grauius tibi nũc faciũdũ foret?
An.cum hoc nõ poſſũ:illud minus poſſe.Ge.Hoc nihil ẽ phedtia
ilicet.quid ꝑterimus operã fruſtra?quin abeã.Phe.Etq̃dẽ ego.An
Obſecro:quid ſi aſſimulabo?Satin eſt?Ge.garris.An.Vultũ cõtẽ
plãmini.hem.ſatine ſic eſt?Ge.Non.An.Quid ſi ſic?Ge.ꝓpemo
dum.An.Quid ſi ſic?Ge.Sat eſt.hem iſtuc ſerua:etverbũ verbo,
par pari ut reſpõdeas:ne te iratus ſuis ſeuidicis dictis protelet.An
Scio.Ge.Vi coactũ te eſſe,inuitũ,lege,iudicio.tenes?Sed quis hic
eſt ſenex:quẽvideo invltimã plãtea?An.Ipſus eſt.nõ poſſũ adeſſe
Ge.Ah quid agis?quo abis ãtipho?mane mane inq̃.An.Egomet
me noui,et peccatũ meũ:vobis cõmendo phanũ,etvitã meã.Phe.
Geta.quid nũc fiet?Ge.tu iam litis audies.ego plectar pendẽs:niſi
quid me fefellerit.Sed quod mõ hic nos antiphonẽ monuimus id
noſmetipſos facere oportet phedria.Phe.Aufer mihi oportet.qn
tu quod faciã,impera.Ge.Meminiſtin olim ut fuerit noſtra oꝓo in
re incipiunda ad defendẽdã noxiã ? iuſtã illã cauſã,facile,vincibilẽ,
optimã?Phe.Memini.Ge.hem nunc ipſa eſt opus:aut ſi quid po
tes,meliore,et callidiore.Phe.Fiet ſedulo.Ge.nunc prior adito tu.
ego inſidiis hic ero ſuccenturiatus:ſiquid deficies.Phe.age.

ꝃDemipho ſenex ꝃGeta ꝃPhedria

Ta ne tandẽvxorẽ duxit antipho iniuſſu meo?nec meum
imperiũ.age.omitto iꝑeriũ.Nõ ſimultatẽ meã reuereri.

salté nõ pudere. o facinus audax, o geta monitor. Ge. vix tandem
De. quid mihi dicent: aut quã causã reperient demiror. Ge. Atqui
repperi iam. aliud cura. De. An ne hoc dicent mihi: inuit? feci. lex
coegit. audio, eã fateor. Ge. Placet. De. Verũ sciẽtẽ tacitũ caulã tra
dere aduersariis: etiã ne id lex coegit? Phe. Illud durũ. Ge. Ego ex
pediã. sine. De. Incertũ est: quid agã. quia pter spẽ, atq incredibile
hoc mihi obtigit. ita sũ irritatus: animũ ut nequeã ad cogitandũ in
stituere. Q uãobrẽ oẽs cũ scde res sunt maxime: tum maxime me
ditari secũ oportet: quo pacto aduersã erumnã ferãt. pericla exilia
dãna. Peregre rediens semp cogites aut filii pctm̃: aut vxoris mor
tem: aut morbũ filiæ. Cõmunia esse hæc. fieri posse: ut nequid aio
sit nouũ. Quicqd pter spẽ eueniat: omne id deputato esse in lu
cro. Ge. O phedria incredibile est, qto herũ ãte eo sapiẽtia. Medita
ta sunt mihi oĩa mea incõmoda. Herus si redierit: molẽdũ mihĩe
vsq in pistrino. vapulandũ. habende cõpetles. opus ruri faciundũ
Honĩ nihil qcq accidet aio nouũ. Quicqd pter spẽ eueniet: oẽ id
deputabo esse in lucro. Sed qd cessas hoiem adire, et blande in pn
cipio alloqui? De. Phedriã mei fratris video filiũ mihi ire obuiã. phe
mi patrue salue. De. salue. Sed vbi est antipho? Phe. saluũ te adue
nire gaudeo. De. Credo. ride hoc mihi. Phe. Valet. hic est sz satin
oia ex sniã? De. Velle quide. Phe. quid istuc est? De. Rogitas phe
dria? bonas me absente hic pfecistis nuptias. Phe. Eho an tu id suc
censes nũc illi? Ge. O artifice probũ. De. Egon illi nõ succẽseã? ipsũ
gestio dari mihi in pspectũ nũc: sua culpa ut sciat lene patrẽ illũ fa
ctũ esse acerrimũ. Phe. Atqui nihil fecit patrue: qd succẽseas. De.
Ecce aut silia oia oẽs cognũt. vnũ cognoris: ois noris. Phe. Haud
ita est. De. Hic in noxia est: ille ad defendẽdã causã adest. Cum ille
deest: hic presto est. tradũt opas mutuas. Ge. Probe horũ facta im
prudẽs depinxit senex. De. Nam ni hec ita essent: cũ illo haud sta
res phedria. Phe. Si e patrue: culpã ut ãtipho i se admiserit ex q re

minꝰ foret rei, aut fama tēperās; nō causā dico; qn qd meritꝰ sit, ferat. Sed si qs forte malitia fretus sua insidias nꝰfecit adolescētiæ, ac
vicit: nostrān culpa ea est, an iudicū? qui sepe ꝑꝑ inuidiā adimunt
diuiti: aut ꝑꝑ miam, addūt pauperi? Ge. Nimosse cārsā: crederem
vera hūc loqui. De. an qͤsquā iudex ē: qui possit noscere tua iusta:
vbi tute verbū nō rūdeas: ita ut ille fecit? Phe. Euict adolescētuli est
officiū liberalis. Postꝗ ad iudices ventū est: nō potuit cogitata ꝓloq̄
ita eū tū timidū obstupefecit pudor. Ge. Laudo hūc. sed cesso adire
qͤprimū senē? here salue. saluū te aduenisse gaudeo. De. O bone cu
stos salue. columē vero familie. cui cōmēdaui filiū hinc abiens meū
Ge. iādudū te oēs nos accusare audio imerito: et me oim horū im
meritissimū. Nā qd me in hac re facere voluisti tibi? seruū homine
causā orare leges nō sinūt neꝗ testimonii dictio est. De. Mitto oīa
adde istuc. Imprūdēs, timuit, adolescēs. sino. tu seruus. verū. Si co
gnata est, maxie nō fuit necesse habere. sed id qd lex iubet dote da
retis. qͤreret aliūvirū. qua rōne inopē potiꝰ ducebat domū? Ge. Non
rātio: verū argētū deerat. De. Sūmeret alicūde. Ge. Alicūde? nihil
ē dictu facili? De. Postremo si nullo alio pacto: vel fenore. Ge. hui
dixti pulchre. si qͤdē qͤsquā crederet teviuo. De. Nō, nō sic futurū ē
nō pot. Ego ne illa cū illo ut patiar nuptā vnū diē? nihil suāue meri
tum est. hoiem cōmōstrarier mihi istū yolo: aut vbi habitet demon
strarier. Ge. Nēpe phormione? De. Istū patronū mulieris? Ge. Iam
faxo, hic aderit. De. antipho vbi nunc est? Phe. Foris. De. Abi phe
dria. eū require, atꝗ adduce huc. Phe. Eo recta via equidē illuc. Ge
Nēpe ad pāphilā. De. At ego deos penates hinc salutatū domū
reuertar inde ibo ad forū. atꝗ aliquos mihi amicos aduocabo ad
hanc rem qui adsient: ut ne iparatus sim: cū adueniat phormio.

Phormio parasitus · Geta · TERCIVS ACTVS

Ta ne patris ais cōspectū veritum hinc abisse? Ge. Admo
dum. Phor. Phānū relictam solam? Ge. Sic. Phor. Ætira

tum senē? Ge. oppido. Pho. ad te summa solū phormio rerū redit.
Tute hoc intristi, tibi omne est extedendū, accingere. Ge. Obsecro,
te. Phor. Si rogitabit? Ge. In te spes est. Phor. Ecce res quid si red-
det? Ge. Tu impulisti. Phor. Sic opinor. Ge. Subueni. Pho. cedo se
nem. iam mihi instructa sūt corde psilia oīa? Ge. Quid agēs? Phor.
Quid vis? nisi ut maneat phaniū: atq a crimine hoc antiphonē eri-
piā: atq in me oēm iram deriuā patris? Ge. O vir fortis, atq amic.
Verū hoc sepe phormio vereor: ne istec fortitudo in neruū erūpat
deniq. Phor. Ah nō ita est: factū est periculū, iam pedū visa est via
Quot me censes hoies iam deuerberasse vsq ad necē? hospites, tū
ciues? quo magis noui tanto sepius. cedodū en vnā iniuriarū audisti mihi scripta dicam? Ge. Quid istuc? Phor. Quia non recte accipi
tri tendit, neq miluo: qui malefaciūt nobis, illis qui nihil faciūt: tē-
ditur. quia enim in illis fructus est. in illis opera luditē. aliis aliūde ē pe
riculū: vnde aliquid abripi potest. Mihi saut nihil esse, dices: ducēt
danatū domū. alere nolunt hoiem edacē. et sapiūt mea quidē snia
pro maleficio si beneficiū summū nolunt reddere. Ge. Non potest
satis pro merito ab illo tibi referri gratia. Pho. Immo eni nemo sa
tis pro merito grāz regi refert. Te ne ad symbolū venire vnctū atq
lotū e balneis, ociosū ab aīo: cum ille et cura, et sumptu absumitur
dum tibi sit quod placeat. Ille ringit. tu rideas. prior bibas. prior re-
cūbas. cæna dubia apponit? Ge. Quid istuc verbi est? Phor. Vbi tu
dubites: quid sumas potissimū. hæc cum ratione si ineas: q sint sua
uia: et q cara sint: ea qui pbeat non tu hunc habeas plane psentem
deum? Ge. senex adest. vide quid agas. Prima coitio est acerrima si
eam sustinueris: post illam iam ut lubet, ludas: licet.

Demipho   Geta   Phormio

Vnā cuiquā ptumeliosius audistis factā iniuriā: q hæc est
mihi. adeste queso. Ge. Iratus est. Phor. qn tu hoc ages?
iam ego hunc agitabo. Proh deum immortaliū: negat phaniū esse

hanc fibi cognatã demipho hanc demipho negat eſſe cognatã?Ge.
negat.Pho.Neqʒ eni ei⁹patrẽ ſcire q fuerit?Ge.Negat.De.Ipſũ eē
opinor:de quo aiebã?ſequimini.Phor.nec ſtilphonẽ ipſũ ſcire qui
fuerit?Ge.negat.Phor.Q uia agēs relicta ⹐miſeʳa:ignoraˀ parēs.
negligiˀ ipſa.vide:auaritia qd facit.Ge.ſi herũ inſimulabis malitiẽ
male audies.De.O audaciã:etiã me vltro accuſatũ aduenit.Phor.
nam iam adoleſcenti nihil eſt quod ſuccenſeã:ſi illũ minus norat.
quippe homo iam grandiqr.pauper.cui in opere vita erat.ruri fere ſe ꝑtinebat.ibi agrũ de nˀo patre colendũ habebat.Sæpe interea
mihi ſenex narrabat/ſe hunc negligere cognatũ ſuũ.at quẽvirum?
quẽ egoviderim invita optimũ.Get.Videas:te/atqʒ illũ ut narras.
Phor.abi hinc in malã crucẽ.nam ni ita eum exiſtimaſſẽ:numq̃ tã
grauis ob hanc inimicitias caperẽ in noſtrã familiã:quã his aſꝑnaſ
nũc tam illiberaſr.Ge.Pergin hero abſenti male loqui impuriſſime
Phor.Dignũ aũt hoc illo eſt.Ge.Ain tandẽ?carcere.De.geta.Ge.
Bonorũ extortor.legũ ꝑtortor.De.geta.Phor.rĩde.Ge.Q uis hõ
eſt?hem.De.Tace.Ge.Abſenti tibi te indignas:ſeqʒ dignas contu
melias nunq̃ ceſſauit dicere.De.Deſine iam adoleſcens.primũ abs
te hæc bona venia expecto : ſi tibi placere potis eſt/mihi ut rĩdeas.
Q uẽ amicũ tuũ ais fuiſſe iſtũ:explana mihi?et qui cognatũ me ſi-
bi eſſe diceret?Phor.Proinde expiſcare:q̃ſi nõ noſſes.De.noſſem
Phor.Ita.De.Ego me nego.tu qui ais/redige in memoriã. Phor.
Eho tu cõſobrinũ tuũ nõ noras?De.Enecas.dic nomẽ.Pho.nomẽ
maxime.De.Q uid nunc taices?Phor.perĩ hercle.nomẽ perdidi.
De.hem qd ais?Pho.geta ſi meminiſti id:qd olim dictũ ē:ſubiice
Hem nõ dico.q̃ſi nõ noris:tẽptatũ aduenis. De.Egon aũt tẽpto?
Get.Stilpho.Phor.Atqʒ adeo qd mea?ſtilpho eſt. De.Q uẽ dĩxtĩ?
Phor.Stilphonẽ inq̃/noueras?De.Neqʒ ego illũ norã:neqʒ mihi co
gnatus fuit q̃ſq̃ iſto noīe.Phor.Ita neʳnõ te horũ pudet?at ſi talem
tũ rẽ reliqſſet decẽ.De.di tibi malefaciãt. Phor.pmus eſſes memo

riter progeniē vestrā vsq̃ abauo, atq̃ atauo proferens. De. Ita ut di
cis. ego tum si aduenisse: qui mihi cognata ea esset: dicerē. itidē tu
face. cedo, qui est cognata? Ge. en nr̄ recte. heus tu caue. Phor. Di
lucide expediui quibus me oportuit iudicibus. tum id si falsū fuerat:
filius cur nō refellit? De. Filiū narras mihi: cui? de stultitia dici(ut di
gnū est)non pōt? Phor. At tu(qui sapiens es)magistrat̄ adi. iudiciū
de eadē cā iterū ut reddāt tibi. q̃nquidē solus regnas et soli licet hic
de eadē cā iudiciū bis adipiscier. De. Et si mihi facta iniuria est : ve
rūtamen potius q̃ lites secter: aut q̃ te audiā: itidē ut cognata sī sit:
id q̃d lex iubet, dotem dare. abduce hanc. minas q̃nq̃ accipe. Pho.
Hahahe. homo suauis. De. quid est? nū iniquū postulo? an ne hoc
quidē ego adipiscar: q̃d ius publicū est? Phor. Ita ne tandē q̃so: itidem ut meretricē vbi abusus sis: mercedē dare lex iubet ei: atq̃ amit-
mittere? an ut ne quid ciuis turpe in se amitteret, ppt̄ egestatē: pro
ximo iussa est dari: ut cū vno etate degeret? q̃d tu vetas. De. Ita pro
ximo quidē. at nos vnde: aut q̃obrē? Phor. Ohe actū aiut. ne agas.
De. Nō agā? Immo haud desinā: donec pfecero hoc. Pho. ineptis.
De. sine mō. Pho. Postremo tecū nihil rei nobis demipho est. tuus
est dānatus gnatus. nō tu. Nā tua pterierat iam adducendū aetas.
De. Oia haec illū puto quae ego nūc dico dicere: aut quidē cū vxore
hac ipsū prohibeo domo. Ge. Iratus est. Phor. Tu te idem meli? se
ceris. De. Itan es patus facere me aduersū oia infœlix? Pho. Metu
it hic nos: taetsi sedulo dissimulat. Ge. Bene habent. tibi principia.
Phor. Quin q̃d est ferendū: feras. tuis dignū factis feceris: ut amici
inter nos simus. Egon tuā expetā amicitiā. aut te visū, aut auditum
yelim? Phor. si p̄cordabis cū illa, habebis: quae tuā senectutē oblectet. respice aetatē tuā. De. Te oblectet. tibi habe. Phor. Minue vero irā. De. Hoc age. satis iam verborū est. nisi tu properes mulierē
abducere: ego illā eiciā. dixi phormio. Phor. Si tu illā attigeris sec
q̃ dignū est liberā dicā tibi impingā grandem. dixi demipho. siqd

opus fuerit:beus domo me.Ge.Intelligo.

¶Demipho senex.Geta fer.Cratinus.Hegio.Crito aduocati.

QVanta me cura,et sollicitudie affecit gnatus:qui me et se
hisce ipediuit nuptiis:neqz mihiain pspectu prodit:ut faltem scia,quid de hac re dicat:qd ve sit sentetiae.abi tu. vi
se:redierit ne iam,an nodu domu.Ge.Eo.De.videtis quo in loco
res hec fiet.quid ago,dic hegio.He.ego cratini cseo:si tibi videt
De.dic cratine.Cra.Me ne vis:De.Te.Cra.Ego que in re tua sunt
ea velim facias.mihi sic hoc videt.cp te absente hic filius egit:restitui in integru.equu ac bonu est.et id ipetrabis dixi.De.dic nunc hegio.He.ego seduo hunc dixisse credo.veru ita est:quot hoies,tot
snie.suus cuiqz mos.mihi novidet:qd sit factu legibz,rescindi pot
se et turpe inceptu est.De.dic crito.Cri.Ego aplius deliberadu ceseo.res magna est.He.Nunqd nosvis:De.Fecistis probe.incertior
sum multo q dudu.Ge.Negant redisse.De.frater est expectadus
mihi.is quod mihi dederit de hac re cosiliu:id exequar.pcunctatu
ibo ad portu:quod ad se recipiat.Ge.at ego antiphone queram:ut
que acta hic sint,sciat.Sed eccu ipsu video in tpe huc se recipe.

¶Antipho ¶Geta

ENimuero antipho multis modis cu istoc aio es vituperandus.Ita ne hinc abisse:et vita tua tutanda aliis dedisse:alios tua re credidisse magis q te aiaduersuros?Na vtut erant alia:illi
certe q nuc tue domi est,psuleres:ne qd ppter tua fide decepta pateret mali.Cuius nuc misere spes,opesqz sut in te vno oes sitae.Ge.
Et quide here nos iam dudu hic te absente incusamus:qui abieris
An.Teipsu qreba.Ge.Sz ea ca nihilomagis defecim.An.Loqre
obsecro:quepa in loco sut res et fortune mee.nuqd pri subdolet?
Ge.Nihil etia.An.Et qd spei porro est?Ge.Nescio.An.Ah.Ge.
Nisi phedria haud cessauit pro te eniti.An.Nihil fecit noui.Ge.Tu
phormio itide hac re vti in aliis strenui hoiem pbuit.An.Quid is

l.ii.

fecit?Ge.Cófutauit verbis admodú iratú pře3.An. Eheu phormio
Ge.ego qd potui porro.An.Mi geta,oisvos amo.Ge.Sic habent
pncipia fefe ut dico.adhuc tráqlla res eft.máfurufq; patruú pf eft:
dú huc adueniat.An.qřid eü?Ge.ut aiebat de eiꝰꝓfilio fefevelle fa
cere:qd ad hác ré attinet.An.quátus metꝰeft mihivenire huc nüc
faluú patruú geta.ná p eiꝰvná(ut audio)aut viuá aut moriar fniam
Ge.Phedria tibi adeft.An.Vtiná?Ge.Eccú ab fua paleftra exit foras.   ꝃPhedria   ꝃDorio leno   ꝃAntipho   Geta.

Orio audi obfecro.Do.Nó audio.Phed.parúper.Do.qn
omitte me.Phe.audi.qd dicá.Do.ateni tedet iam audire
eadé milies.Phe. at nüc dicá:qd libét audias. Do.Loꝗre
audio.Phe.Neꝗo te exorare:ut maneas triduí hoc: quo nüc abis
Do.Mirabar:fi tu mihi qcꝗ afferres noui.An. Ei metuo lenoné:
ne aliꝗd fuo fuat capiti.Ge.Idé ego metuo.Phe.non mihi credis?
Do.Hariolare.Phe.Sin fidé do.Do.Fabule.Phe.feneratú iftuc be
neficiú pulchre tibi dices.Do.Logi.Phe.Crede mihi:gaudebis fa
ctoverú hercle hoc eft.Do.Sóniú.Phe.Expire.nó eft lógú.Do.cá
tilená eádé canis.Phe. Tu mihi cognatꝰ.tu mihi parés ꝼu amicus.
Do.garri mó.Phe.adeon ingenio te effe duro,atꝗ inexorabili: ut
neꝗ mia,neꝗ ꝓbibus moliri ꝗas?Do.adeoñ te effe incogitáté,atꝗ
ipudété phedria ut falleratis dictis ducas me: et meá ducté gratis
An.mifertú é.Phe.Eiverisvincor.Ge.Q3vterꝗ é filis fui?Phe.né
cp(átipho alia cú occupatꝰeffet follicitudine)tú hoc eé mihi obiectú
malú.An.ah qd iftuc aút é phedria.Phe.O fortunatiffime átipho
An.ego ne?Phe.cui qd amas domi eft.nec cú huiufmodivnꝗ tibi
vfusvenit,ut ꝓflictares malo.An. Mihin domi eftꝰimo(qd aiunt)
auribꝰteneo lupú.ná neꝗ quomó a me amittá:inuénio.neꝗvti re
tineá fcio.Do.Ipfú iftuc mihi in hoc é.An.Eia ne párú leno fies.
nüqd hic ꝓfecit?Phe.Hiccine?Q d homo inhumaníffimus.páphi
lam meá védidit.Ge.Q uidvédidit?An.Ainvédidit?Phe.védidit

Do.Q̃ indignũ facinus ancillã ẽre emptã fuo?Phe.nequeo exora-
re: vt maneat: et cũ illovt mutet fidẽ triduī hoc: dũ id quod ẽ pro
miſſū ab amicis argentū: auferṏ. Si nõ tū dedero: vnã p̃terea horã
ne opertus fies.Do.Obtũdis. An.haud longũ eſt: id quod orat do
rio. exoret, ſine idẽ hoc tibi(quod bene p̃meritus fueris)p̃duplicaue
rit.Do. verba iſtc̃ ſūt.An.Pamphilã ne hacvrbe p̃uari ſines?tũ p̃-
terea hor̃ amorẽ diſtrahi poterin pati?Do.neq̃ ego, neq̃ tu.Ge.di
tibi om̃s id q̃d ẽ dignũ diunt.Do.Ego te cõpluris aduorſũ ingenium meũ mẽſes tuli pollicitantẽ,& nihil ferentẽ, flentẽ.nũc p̃tra oĩa
repperi: q̃ det: neq̃ lachrymet. da locũ melioribus. An. cẽte hercle ego ſi ſatis cõmemini: tibi quidẽ ẽ olim dies:quã addares huic p̃
ſtituta.Phe.Factū.Do. Nũ ego iſtuc nego?An.iã ea preteriit.Do.
Nũverũ hc̃ ei anteceſſit.An.Non pudetvanitatis?Do. Minime:
dũ ob rẽ.Ge.Sterquiliniũ.Phe.Dorio ita ne tandẽ facere oportet?
Do.Sic ſū.ſi placeo: vtere.An.Siccine hũc decipis?Do.Immo ei
uero antipho hic me decipit. Nã hic me huiuſmõi eſſe ſciebat. ego
hũc eſſe aliter credidi.Is me fefellit.ego iſti nihilo ſũ aliter, ac fui.ſz
vtut hec ſũr̃: tũ hoc faciã.Cras mane argentū mihi miles dare ſe di
xit.ſi nihil prior tu attuleris phedria: mea legevtar.ut potior ſit: q̃
prior ad dandũ eſt. (Phedria (Antipho (Geta,

![]V̈id faciã ? vñ ego nũc tam ſubito huic argẽtũ inueniã mi
ſer: cui minus nihilo eſt? q̃d hic ſi potuiſſet nũc exorarier
triduũ: hoc promiſſū fuerat.An.Ita ne hũc patiemur g̃e
ta fieri miſerũ: qui me dudũ(ut dixi)adiuuerit comit?quin(cũ op̃u
eſt) b̃rificiũ rurſus ei expĩamũr reddere.Ge.Scio eqdẽ hoc eẽ æqual
An.Age ergo.ſolus ſeruare hũnc potes.Ge.Quid faciã?An.In-
uenias argentũ.Ge.cupio.ſed idvnde: edoce.An.Pr̃ adeſt hic.Ge
Scio.ſed q̃d tũ.An.Ha dictũ ſapiẽti ſat eſt.Ge.Ita ne?An.Itá.Ge
Sane hercle pulchre ſuades.etiã tu hinc abis?nõ triũpho ex nuptiis
tuis:ſi nihil nanciſcor mali.ni etiã nunc me huius cauſa q̃uerere in

malo iubeas crucē. An. Verū hic dicit. Phe. Quid ego vobis geta alien⁹ sū? An. haud puto. Sed parū ne est: qd oibus nūc nobis suc censet senex? ne instigemus etiā: ut nullus locus relinquatur preci. Phe. Alius ab oculis meis illā in ignotū hinc adducet locū? hem dū igitur licet: dumqꝫ adsū loquimini mecū. antipho ꝯtēplamini me. An. Q̄obrē? aut qd nā es factur⁹? cedo. Phe. Quoquo hinc āspor tabit terrarū: certū est ꝑsequi: aut perire. Ge. Di bene vortāt, quod agas: pedetētim tamē. An. vide si quid opis potes afferre huic. Ge si quid? quid? An. Quare obsecro: ne quid plus, minusue faxit: qd nos post pigeat geta. Ge. Quero. salu⁹ est: ut opinor. Verū enī me tuo malū. An. Noli metuere, vna tecū bona, malaqꝫ tolerabimus. Ge. Quantū opus est tibi argenti: loquere. Phe. sole triginta mine Ge. Triginta? hui percara est phedria. Phe. Ista vero vilis ē. Ge. Age age inuētas dabo. Phe. O lepidū caput. Ge. Aufer te hinc. Phe. Iā opus est. Ge. Iam feres. sed opus est mihi phormionē ad hanc rem adiutorē dari. An. ꝑsto est. audacissime quidvis oneris impone: et feret. solus est homo amico amicus. Ge. Eamus ergo ad eū ocius. Phe. Abi. dic, presto ut sit domi. An. Nūquid est quod opera mea vobis opus sit? Ge. Nihil. verū abi domū: et illā miserā quam ego nunc intus scio esse exanimatā metu consolare. cessas? An. Nihil ē ęque quod faciam libens. Phe. Qua via istuc facies? Ge. Dicā in iti nere: modo te hic ammoue. ¶ Demipho ¶ Chremes senex.

QVid? quā profectus causa hinc est lemnū chremes? addux tin tecū filiā? Chre. nō. De. Quid ita non? Chre. Postq̄ vi det me eius mater esse hic diutius: simul aūt nō manebat aetas virginis meā negligentiā. ipsā cū omni familia ad me profectā esse aiebant. De. Quid illic tādiu quaeso igitur cōmorabere: vbi id audiueras? Chre. Pol me detinuit morbus. De. Vnde, aut q? Chre. rogas? senectus ipsa morbus est. sed vēisse eas saluas audiui ex nau ta: qui illas vexerat. De. qd gnato obtigerit me absēte, audistin chre

me?Chre. quod quidem me factum confilii incertu facit. Nã hanc
pditionê fi cui tulero extraneo: quo pacto,aut vnde mihi fit: dicen-
dum ordine eft. Te mihi fidelê effe : eque atq; egomet fum mihi:
fciebã. Ille fi me alienus affinê volet: tacebit dum intercedet famili
aritas. fin fpreuerit me: pluf q opus ê fcito: fciet. Vereorq; ne vxor
aliqua hoc refcifcat mea. Quod fi fcit: vt me excutiã, atq; egredi-
ar domo: id reftat. Nã ego meorũ folus fum meus. De. fcio ita êê
et ideo iftæc res mihi follicitudini eft. Neq; defeicfar vnq ego ex-
peririer: donec tibi id quod pollicitus fum effecero.

⁂Geta

Go hominê callidiorê vidi neminê: q phormionê. Venio
ad hominê ut dicerê argento opus effe.: et id quo pacto
fieret. Vix dum dimidiũ dixerã: intellexerat. gaudebat.
me laudabat. querebat fenê. dis gratias agebat tempus fibi dari vbi
phedriæ fe oftenderet nihilominus amicũ effe, q antiphoni. Hominem ad forũ iuffi operiri. eo mę effe adducturũ fenê. Sed eccũ ipfum. Quis eft vlterior?atat phedriæ pater venit. Sed quid pertimui
autem belua?an quia quos fallam pro vno duo funt mihi dati?cõ-
modius effe opinor duplici fpe vtier. Petam hinc: vnde a primo in
ftitui. Si is dat: fat eft. fi ab hoc nihil fiet: tñ huic adoriar hofpitem.

⁂Antiphọ ⁂Geta ⁂Chremes ⁂Demipho

Xpecto q mox recipiat fefe geta. Sed patruũ video cum
patre aftantem. Ei mihi. q timeo: aduentus hui?quo ipel-
lat patrê?Ge. Adibo hofce,o nofter chremes. Chre. Salue geta. Ge. venire faluũ volupe eft. Chre. credo. Get. quid agitur?
Chre. Multa aduenienti(ut fit)noua hic cõpluria. Ge. Ita de ãtipho
ne audifti?n quæ facta?Chre. Omnia. Get. Tum dixeras huic? Facinus indignũ chreme fic circumiri.De. Id cum hoc agebã commo
dum. Ge. Nam hercle ego quoq; id quidê agitans mecũ fedulo in
ueni(ut opinor)remediũ huic rei. De. quid geta?quod remediũ?Ge

Vt abii abs te:fit forte obuiã mihi phormio. Chre. Q ui phormio?
Ge. Is qui iſtam. Chre. Scio. Ge. Viſum eſt mihi: ut eius ptẽptãrẽ
ſniam. Prẽdo hoiem ſoliī. cur nõ(inq̃)phormio uides,inᵗvos ſi hꝗc
potius cū bona uᵗ cõponãᵗ gᶦa,q̃ cū mala? Herus liberalis eſt,et fu-
gitans litiū. nã cꝗteri qdẽ hercle amici oẽs mõ vno ore auctores fue
re:ut ꝑcipitẽ hanc daret. An. quid hic ceptat : aut quo euadet hodie. Ge. an legibus daturū pœnas dices: ſi illã eiecerit?iã id explora-
tū eſt. Eya. ſudabis ſatis:ſi cū illo inceptas hoie. Ea eloquẽtia ẽ. Ve
rū pone eſſe victū eum. at tandẽ tñ nõ capitis eius res agiᵗ?ſʒ pecu
nie. Poſtꝗ hoiem his verbis ſentio molirier ſoli ſumᵒ nunc(inq̃)hic
eo dic,quid velis tibi dari in manū: ut herus his deſiſtat litibus. hꝗc
hinc faceſſat:tu moleſtus ne ſies. An. ſatin illi ſunt di propicii?Ge.
Nam ſat ſcio:ſi tu aliꝗã partẽ æqui boniꝗ dixeris,ut eſt ille bonᵒ
vir:tria nõ cõmutabitis verba hodie inter vos.De. Q uis te ꝗᶜciuꝰ
ſit loqui?Chre. Immo nõ potuit melius puenirier eo:quõ ꝲps volu
mus. An. Occidi. De. perge eloqui. Ge. At p̃mo homo inſaniebat.
De. cedo,quid poſtulat?Ge. Q uid?nimiū. quãtū libuit.De. dic.ge.
ſi quis daret talẽtū magnū.De. Immo malū hercle. utʒmihi pudet
Ge: Q uod dixi adeo ei. queſo,ſtuid ſi filiã ſuã vnicã locaret? parui
rettulit. non ſuſcepiſſe. inuẽta eſt: quæ dotẽ petat. ut ad pauca redeam :ac omittã illius ineptias: hæc deniꝗ eius fuit poſtrema oratio. Ego(inquit)iam a principio amici filiã(ita ut æquī fuerat)volui
vxorẽ ducere. Nam mihi veniebat in mentẽ eius incõmodū: in ſer
uitutẽ pauperẽ ad ditem dari. Sed mihi opus erat(ut apte tibi nūc
fabuler)aliquantū: quꝗ afferret,qui diſſoluerẽ,quæ debeo. etiã nūc
ſi vult demipho dare,q̃tum ab hac accipio:quꝗ ſpõſa eſt mihi: nul
lam mihi malim q̃ iſtancvxorẽ dari. Ant. Vtrū ſtultitia facere ego
hunc an malicia dicã:ſcientẽ an imprudentẽ incertus ſū. De. quid
ſi animã debet? Ge. Ager oppoſitus eſt pignori ob decẽ minas in
quit.De. Age age iam ducat.dabo.Geta. Ædicule itẽ ſunt ob de-

cem alias.De.Hui nimiū eſt.Chre.ne clama. petito a me haſce de
cem.Ge.Vxori emūda ancillula eſt. Tum aūt pluſcula ſuppellecti
le opus eſt opus eſt ſūptu ad nuptias.his reb⁹pone ſane decē(inqt)
minas.De.Sexcentas perinde potius ſcribito nūhi iam dicas. nihil
do.impuratus ne ille̅ ut etiā inrideat?Chre.quæſo ego dabo. qeſce
tu modo.fili⁹fāc ut illā ducat nos quāvolum⁹.An.Ei mihi geta oc
cidiſti me tuis fallaciis. Chre.Mea cā eiciſ.me hoc eſt ēquī āmitte
re.Ge.Q uātū potes:me certiorē(inquit)face:ſi illā dant: hanc ut
āmittā ne incert⁹ſiem. Nā illi mihi dotē iam pſtituerūt dare. Chre.
Iam accipiet.illis repudiū renūtiet.hanc ducat.De.quæ qdē illi res
vortāt male.Chre.Oportune adeo nūc argentū mecū attuli.Fru-
ctū quē lemnivxoris reddūt pdia: id ſumā. vxori tibi opus eſſe di
xero.   (Antipho   (Geta

Eta.Ge.Hem.An.Q uid egiſti? Ge.Emunxi argento ſe
nes.An.ſatin eſt id? Ge.neſcio hercle.trū iuſſus ſū.An
ehoverbero.aliud mihi rūdes,ac rogo. Ge.qd ergo narras?An.qd ego narrē?opa tūa ad reſtim mihi quidē res redit pla-
niſſime.ut te quidē oēs di,deęꝗ ſuperi,inferi malis exēplis pdant.
hem ſi qdvelis huic mandes:qd quidē recte curatū velis quī te ad
ſcopulū e tranquillo inferat.Q uid minus vtile fuit:q̄ hoc vlcus tā
gere,aut noīare vxorē? Iniecta ē ſpes patri poſſe illā extrudi.Cedo
nūc porro:phormio dotē ſi accipiet:vxor ducenda eſt domū.qūid
fiet?Ge.Nō eni ducet.An.Noui.Ceterū cū argētū repetēt:nīa cā
ſcꝫ in neruū potius ibit.Ge.Nihil eſt antipho : quin male narrādo
poſſit deprauarier.tu id quod boni eſt,excerpis.dicis:qd mali eſt?
Audi nūc cōtra iam.ſi argentū acceperit:ducenda eſt vxor,ut ais .
cōcedo.tibi ſpatiū quidē tandē apparandis nuptiis, vocādi ſacrifi-
candi,dabiſ paululū.Interea amici quod polliciti ſūt argentū: da-
bunt.id ille iſtis reddet.An.Q̃obrē,aut qd dicet?Ge.Rogas?quot
res poſt illa mōſtra euenerūt mihi?Introiit in ædes ater alien⁹canis

anguis per impluuiũ decidit de tegulis gallina cecinit. intdixit hari
olꝰ.haruſpex vetuit āte brumã āt noui negocii incipe. q̃ cã ē iniuſtiſ
ſima.hęc fiēt. An. ut mõ fiāt. Ge. Fŭet. me vide. ꝓ exit. An. Abi et
dic eſſe argẽtũ pꜣdrie. ❦ ⲊDemipho ⲊChremes ⲊGeta.

Q Vietus eſto inꝗ. ego curabo:ne quid verborũ diũt hoc te
mere nũꝗ amittã ego a me.quin mihi teſtes adhibeã. cui
dem:et q̃obrē dem:cõmemorabo.Ge. Vt cautꝑeſt vbi ni
hil eſt opus?Chre.atꝗ ita opus facto eſt admaturã : dũ libido eadẽ
hæc manet. Nã ſi altera illa magis inſtabit:forſitã nos reiciat.Ge.rē
ipſã putaſti.De. Duc me ad eũ ergo.Ge. Nõ moror?Chre. vbi hoc
egeris:tranſito ad vxorẽ meã:ut ꝓeniat hanc:priuſꝗ hinc abit.Di
cãt eam nos dare phormioni nuptũ. ne ſuccenſeat.et magis eē illũ
idoneũ qui ipſi ſit familiarior. Nos nꝛo officio nihil egreſſos.q̃tũ is
voluerit datũ eſſe dotis.De. Q uid tua(malũ)id refert?Chr. magni
demipho.De. Nõ ſat tuũ officium feciſſe:ſi nõ id fama approbat?
Chre. Volo ipſius quoꝗ volũtate hęc fieri:ne ſe eiectã ꝑdicet.De.
Idem ego iſtuc facere poſſũ. Chre. Mulier mulieri magis cõgruet.
De.rogabo.Chre. Vbi ego nũc illas reperire poſſim:cogito.

ⲊSophrona   ⲊChremes.

Q Vid agam?quē mihi amicũ miſera inueniã?aut cui cõſilia
hæc referã?aut vnde mihi auxiliũ petã?nam vereor:hera
ne ob meũ ſuaſũ indigne iniuria afficiaꝉ. ita patrē adoleſcētis facta
hæc tolerãre audio violenter.Chre. Nã que hæc anus eſt exaiatã a
fratre quæ egreſſa eſt mõ. So. Q uod ut facerē: egeſtas me impu-
lit:cũ ſcirē infirmãs nuptias haſce eſſe.ut id ꝓſulerē:intereavita uꝉ
in tuto foret.Chre. Certo edepol niſi me animꝰ fallit:aut ꝑrũ pro-
ſpiciũt oculi:meę nutricē gnatæ video.So. neꝗ ille iueſtigaꝉ.Chre
quid agã?So. Q ui eſt pꝛ eius.Chr.adeon:an maneo:dũ ea q̃ loqꝉ
magis cognoſcã?So. Q d ſi eũ nũc repire poſſim nihil ſit,qd̃ vere-
ar.Chre.Eaipſa eſt cõloquar.So. Q uis hic loquiꝉ? Chre. Sophro-

na.So.Et meũ nomẽ noiat.Chre.refpice ad me.Sop.Di obfecro
vos eſt ne hic ſtilpho?Chre.Nõ.So.Negas?Chre.Concedo hinc a
foribus paululũ iſtorſũ.fodes fophrona.ne me iſtoc poſthac nomi
ne appellaſſes.So.qd?nõ es obfecro quẽ fẽp te eſſe dictitaſti?Chre
Eſt.So.quid has metuĩs fores?Chre.Cõclufã hic habeovxorẽ feuã
verũ iſtoc de noie eo pperã olim dixi: ne vos forte iprudẽtes foris
effutiretis:atq̃ id porro aliq̃vxor mea refcifceret. So. Hẽ iſtoc pol
nos te hic iuenire mifere nunq̃ potuim'.Chre.eho dic mihi: quid
tibi rei eſt cũ familia hac:vñ exis?autvbi ille fũt?So.Miferam me.
Chre.Hem qd eſt?viuũt ne?Viuit gnata.matrẽ ipfã ex ægritudie
miferã mors pfecuta eſt.Chre.Malefactũ.So.Ego aũt(quæ eſſem
anus,deferta,egẽs,ignota)ut potui:nuptũvirgĩnẽ locaui huic ado-
lefcẽti:harũ q̃ ẽ dñs ẽdiũ.Chre.Antiphoni ne?So.Hẽ iſtiipfi.Chre
Q uid.Duas ne isvxores habet?So.au obfecro,vnã ille qdẽ hãc fo
lam.Chr.Q uid illa altera:quæ dr̃ cognata?So.Hæc ergo ẽ.Chre
Q uid ais?So.Cõpofito factũ eſt:quõ hãc amãs habere poſſet fine
dotẽ.Chre.Di voſtrã fidẽ.q̃fæpẽ forte temere eueniũt quæ non au
deas optare?offendi adueniẽs qui cum volebã:atq̃vtvolebã collo-
catã filiã. Q uod nos ambo ope maximo dabam'operã ut fieret:fi
ne nr̃a cura maxima fua cura hec fola fecit. So. Nũc qd op' facto
eſt,vide.pater adolefcẽtis venit.eumq̃ aio iniquo hoc oppido ferre aiũt.Chre.Nihil pericli eſt.Sed per deos atq̃ hoies meã eẽ hanc
caue refcifcat qfq̃.So.nemo ex me fcibit.Chre.Sequere me.cete-
ra intus audies. ¶Demipho   ¶Geta

N Oſtrapte culpa facimus:ut malos expediat eſſe : dum
nimium dici nos bonos ſtudemus,et benignos.ita fugi
as,ne preter caufam quod aiunt.Nonne id fat erat accipere ab illo iniuriam?etiã argentũ eſtvltro obiectum:ut fit,qui vi
uat:dũ aliqd aliud flagicii conficiat.Get.Planiſſime.De.His nunc
premium eſt:qui recta praua faciũt.Ge.Veriſſime.De.vt ſtultiſſi

me quidē illi rē gesserim?.Ge.Mō ut hoc ꝑsilio possit discedivt istā
ducat.Dem.Etiā ne id dubiū est?Ge.haud scio(ut hō est)an mutet
aīm.De.Hem.mutet aūt?Ge.Nescio?verū si forte dico.De.Ita fa
ciā:ut fratͬ censͤit:ut͛yxorē huc ei²adducā:cū ista ut loquatͬ.Geta
abi.ꝑnūtia hācvͤturā.Ge.Argētū inuētū ē phedriͤ.De iurgio sile
tur.Prouisū est:ne in ꝑsentia hͤc hinc abeat.Quid nūc porro?qd
fiet?in eodē luto hesitas.vorsurā solues geta.ꝑsͤs qd fuerat malū
in diē abiit. plage crescūt:nisi ꝑspicis.Nūc hinc domū ibo:ac phͣ
niū edocebo:ne quid vereatͬ phormionē,aut eius orationē.

(Demipho   (Nausistrata mulier   (Chremes

HE Ge dū(ut soles)nausistrata : fac illa ut placetͬ nobis.ut sua
volūtate id qd ē faciūdū,faciat.Nau.faciā.De.parit̄ nūc
opa me adiuuas:ac dudū re opitulata es.Nau. Factū volo,ac pol
minus queo viri culpa:q̄ me dignū est.De.qd aūt?Nausi.quia pol
mei patris brī parta indiligēter tutatͬ. Nā ex his ꝑdiis talēta argenti
bina statim capiebat.hem vir viro qd ꝑstat? De.bina quæso. Nau.
Ac rebus viliorib²multo:trī duo tālenta.De.Hui. Nau.quid hec vi
dentͬ?De.Sc₃. Nausi. Virū me natāvellē.ego ostenderē.De.certo
scio.Nau. quo pacto.De. Parce sodes:ut possis cū illa t̄ne te adole
scens mulier defatiget.Nau.faciā,ut iubes.sed meūvirū abs te exi
revideo.Chre. Hem demipho iam illi datū est argentū?De.curaui
ilico.Chr. nollem datū. ei video vxorē.pene plusq̄ sat erat.De.cur
nolles chremē?Chre.Iam recte.De.Quid tu?ecquid locutͬ cū ista
es?q̄obrē hanc ducim²?Chre.Transegi.De.quid ait ͛gandē? Chre.
abduci non potest.De.Qui non potest?Chre.quia vterqͣ ͛ytriqͣ est
cordi. De.Quid istuc nostra ? Chre.Magni preter hæc cognatam
comperi esse nobis.De.Quid deliras?Chre. Sic erit.nō temere di
co.redi mecum in memoriam.De.Satin sanus es?Nausi.au obse
cro caue : ne in cognatam pecces.Dem.non est.Chre.ne nega.pa
tris nomen aliud dictum est.hoc tu errasti.De.non norat patrem ?

Chre.Norat.De.cur aliud dixit?Chre.nūmą̃ ne hodie ꝓcedes mihi
neꝗ intelligis?De.Si tu nihil narres.Chre.pergis?Nau.Mirór,q̃d
hoc eſt.De.Equidē hercle neſciǫ.Chr.vin ſcire?at ita me ſeruet iu
piter:ut propior illi ꝗ ego ſum ac tu:homo nemo᷈eſt.De.Diuīam
fi lē?Eam᷈ad ipſā vna oꝰs nos.aut ſcire aut neſcire hoc volo.Chre.
ah.De.qd eſt?Chre.Ita ne parū mihi fidē eſſe apud te?De.vis me
hoc credere?vin ſatis᷈quæſitū mihi iſtuc eſſe?age fiat.Q uid illa filia amici noſtrī?quid futurū eſt?Chre.recte.De. Hanc igitur mitti-
mus?Chre.Q uid᷈ni?De.Illā maneat?Chre.ſic.De.Ire igitur tibi li
cet nauſiſtrata.Nau.Sic pol cōmodius eſſe in oꝰs arbitror(ꝗ vt ce-
peras)manere hanc.Nam ꝓliberalis viſa eſt(cū vidi)mihi.De.quid
iſtuc negocii eſt?Chre.Iam ne operuit oſtiū?Da.Iam.Chre.o iupi
ter dignos reſpiciunt.gnatā inueni nuptā cum tuo filio.ᶜDe.Hem
quo pacto id potuit?Chre.nō ſatis tutus eſt ad narrandū locus.De
at tu intro abi.Chre.heus.ne filii quidē nr̄i hoc reſciſcant:volo

ᶜ[Antipho adoleſcens

Etus ſum(vtut res meæ ſeſe habent)fratri obtigiſſe quod
vult.Q ꝯ ſatū eſt eiuſmodi parare in anio cūpiditates.ꝗs
cū res aduorſe ſient)paulo mederi poſſis?hic ſimul argētū reppērit
cura ſeſe expediuit.Ego nullo poſſū remedio me euoluere ex iſtis
turbis:qñ ſic hóc celeꝰ i metu:ſin patefit in ꝓbro ſiem.neꝗ me do
mū nūc recipere᷈:ni mihi eēt ſpes oſtētata huiuſce habēde.Sed vbi
nā get iuenire poſſū:ut rogē,qd tp̄s ꝑueniūdi pr̄is me cape iubeat

ᶜ[Phormio   ᶜ[Antipho

Rgentū accepi.trādidi lenoni.abduxi muliere᷈.curaui:p
pria ea phedria ut potireꝰ.nā emiſſa ē manu.Nūc vna res
reſtat mihi ꝗ ē etiā ꝓficiūda:ociū a ſenibꝰ ad potandū ut habeā.Nā
aliquot hos ſumā dies.An.Sꝛ phormio eſt.qd ais?Phor.qd?An.
Q uid nā nunc facturus eſt phedria?quo pacto ſatietatē amoris ait
ſe velle abſumere?Pho.viciſſim ptis tuas acturꝰ ē.An.Q uas.Pho

ut fugitet patrē· Te ſuā rogauit rurſũ ut ageres cauſã: ut pro ſe diceres. Nam potaturus eſt apud me. Ego me ire ſenibus ſuniũ dicã
ad mercatũ. ancillulā emptũm: dudum quā dixit geta: ne(cum hic
non videant mē)conficere credant argentũ ſuũ. ſed oſtiũ cōcrepuit abs te. An. Vide quis egrediatur. Phor. geta eſt.

     ¶Geta   ¶Antipho   ¶Phormio

O Fortuna: o fors fortuna: quātis cōmoditatibus quã ſubito he-
      ro meo antiphoni ope veſtra hunc oneraſtis diem? Anti.
      quid nám hic ſibi vult? Ge. Noſq amicos eius exoneraſtis
metũ. Sed mihi nunc ego ceſſo: qui non humerũ hunc onero pallio: atqꝫ hominē propero inuenire: ut hæc quæ ꝑtigerint ſciat? An.
Nō tu intelligis: quid hic narret? Phor. mī tu? An. nihil. Phor. Tã-
tundē ego. Ge. Ad lenonē hinc ire pergã. ibi nunc ſiſt. Ant. Heus
geta. Ge. Hem tibi vnũ mirĩ, aut nouũ eſt reuocari: curſũ cum inſti
tueris. An. geta. Ge. pergit hercle nũꝗ tu odio tuo me vinces. An
Nō manes? Ge. vapulabis. An. id quidē tibi iam fiet: niſi reſiſtis ver
bero. Ge. Familiariorē oportet eſſe hunc. minitatur malũm. Sed is
ne eſt: quē ꝗæro: an non ipſe eſt. Phor. Congredere actutũ. An.
Quid eſt? Ge. Omniũ quantũ eſt qui viuãt hoĩm homo honora-
tiſſime. Nã ſine ꝓtrouerſia ab dis ſolus diligere antipho. An. Ita ve
lim. Sed qui iſtuc credã ita ēē: mihi dici velim. Ge. ſatin eſt: ſi te de
libutũ gaudio reddo? An. Enecas. Phō. Quin tu hinc pollicitatiões
aufert: et qd fers, cedo. Ge. Oh tu quoqꝫ hic ades phormio? Pho.
aderã. ſed ceſſas. Ge. Accipe. hem. ut mō argẽtũ tibi dedim? apud
forum: recta domũ ſumus profecti. interea mittit herus me adver-
rem tuã. An. Qꝫobrē? Ge. omitto proloqui. Nam nihil ad hanc rē
eſt antipho. Vbi in ginęceũ ire occipio: puer ad me occurrit mĩda,
Pone me apprehendit pallio, reſupinat. Reſpicio: rogo ꝗobrem re
tineat me. Ait eſſe vetitũ, intro ad heram accedere. Sophrona modo fratrē hurc (inquit) ſenis introduxit chremē. eũqꝫ nũc ēē cũ illis in

tus.hoc vbi ego audiui:ad fores ſuſpenſo gradu placide ire prexi.
acceſſi.aſtiti.aïam compreſſi.aurem admoui.ita animũ cepi atten
dere,hoc modo ſermonē captaɋs. An.Eu geta. Ge.Hic pulcherri
mũ facinus audiui.itaɋ pene hercle exclamaui gaudio.Phor.Q đ
Ge.quodnã arbitrare?An.neſcio.Ge.atqui mirificiſſimũ. Patruus
tuus pater eſt inuentus phãnniovxori tue. An.Hem quíd ais?Ge.
Cum eius ɋueniũ olim matre in lemno clanculũ.Phor.Sõniũvtin
hęc ignoraret ſuũ patrē?Ge.aliquid credito phormio eſſe ɋuſe.S3
me cenſen potuiſſe oĩa intelligere extra oſtiũ:intus quæ inter ſeſe
ipſi egerint?Phor.atɋ hercle ego quoɋ illã audiui fabulã.Ge. Im-
mo.etiã dabo:qùo magis credas. Patruus interea inde huc egredi
tur foras.haud multo poſt cũ patre idē recipit ſe intro denuo. Ait
vterɋ tibi poteſtatē eius habende dare.Deniɋ ego miſſus ſũ:tevt
requirerē:atɋ adducerē.An.Hem quin ergo rape me quid ceſſas
Ge.Fecero.An.O mi phormiovale.Phor.Vale ãtipho. Bene(ita
me di ament)factũ.gaudeo,tantã fortunã de improuiſo eſſe his da
tam.Sũma eludēdi occaſio eſt mĩhi nunc ſenes:et phedrie curam
adimere argentariã:ne cuiɋ ſuorũ eɋliũ ſuplex ſiet.Nã idē hoc argentũ ita vt datũ eſt,ingratis his datũ erit.hoc qui cogã,ɾe ipſaɾep
peri.Nunc geſtus mihi,vultuſɋ eſt capiendus nouus.Sed hinc cõ
cedam in angiportũ hoc proximũ.inde hiſce oſtendã me:vbi erũt
egreſſi foras.Quo me adſimularem ire ad mercatũ:non eo.

¶Demipho   ¶Phormio   ¶Chremes

Is merito magnas gratias habeo,atɋ ago:quãdo eue
nere hæc nobis frater proſpere.Quantum poteſt,nũc
cõueniũdus phormio eſt:priuſquã dilapidet noſtras tri
ginta minas:ut auferam'. Pho.demiphonē(ſi domi ē)
viſam:ut quod. De.ut nos ad te ibamus,phormio. Phor.de eadē
hac fortaſſe cauſa.De.Ita hercle.Phor.Credidi.qd ad me ibatis?ri
diculũ.an veremini:nenõ id facerem,quod recepiſſem ſemel?heus

heus q̃ta hæc mea pauptas ē:tñ adhuc curauivnũ hoc qdē:ut mihi
effet fides. Chre. Eſt ne(ita ut dixi)liberalis? De. Oppido. Pho. Itaq̃
ad vos venio nũtiatũ demipho paratũ eſſe. vbi vultis: vxorem date
Nã ois poſthabuĩ mihi res(ita vti par fuit)poſtq̃ tãtopere id vos velle animũ aduorterã. De. At hic dehortatus eſt me: ne illã tibi darē
Nam qui erit rumor populi (inquit)ſi id feceris? olim cum honeſte
potuit: tum nõ eſt data. Nũc viduã extrudi turpe eſt. ferme eadem
oia: que tute dudũ corã me incuſaueras. Phor. Satin ſuperbe illu-
ditis me? De. Q ui? Phor. rogas? quia ne alterã quidē illã potero du
cere. Nam quo redibo ore: ad eam quã ꝓtempſerim? Chre. Tũ aũt
antiphonē video ab ſeſe amittere inuitũ eam inique. De. Tum aũt
video filiũ inuitũ ſane mulierē abs ſe amittere. Sed tranſi ſodes ad
forũ: atꝗ illud mihi argētũ rurſũ iube deſcribi phormio. Pho. Q d
ne ego ꝓſcripſi porro illis quibus rebui. De. qd igiꝷ fiet? Phor. Si vis
mihi vxorē dare: quã deſpõdiſti: dicã. ſin eſt, ut velis manere illam
apud te: dos hic ois maneat demipho. Nã nõ ęqui me propꞇ vos
decipi: cũ ego veſtri honoris cã repũdiũ alteri remiſerim: quæ dotis
tantũdē dabat . De. I hinc in malã rem cum iſtac magnificētia fugi
tiuꞗ. etiã nunc credis te ignorarier aut tua facta adeo? Phor. Irritor
De. Tun hanc duceres: ſi tibi data eſſet? Phor. fac periclũ. De. ut fi
lius cum illa habitet apud te: hoc veſtrũ conſiliũ fuit. Pho. Q uæſo
quid narras? De. Q uin tu mihi argentũ cedo. Phor. Immo vero tu
vxorem cedo. De. In ius ambula. Phor. In ius? enim vero ſi porro
eſſe odioſi pgitis. De. qd facies? Pho. Ego ne? vos me indotatis mo
do patrocinari fortaſſe arbitrami. etiã dotatis ſoleo. Chr. qd id nͬa
Phor. Nihil hic quãdã norã: cuiꝰ vir vxorē. Chre. Hem. De. qd eſt
Phor. Lemni habuit aliã. Chre. Nullus ſum. Phor. eï qua filiã ſuſcepit. et eam clam educat. Chre. Sepultus ſũ. Pho. Hæc adeo ego
illi iam denarrabo. Chre. Obſecro ne facias. Phor. Eho tũ is eras
De. ut ludos facit? Chre. Miſſũ te facimꝰ. Phor. fabule . Chre. quid

vis tibi?argentũ quod habes cõdonamus te.Pho.Audio.quid vos
(malũ)ergò me fic ludificamini ineptiura puerili fentētia?nolo.vo-
lo.volo nolo.rurfũ cedo.cape.cᵖquod dictũ indictũ eſt.quod modo
erat ratũ:id irritũ eſt.Chre.Quo pacto,aut vnde hic hæc refciuit ?
De.Nefcio:nifi.me dixiſſe id nemini,certo fcio.Chre.Mõſtri(ita
me di amēt)fife.Phor.Inieci fcrupulũ.De.hem hiccine ut a nobis
tm̃ hoc argenti auferat,tam apte irridens?emori hercle fatius ē aio
virili,prᵉſentiq̃ ut fis,para.Vides peccatũ tuũ eſſe latũ foras.ne id
iam celare poſſe te vxorē tuam.nunc quod ipſa ex aliis auditura fit
chreme:id nofmetipfos iudicare placabilius eſt.Tum hunc impara
tum poterimus nr̃o modo vlcifci.Phor.Atat nifi mihi,pfpicio:he-
ʳeo.hi gladiatorio aio ad me affectant viã.Chre.at vereor:ut placa
ri poſſit.De.Bono aio es.ego redigã vos in gratia.hoc fretus chre
me:cum e medio exceſſit,vnde hæc fuſcepta eſt tibi.Phor.Ita ne
agitis mecũ?fatis aſtute aggredimini.Nõ hercle ex re iſtius me in-
ſtigaſti demipho.ain tu tandē vbi peregre tibi quod libitũ fuit,fece-
ris:neq̃ huius fis veritus fœminæ primariæ,qn̄ nouo modo ei face
res cõtumelias:venias nũc mihi pcibus lautũ peccatũ tuũ?his ego
illã dictis ita tibi incenfã dabo:ut ne reſtinguas lachrymis:fi extilla-
ueris.De.Malũ,quod iſti di deeq̃ oēs diunt.tanta ne affectũ queq̃
eſſe hoiem audacia?nõne hæc pollicitus fcelus hinc deportarier in
folas terras?Chre.In id redactus fũ loci:ut quid agam cum illo,ne
fciam prorfũ.De.Ego fcio.in ius eamus.Phor.In ius?huc:fi quid
lubet.De.Aſſequere.ac retine:dũ ego hinc feruos voco.Chre.Eni
folus nequeo.accurre huc.Phor.vna iniuria eſt tecũ.Chre.Lege
agito ergo.Phor.Altera eſt tecum chreme.De.rape hunc.Phor.
Ita ne agitis?eniuero voce eſt opus.naufiſtrata.exi.Chre.Os oppri
me.De.Impurum vide:q̃tum valet?Phor.Naufiſtrata inq̃.Chre.
non taces?Pho.Taceam?De.Nifi fequif.pugnos in ventrē ingere
Phor.Vel oculum exclude.eſt vbi vos vlcifcar locus.

⟨Nauſiſtrata ⟨Demipho ⟨Chremes ⟨Phormio.

O Vi noĩat me?Chre.Hem. Nauſi.Quid iſtuc turbę eſt ob
ſecro mivir?Pho.Ehem quid nũc obticuiſti? Nau.Quis
hic hõ eſt?nõ mĩ tfidęs?Pho.Hiccine ut tibi reſpõdeat:qui hercle
vbi ſit,neſcit?De.Caue,iſti quicq̃ credas. Pho.Abi. tange.ſi nõ totus friget:me eneca.Chre.Nihil eſt.Nauſ.Quid ergo eſt:qd iſtic
narret?Phor.Iam ſcies.auſculta.Chre.Pergin credere?Nau.quid
ego obſecro huic credã:qui nihil dixit?Phor.Delirat miſer timore.
Nau.Nũ pol temere eſt:qd tu tam times.Chr.Egon timeo?Phor
Recte ſane.qñ nihil times:et hoc nihil eſt,quod ego dico:tu narra.
De. Scelus tibi narret.Pho.Eho tu.factũ eſt a te ſedulo pro fratre.
Nau.Mivir nõ mihi narras?Chre.At.Nau.Quid at?Chr.nõ op⁹
eſt dicto.Phor. tibi quidē at ſcito huic opus eſt. In lemno.Chr.Hē
quid agis?De.nõ taces.Phor.clam te.Chre.Ei mihi. Phor.vxorē
duxit.Nau.Mi hõ di melius diunt. Phor.Sic factũ eſt.Nau.Perii
miſera.Phor.Et inde filiã ſuſcepit iamvnã:dum tu dormis.Chre.
Quid agimus? Nauſi.proh di immortales:facinus indignũ et ma
lum.De. Hoc actum hoc.Phor.An quicquã hodie ęſt factum in-
dignius:q̃ mihi?vbi advxores ventum eſt:tum fiunt ſenes.Nauſi.
Demipho te appello. nam me cum hoc ipſo diſcedet loqui.Hecci
ne erant itiones crebre,et manſiões diutine lemni? Heccine erat ea
quæ noſtros fructus minuit vtilitas?De.Ego nauſiſtrata eſſe in hac
re culpã meritã nõ nego, ſed ea:quæ ſit ignoſcēda.Pho.Verba fi-
ũnt mortuo. De.nã neq̃ negligentia tua,neq̃ odio id fecit tuo.vi-
nolentus fere ab hinc ãnos quindecĩ mulierculã eã cõpreſſit:vnde
hęc nata eſt. neq̃ poſt illãvnq̃ attigit.ea morte obiit.e medio abiit:
qui fuit in hac re ſcrupul⁹.q̃obrē te oro(ut alia facta tua ſunt)æquo
aĩo hoc feras. Nau.q̃d ego æquo aĩo cupio miſera in hacre iã defũ
gier.Sed qui ſperē ? ætate porro minus peccaturũ putē? Iam tum
erat ſenex.ſenectus ſi verecũdos facit. an mea fõrma atq̃ ætas nũc

magis expetēda eſt demipho?Quid mῑhi nunc affers: ꝗobrē ex-
pectē,aut ſperē porro non fore?Phor.Exequias chremeti ꝯbus ꝗt
cōmodū ire iam tempus eſt.ſic dabo.age nunc age.phormionem
qui volet laceſſito.faxo: tali eum mactatū atꝗ hic chremes eſt iſor
tunio.redeat ſane in grꜳiā.iam ſupplicii ſatis eſt mihi.habet hæc:
ei quod dū viuat vſꝗ ad aurē obganniat.Nau.An meo merito cre
do?quid ego nunc ea cōmemorē demipho ſigillatim?qualis ego in
hunc fuerim?De.noui æque oῑa tecū.Nau.Meriton hoc meo videtur factū?De.Minime gentiū verū quādo iam accuſādo fieri in-
fectū nō poteſt:ignoſce.orat.ꝓfiteꝛ.purgat.quid vis amplius?Pho
Eniuero priuſꝗ hęc dat veniā:mihi proſpiciā,et phedrie,heus nau
ſiſtrata priuſꝗ huic reſpondes temere:audi.Nau.Quid eſt?Pho.
Ego minas triginta per fallaciā ab illo abſtuli.eas dedi tuo gnato.
is pro ſua amica lenoni dedit.Chre.Hem quid ais?Nau.Adeo indignū tibi videꝛ:filius homo adoleſcens ſi habet vnā amicā:tu vxo
res duas?nihil pudere?quo ore illū obiurgabis?reſponde mihi.De.
Faciet:ut voles.Nau.Immo ut'am meā ſcias ſententiā:neꝗ ego
ignoſco:neꝗ promitto quicꝗ:neꝗ reſpondeo priuſꝗ gnatū vide-
ro.eius iudicio ꝑmitto oῑa quod is iubebit:faciā.Phor.Mulier ſa-
piens nauſiſtrata.Nau.Satis tibi'eſt?Phor.Immo vero pulchre diſcedo et probe et prꞵter ſpem.Nau.Tu tuū nomen:dic quod eſt.
Pho.Mihin?phormio.veſtre familię hercle amicus,et tuo ſūmus
phedrie.Nau.Phormio?at ego e caſtor poſthac tibi quod potero:
et quꞵ voles faciā:et dicā.Phor.Benigne dicis.Nau.Pol meritum
eſt tuū.Pho.Vin primū hodie facere:quod ego gaudeā nauſiſtra
ta:et quod tuo viro oculi doleant?Nau.Cupio.Phor.me ad cœnā
voca.Nau.pol vero voco.De.eamus intro hinc.Chre.Fiat.ſed vbi
eſt phedria iudex noſter?Phor.Iam hic faxo:aderit   ꝙ Valete,
et plaudite.Caliopius recenſui.

ꝙ Publii Terentii Afri Poꞵtꞥ Co
     mici Comoediarū liber finit fœliciter